一本职场与青少年历史教育的普及读物

锦囊妙计安天下

说说历史上那些谋士们

姜若木◎编著

中国华侨出版社

图书在版编目（CIP）数据

锦囊妙计安天下：说说历史上那些谋士们/姜若木 编著.
—北京：中国华侨出版社，2012.9 （2023.1重印）

ISBN 978－7－5113－2789－5

Ⅰ.①锦…　Ⅱ.①姜…　Ⅲ.①政治人物–生平事迹–中国–古代
Ⅳ.①K827=2

中国版本图书馆CIP数据核字 （2012） 第186115号

●**锦囊妙计安天下：说说历史上那些谋士们**

编　　著／姜若木

责任编辑／崔卓力

责任校对／志　刚

版式设计／丽泰图文设计工作室／桃子

经　　销／全国新华书店

开　　本／710×1000毫米　1/16开　　印张／16.25　字数／238千字

印　　刷／三河市嵩川印刷有限公司

版　　次／2012年10月第1版　　2023年1月第3次印刷

书　　号／ISBN 978－7－5113－2789－5

定　　价／48.00元

中国华侨出版社　北京市朝阳区静安里26号通成达大厦3层　邮编：100028
法律顾问：陈鹰律师事务所
编辑部：(010) 64443056　　64443979
发行部：(010) 64443051　　传真：(010) 64439708
网　　址：www.oveaschin.com
E－mail：oveaschin@sina.com

前 言

纵观历史上的英雄称帝建业者，比比皆是。每一位英雄成功的背后都有一位或几位谋士为其出谋划策，从而谋定天下。

中华谋士始祖之姜尚，生于乱世，时逢商纣无道，黎民百姓生活在水深火热之中，此时的姜尚流落于朝歌，耳闻目睹商纣王的荒淫无道，更加深了他对当朝的痛恨，希望天降明主，拯救黎民百姓于水火。终于有一天，明主慕名而来，请姜尚出山，一展其才能。姜尚助周室灭商纣，决胜于千里，智谋超群，建立千秋伟业。

《孙膑兵法》举世闻名，它是由战国军事天才孙膑所著。孙膑师从鬼谷子，刻苦钻研，深得鬼谷子的真传，但是他的才学被其师弟庞涓所妒，经其陷害，孙膑被挖去两个膝盖骨，成为残废，后经人搭救，逃出虎口。后来孙膑成了齐国的谋士，助齐大败魏军，为齐国的发展壮大出谋划策，充分发挥了他的军事才能。

纵观三国众多谋士，最富灵感的，当数曹军郭嘉。所谓知己知彼，百战不殆，就需要预知能力。郭嘉初事袁绍，奈何不得重用，遂经荀彧介绍投入曹操麾下。此时，正值曹操唯才是举方针的起始阶段，直到"唯风"渐渐散去，众谋士之中，郭嘉独占鳌头。郭嘉随军11年，远在沙场之外却立下汗马功劳。

苏秦是战国时期与张仪齐名的纵横家，他幼时胸怀大志，刺骨攻读，终有所成。后为报燕王知遇之恩，以身许燕，为燕国立下汗马功劳。

张仪被称为纵横家之鼻祖，他采取"合纵连横"的策略，达到兼并土地的目的。张仪作为杰出的纵横家出现在战国的政治舞台上，对列国兼并战争形势的变化产生了较大的影响。使其不愧为纵横家之鼻祖。

秦国谋士——范雎，他"固干削枝"的平内策略，以及长平之战所施反间之计，着实令人叹服。他巧舌如簧，其外交之才令人叹服。他的"远交近攻"和"强干弱枝"的策略为秦的发展作出贡献。

张良为汉初谋士，为汉朝的建立立下汗马功劳。在著名的鸿门宴上他施展自己的智谋，使刘邦转危为安，后又在关键时刻为刘邦出谋划策，使刘邦夺取天下。天下一统后，他又急流勇退，得以避免兔死狗烹的下场。他确有大家的风度，可谓智慧的化身。

王猛被称为功盖诸葛第一人，他寒门出身，与苻坚君臣相得，助苻坚一统中原，谋略超群。

刘伯温，明初政治家，他辅佐朱元璋完成帝业、开创明朝并尽力保持国家的安定，因而驰名天下，被后人比作为诸葛武侯。朱元璋多次称刘基为："吾之子房也。"

范文程，大清开国谋士。他一生历清四世而佐其三主，为清开创江山立下了不朽之功，他对清功绩可与汉之张良、明之刘伯温相提并论。

这些谋士们在历史上的影响是深远的，并将继续影响后世。

第一章

谋士始祖，助周伐纣——姜尚

姜尚，字子牙，号飞熊，也称吕尚。商朝末年人，其始祖四岳伯夷佐大禹治水有功而被封于吕地，因此得吕氏。姜子牙出世时，家境已经败落了，所以姜子牙年轻的时候做过宰牛卖肉的屠夫，也开过酒店卖过酒，聊补无米之炊。但姜子牙人穷志不短，始终勤奋刻苦地学习天文地理、军事谋略，研究治国安邦之道，期望能够为国施展才华。最终被求贤若渴的周文王拜为太公望，成就了周室八百多年的基业。

第二章

军事天才，命运多舛——孙膑

战国时期著名的军事天才孙膑著有《孙膑兵法》，《孙膑兵法》是中国古代的著名兵书，也是《孙子兵法》后"孙子学派"的又一力作。

孙膑，其本名孙伯灵，是中国战国时期著名军事家，汉族，山东鄄城人。生于战国时期的齐国阿鄄之间。孙膑早年曾与庞涓师从鬼谷子习兵法。庞涓出任魏将后，因为嫉妒孙膑的才能而将他骗到魏，施以膑刑（割去膝盖骨），因有孙膑之称。后逃往齐国，为田忌门客，助田忌赛马获胜，被荐给齐威王，从此，孙膑开始一展其才。

第三章
合纵抗秦，誓死效燕——苏秦

战国时与张仪齐名的纵横家——苏秦，被称为"一怒而天下惧，安居而天下熄"。苏秦生于贫苦，但胸有大志，他曾随鬼谷子学习纵横捭阖之术多年。他刺骨读书，立志要做一番大事业。苏秦最为辉煌的时候是劝说六国国君联合抗秦，堪称辞令之精彩者。曾身佩六国相印，进军秦国，可是由于六国内部的问题，轻而易举就被秦国击溃。

第四章

纵横鼻祖，助秦统一——张仪

张仪，魏国大梁人，战国时期著名的政治家、外交家和谋略家。作为中国纵横家鼻祖的张仪曾与苏秦同师从于鬼谷子先生，学习权谋纵横之术，饱读诗书，满腹韬略，连苏秦都自叹才能在张仪之下。当时，列国林立，诸侯争霸，割据战争频繁。各诸侯国在外交和军事上，纷纷采取"合纵连横"的策略。或"合众弱以攻一强"，防止强国的兼并，或"连横"，"事一强以攻众弱"，达到兼并土地的目的。张仪正是作为杰出的纵横家出现在战国的政治舞台上，对列国兼并战争形势的变化产生了较大的影响。

第五章

精于外交，睚眦必报——范雎

战国时诸侯割据，人才辈出，谋士更是不可胜数。著名的秦相范雎就是这一时期的谋士，他"远交近攻"的谋略对后世用兵有着深远的影响。此外，其"固干削枝"的平内策略，以及长平之战所施反间之计，也非常让人叹服。公元前266年范雎出任秦相，辅佐秦昭王。

他上承孝公、商鞅变法图强之志，下开秦皇、李斯统一帝业，是秦国历史上继往开来的一代名相，也是我国古代在政治、外交等方面极有建树的政治家、谋略家。

第六章

帝王智囊，功成身退——张良

张良，字子房，汉族，传为汉初城父人，也有说为阳翟人。张良是秦末汉初谋士、大臣，祖先五代相韩。秦灭韩后，他在博浪沙狙击秦始皇未成功。逃亡至下邳时遇黄石公，得《太公兵法》，深明韬略，足智多谋。秦末农民战争中，聚众归刘邦，为其主要"智囊"。成为汉王朝的开国元勋之一，"汉初三杰"（张良、韩信、萧何）之一。以出色的智谋，协助汉高祖刘邦在楚汉之争中最终夺得天下。

第七章

曹操奇佐，旷世奇士——郭嘉

郭嘉，字奉孝，颍川阳翟人。三国争雄，英雄辈出。对于各路英雄来说，拥有高明的谋士至关重要。曹操的谋士就是郭嘉，郭嘉先在实力较强的袁绍军中出谋划策，后来发现袁绍难成大业，遂转投曹操，为曹操统一中国北方立下了功勋，史书上称他"才策谋略，世之奇士"。而曹操称赞他见识过人，是自己的"奇佐"。曹操就是因为郭嘉的早逝而开始走下坡路，并最终导致曹操统一中国的理想没能实现。

第八章

君臣相得，始末不渝——王猛

王猛，字景略，东晋北海郡剧县人，后移家魏郡。前秦丞相、大将军，著名政治家、军事家。辅佐苻坚扫平群雄，统一北方，被称作"功盖诸葛第一人"。晋愍帝建兴四年，经历了八王之乱的西晋王朝，

在人民大起义和内迁各族上层分子割据争雄的连天烽火之中寿终正寝了。在此前后，中国北方开始陷入十六国纷争的泥淖，而南方立足未稳的东晋政权也处于风雨飘摇的险境。在这个时候，一代名臣——王猛横空出世了。

第九章

助明开国，智谋超群——刘基

刘基，字伯温，谥曰文成，汉族，青田县南田乡人。元末明初军事家、政治家及诗人，通经史、晓天文、精兵法。他辅佐朱元璋完成帝业、开创明朝并尽力保持国家的安定，因而驰名天下，被后人比作为诸葛武侯。朱元璋多次称刘基为："吾之子房也。"蔡元培称他："时势造英雄，帷幄奇谋，功冠有明一代。"学者奥野纯评价他："际会风云，平定海宇，既辟一代之规模，又阐一代之文章，盖诚意伯刘公一人而已矣。"

第十章
辅佐清室，功勋卓著——范文程

范文程，字宪斗，号辉岳，辽东沈阳卫人。清朝初年大臣，是北宋名相范仲淹第十七世孙。范文程他针对清朝重满族轻汉族和任人唯亲大搞宗派的弊政，建议朝廷各部院大臣都要推荐人才"不论满汉新旧，不拘资格，不避恩怨，取真正才守之人"去充当各级官吏。范文程一生历清四世而佐其三主，为清开创江山立下了不朽之功，他对清功绩可与汉之张良、明之刘伯温相提并论。

第 一 章

谋士始祖，助周伐纣
——姜尚

姜尚，字子牙，号飞熊，也称吕尚。商朝末年人，其始祖四岳伯夷佐大禹治水有功而被封于吕地，因此得吕氏。姜子牙出世时，家境已经败落了，所以姜子牙年轻的时候做过宰牛卖肉的屠夫，也开过酒店卖过酒，聊补无米之炊。但姜子牙人穷志不短，始终勤奋刻苦地学习天文地理、军事谋略，研究治国安邦之道，期望能够为国施展才华。最终被求贤若渴的周文王拜为太公望，成就了周室八百多年的基业。

商纣无道

商朝末年，在营丘（今山东淄博东）这个地方，聚居着一个东夷部族。这个部族中有一奇人姓姜，名尚，字子牙，后俗称姜太公。

姜尚年轻时，即身强力壮，聪明好学，尤好兵法。其时正值商朝末期。商王朝最后一个王叫商纣，他是一个极其残暴的君主，整日只知道饮酒作乐，大肆挥霍。为了满足其奢侈荒淫的生活，他命成千上万的工匠在陪都朝歌（今河南淇县）建造了一座长三里、高千尺的"鹿台"，寻欢作乐。为讨美女妲己的欢心，他还在院内挖了个方池子，池中灌满美酒，称作"酒池"，池边的树林上挂上肉块，称作"肉林"。纣王见酒池肉林也未博妲己一笑，就让许多男女赤裸着在池中嬉戏。

商纣王日夜宴饮，荒淫无度，广大奴隶和平民却衣不蔽体，食不果腹。为了镇压那些敢于反抗的奴隶和平民，同时也为了制裁那些经常扫他兴的大臣，他除了沿用以前的黥、劓、刖、宫、辟等五刑外，还新设了一些更为残酷的刑罚。他让工匠造了一空心铜柱，先让人把铜柱烧红，再把"囚犯"衣服剥光，绑在铜柱上烫烙，称之为"炮烙"。

商纣王的倒行逆施，激起了广大奴隶和平民不断的反抗，然而都因力量过于悬殊而被商纣王的军队残酷地镇压下去了。另外，商纣王还对不服"王命"的东夷部族进行血腥讨伐，以姜姓为首的吕氏部族带领鱼氏、桑氏、林氏、郎氏、田氏、栾氏、杞梁氏、薄姑氏等东夷部族对纣王的攻伐进行了顽强抵抗。尽管有姜尚这样足智多谋为修加，勇猛异常，终因寡不敌众，被纣王的军队无情镇压下去了，吕氏根据

地营丘也被纣王付之一炬，夷为平地。姜尚在十万商军的重重包围中，侥幸杀出重围逃脱。辗转月余，最后流落到朝歌，以屠牛为业。

流落朝歌

朝歌是商朝的陪都。在这里，姜尚遇到了一位旧相识，就是当年九姓会盟的林氏族长林虎。林虎那年与商军作战被俘，半路上逃掉了。后来逃到朝歌，隐匿在一位亲戚家中。这位亲戚在朝里做官，替他张罗，开了一家客店，接待南来北往之人，生意倒也兴隆。

林虎听姜子牙说这些年一直在外流浪，嗟呀不已。两个人回忆起当年九姓结盟时的盛况，再看着今日的遭际，真有恍若隔世之感。林虎说："既然现在到了我这里，贤侄就不必再操心生活上的事了，吃住我都会安排好。"

姜子牙知道林虎是豪爽痛快之人。便说："叔父，在朝歌这地方能遇到您，我心里非常兴奋。我可以先住在您的店里，但要自己做点小生意，不能总是靠您养活。"林虎问："你准备做什么生意？"子牙说："复杂的事咱也干不了，不如卖面吧，从磨房里买几袋面，担到街上去叫卖，只要能换口饭吃就可以了。"林虎见子牙决心已定，就说："行，面由我买，再买一副箩担，你挑到街上试一试，不行了再说。"

林虎替他把一切准备停当之后，次日一早，姜子牙就担上面粉，上街叫卖去了。他从东市挑到西市，又从北街转到南街，竟没有碰到一个买面的。等到日落，只好拖着沉重的步子回到林虎的店里来。林虎一见此情，安慰道："贤侄不必着急，万事开头难嘛，吃完饭好好歇息一夜，明日一定发市。"姜子牙自感晦气，郁闷非常，闷闷地吃了饭便蒙头睡去。

第二天早上，他又担上面粉走街串巷。结果又是整整一天，没卖掉一两。眼见得又近黄昏，他觉得实在倒霉，便将面担子放在一棵大树下，坐在扁担上歇息。

这时候，忽听得"泼喇喇"一阵声响，从东面飞奔来一辆战车，四匹惊马发疯似的狂奔，车上却无人驾驭。姜子牙见状不妙，急忙躲避，但已经来不及了。车马闪电般从他身边驰过，车轮从面担子上轧了过去，掀起的风浪把撒在地上的面粉刮得四处飞扬。姜子牙也被马车刮倒在路边，不能动弹。待他挣扎着爬起来时，车已不知去向，只剩下被碾烂的箩筐、轧断的扁担和满地的面粉了。姜子牙气极，大叫一声："苍天啊！你莫非要我死！"便晕了过去。

半夜里，林虎和伙计打着灯笼四处寻找，才在大树下找着他，把他抬回店里。数日后方慢慢恢复。

这时，朝歌东市猪肉看涨，不少生意人去外地贩猪，运来倒卖，赚利不少。林虎听到这个消息，告诉了子牙，并借给他银两做本钱。姜子牙大喜，去乡间买回20头生猪，昼夜不停地吆到朝歌。等他到达东市，东市的猪已经无人问津了。原来这几日猪瘟流行，市人听说猪有瘟病，便不买猪肉了，生猪也就没人要了。姜子牙的20头生猪果然也染上瘟病，两三天内全都死亡。

姜子牙屡遭挫折，几乎疯狂。他病倒在床，不思饮食，只是望着房顶发呆。幸亏林虎特地派了一个伙计照料，又请大夫治疗，又亲自劝解安慰。如此过了一个多月，才渐渐康复。

一日，天气暖和，姜子牙觉得店里很闷，便出去散步。走到宰牛场，见门口贴了一张告示，说是屠宰场要招收一名屠夫，月薪纹银十两，愿者可于次日一试。

姜子牙回到店里并没有将此事告诉林虎。第二天一早，便悄悄来到宰牛场。屠宰场主人给来应试的六人每人一头牛、一把刀，要他们依次宰牛。前五名宰牛者，宰前都是先将牛的四蹄捆绑起来，然后绊倒在地，方才宰杀。姜子牙却直扑牛头，双手抓住牛角，使劲一扭，

便将牛推倒，就在牛将要倒地之时，"嗖"地一刀戳进牛的心脏，不让牛有挣扎的机会。那动作连贯迅速，干净利索。屠宰场主人一见十分高兴，六人中只录取了他一个。原来姜子牙年轻时喜好打猎，常常徒手杀死虎豹熊等猛兽，用的就是刚才这套技术。宰牛对他正合适。屠宰场过去宰15头牛要两个壮汉用一天时间才能宰完，现在，姜子牙一人只用两个时辰便宰完。屠宰场主人便又给子牙每月另加纹银5两。从此，姜子牙的生活算是有了着落。

自从镇压了国内"叛乱"，平定了东夷部族，商纣王便得意忘形，自以为再没有人敢和他作对了，于是便下令修建鹿台。

那管建筑的大臣往日经常请姜子牙为他家宰牛，知道子牙的宰牛本领。所以他便召子牙为工匠们宰牛杀羊。

姜子牙为工匠们宰牛杀羊，一干就是七年。七年之后，鹿台修成，那鹿台有百丈之高，直插云霄，四面装饰尽为美玉黄金，辉煌闪烁。鹿台落成，纣王和大臣登台观览后，心中大喜，遂降下旨意，要给建造鹿台的有功之人，全部加爵晋级，以示褒奖。建筑大臣念姜子牙宰牛杀羊有功，立即向纣王推荐，将子牙提升为大夫之职——专管一些宰牛、杀羊、屠猪之事。

姜子牙在商都朝歌宰牛屠羊、卖面贩猪，已有好多年了。这些年来，他见证了商纣王的累累暴政，目睹了老百姓的斑斑血泪，深感腐败的商朝灭亡是迟早的事。他听说西岐有个周文王，正在励精图治，改革内政，省刑罚、薄赋税，廉洁爱民，礼贤下士，为政以德，受到周人的衷心拥护，使国势一天比一天强盛。心想，我要找机会投奔西岐，辅助文王，消灭商纣，为父母报仇，拯救天下百姓于水深火热之中。

有一天夜里，他与林虎闲聊，林虎告诉他，近来有一个"凤鸣于岐"的故事：

周文王经常亲自给种地的农民送饭，鼓励农民种好庄稼。他还亲自带领王室成员下地劳动，和老百姓一样过着勤劳俭朴的日子。他还教化西岐的人民孝敬父母，抚爱幼子，提倡公正节操，救济鳏寡孤独，使西岐成为礼仪之邦。由此，周原一带欣欣向荣，引得周围小国的老百姓携儿带女，投奔西岐。于是，西岐周围的十几个小邦国纷纷前来，要与周国结盟，尊文王为盟主。在结盟的那一天，文王登上祭坛，正在祭天，忽然从岐山飞来一只神鸟，那鸟色彩斑斓，停在祭坛前面的高杆之上。大夫散宜生惊叫道："此乃凤凰也！"只见那鸟长鸣一声，声震九霄，远传百里。刹那间，从四面八方飞来千万只形状各异的鸟类，罩于坛顶之上，围着那只凤凰，旋转飞舞，似在朝拜。朝拜完，群鸟舞蹈歌唱，那歌声婉转悠扬，令人陶醉。如此半晌，那凤凰才带着群鸟向岐山飞去。于是，四方诸侯都向文王叩拜祝贺，说这是文王德感天庭，凤凰因此来朝。凤为百鸟之王，刚才正是百鸟朝凤的奇观。这正是文王将得天下，受八方来朝的征兆。

姜子牙听了林虎讲的这个传说，心下十分高兴。他想："纣王昏庸无道，文王贤明有德，两相对照，何等鲜明！扫灭商纣，获得天下者，一定是文王无疑。我要把商朝的内情弄清楚，将来投奔西岐时，也好帮助文王。"

林虎对姜子牙的心意早已洞察，却也不去点破。他又对子牙说："还有一件大事，不知你知道否？"子牙问："还有什么大事？"林虎说："纣王听到凤鸣西岐的传说以后，大发雷霆，说这是文王妖言惑众，图谋不轨。已经派人把文王抓来，就要杀死他。"

姜子牙一听，大惊失色，不禁连声说道："这却如何是好？这却如何是好？"

林虎见子牙已经忧形于色了，知道子牙心向西岐，便说道："贤侄稍安。听说西岐那边已经派文王的长子伯邑考和大夫散宜生等人来到朝歌，用大量金银财宝，贿赂商朝大臣。同时还给纣王送来了不少美女。纣王已经改变主意，不杀他了，现在已经把文王囚在羑里。"

子牙闻此方放下心来。又问道："伯邑考、散宜生等人能救出文王吗？"

"吉人自有天相。目前朝歌很多百姓和大臣都心向文王，他们正极力协助伯邑考和散宜生等人，救助文王。连我们做生意的人，都希望

有朝一日，由文王来做天子，因此暗中纷纷捐献金银财宝，帮助伯邑考和散宜生救文王出狱。说实话，我林虎也捐了50两银子哩！"

姜子牙一把抓住林虎的手说："叔父真乃深明大义之人，我这里代文王向您施礼了！"

姜子牙在朝歌以宰牛为生，又做了官，日子慢慢好过了，于是开始给叔父林虎还账。林虎本来坚持不肯收下，但姜子牙非还不可，也就只好收下了。

一日，姜子牙回来的早，林虎陪他闲聊。林虎说："贤侄，你这几年生活安定了，大小也做了个官，也该娶妻生子，成家立业了，总不能一生就这样过下去吧！"姜子牙说："谢谢叔父美意，但我现在已经是快60岁的人了，还娶什么妻，生什么子！"林虎笑了笑说："如果贤侄有意娶亲，我倒认识一个姓马的人家，叫马才。他有个妹子叫马珠，今年四十六七岁。他家离此不远，我现在就去找他说说，看看情况怎样。"说罢便出门去了，姜子牙也没有阻拦。

晚上点灯时分，林虎笑吟吟地回家，一见面就给姜子牙说："侄儿，我向你恭喜！马家兄妹很中意你，他们说如果你没有意见，就早点把这事办了，也不必讲究繁文缛节，不知你意下如何？"姜子牙心想，这样也好。一来好给姜家留下后代，承继香火，二来也不负林虎一片好心。于是就答应了。

林虎给他们择了黄道吉日，准备好酒宴。喜日一早，请下一顶花轿，几名鼓乐，吹吹打打，便将马珠迎娶过来。新房就在林虎店内。

人说"新媳妇有三日勤"。马珠过门之后，开始也还说得过去。谁料时间一长，真面目也就渐渐暴露出来。原来，那马珠是个好吃懒做的女人。整天在西家串门子，东家扯闲话，不理家务。晚上却不愿入睡，要子牙与她取乐。早上不起床做饭，日上三竿还在被窝里做着梦。那姜子牙每天一大早就要入朝做事，无可奈何只好带一个冷馒头而去。午间归来，马珠胡乱弄些饭菜，如同打发叫花子一般，应付了事。幸亏子牙惯于吃苦，也不与她争论，倒还相安无事。

如此凑凑合合，又过了一年，马珠为姜子牙生了一个女孩，取名邑姜。小邑姜生得聪明伶俐惹人喜爱。长到 7 岁时，更加天姿聪颖，善解人意。子牙见她如此可爱，就把一颗心全都放在了女儿身上。闲暇时节，便教她些诗文书画，邑姜一学就会，日渐出息。她还常常握着父亲的那把青龙剑，指指划划，十分喜爱。姜子牙也就因势利导，指导她学习剑术。

一日，姜子牙从屠宰场回来，时辰尚早，便约马氏说话。马氏隔着房门嚷道："有什么屁就放！老娘在这里听着！"姜子牙说："你我夫妻一场，也算有缘，现在都上了年纪，且女儿邑姜伶俐，也算有了结果，还是和和睦睦地过日子为好，何必天天发火！"

马氏说："自从嫁到你家，没吃过一顿好饭，也没穿过一件好衣，这种日子我再也过不下去了。我已想了很久，和你的缘分已尽。只有和你离婚，各走各的路。"

姜子牙见无法使马氏回心转意，遂找来林虎夫妇，林虎夫妇也好言相劝了半天，但马珠离意已决，哪里听得进去？

姜子牙只好写了休书，由林虎作证，通报马才将马珠领回。姜子牙念及马氏与他夫妻一场，且生下一个女儿，便将平生积蓄全部送给马氏，以备后用，女儿邑姜从此便跟父亲子牙一起过日子。

姜太公像

后来姜子牙遇到文王，一下子当上了文王的太师，荣耀非常。此时马珠后悔不迭，便亲自来到太师府，要和姜子牙复婚。姜子牙虽然尚未续弦，但对马氏在他最困难的时候与他离婚，怎么也不能原谅，他从厨下端来一盆冷水，"哗"地一声泼在地上，问马氏："你能把泼在地上的水再收起来吗？"马氏见状，心中知道子牙对她已经死心，复婚已不可能，遂泪如雨下。回至家中，

关起门来吊死了。姜子牙听到马氏自缢身亡的消息，想起她与自己夫妻一场，不禁流下了几滴眼泪。他命人将马氏的棺椁运回西周故地，举办了隆重的安葬仪式。

临溪寻贤

姜子牙与马氏离婚之后，又过了几年，觉得在朝歌居住也没多大意思了，便和女儿邑姜商议，打算到岐周之地谋生。邑姜这时已十四五岁了，出落得如花似玉，而且文武双全。她早听说西岐有个周文王，仁德有道，礼贤下士。她也知道父亲虽年纪大了，却是老骥伏枥，志在千里。于是她同意了父亲的意见。

父女俩洒泪与林虎夫妇作别，离开朝歌，到达陕西西部一个名叫磻溪的地方。

这磻溪夹在秦岭山脉的两峰之间，又名凡谷，青山苍苍，白云缭绕，一条伐鱼河水，从两山间蜿蜒而出，淙淙而下，向北注入渭水。伐鱼河边有一个滋泉，泉水清冽，银波荡漾。此处山势雄峙，翠柏森森，山灵水秀，幽雅清静。父女俩一看这地方，心中大喜，就在河畔结草庐，筑石屋，收拾了一块安身之所。此后，姜子牙便垂钓磻溪度日。姜子牙在磻溪垂钓好些年，并没有引起人们的特别注意，大家都以为他是一个流浪到此的穷苦人家。

有一天，姜子牙正在溪边钓鱼，忽听有人唱着山歌自山上下来。他回头一看，原来是一位樵夫。那樵夫30出头，长得英武有力，将一副重约四五百斤的柴担放下，走至子牙身旁，坐下休息，并主动与子牙搭话。

樵夫说："老丈，我这些年经常看到你在这里垂钓，却从来没有见你钓上一条鱼来！"

子牙一听，既惊且喜："看来这位樵夫已经对我注意很久了。我居此地数年，很少有人主动和我打招呼，更没有人关注我的行踪。今天，这位樵夫不仅走到我身边，而且还说出了我的秘密，看来，我出头的日子不久了。"

那樵夫不等子牙答话，就要过他的钓竿，指着钓线上的那根直而无曲的钓钩说："你这是钓钩吗？这明明是一根缝衣服的针嘛，我传你一法，将这针用火烧红，折成弯钩，穿上鱼饵，鱼一定能上钩。"

子牙被这位直爽的小伙子感染了，禁不住哈哈大笑："那我也干脆地告诉你吧！我宁在直中取，不向曲中求；不为银鳞设，只钓王与侯。"说罢，又口中念念有词："短竿长钓守磻溪，这个机关哪个知。只钓当朝君与臣，何尝意在水中鱼！"

那樵夫也大笑起来："你整天坐在这溪边，连只王八都钓不出来，岂能钓出什么王与侯？"

子牙见樵夫有趣，便询问其住址姓名。

那樵夫答道："我姓武，名吉，家住在渭河岸边的集贤村，家中只有一位八旬老母，全靠我打柴度日。"说话间，他抬起头看了看快落山的太阳，便告辞道："老丈，天色不早了，明天再见，老母亲还等着我回去做晚饭呢！"便挑起柴担，朝山下走去。

第二天，那武吉又挑着一担柴，来到子牙身旁，放下柴担，一边用草帽扇着风一边说："老丈，我昨夜细细琢磨了你昨天讲的那些话，我是一个粗人，但还是觉得你倒像一位道行高深的人。你能卜卦算命吗？"

子牙笑道："卜卦算命，乃雕虫小技也。你先说说有什么事，需要我给你算一卦。"

武吉指着那担柴说："你算我今日进城卖柴生意怎样？"

子牙看了看他的脸说："你面色正，运气红，今天卖柴出手顺，一担能挣两担银。"

武吉听了子牙的话，只当是老渔夫恭维他，并不把他的话放在心

上。哪知他把柴担到西岐集市上以后，还未放下担子，就上来好几个买主争着要买他的柴。还没等他开价，又上来一位衣着华丽的人对他说："柴担不要放下，请挑到我家，我付你双倍柴价。"武吉把柴挑到那人家中，那家办喜事急需柴火。不等武吉开口，那人便掏出了一个红包，对他说道："今日家中大办喜事，正好缺柴，老弟雪中送炭，喜上加喜。这银两你收了，不要嫌少。"武吉接过一数，果然是昨天两担的柴钱，不禁暗暗称奇。

次日，武吉又担着柴来到姜子牙身边，他并不言昨日之事，开口便问："老丈，你算我今日运气如何？"

子牙在他的脸上看了半天，手捋胡须说道："你左眼青，右眼红，进城必然打死人。"

武吉听了不喜，但一想昨日之事，还是暗自嘀咕：我进城得处处小心，看你明天怎么说。于是便担着柴走了。

武吉一路谨慎，见坎绕坎，见人躲人，连一句多余话都不敢说。他挑着柴担，来到西岐城门跟前，刚刚进得门洞，守城兵士便上前拦住他，命令他退出去，说："周文王的车驾立刻要出城，路人要一律回避。"武吉力大身壮，担的柴又多又重，回转起来不大方便。他正准备转身，文王一行已经像一阵风一样一路从城内奔驰而来。

守城兵士见状，朝武吉大喊："赶快闪开！"武吉连忙向左侧躲闪，不料动作过猛，肩后那捆柴撞在城洞墙上，柴担失去平衡，肩前头的那捆柴滑出担头，恰恰砸在那守城兵士的后脑上，顿时七窍出血而亡。

文王见樵夫脱担伤了门军，下令将樵夫抓住，等他回来时再行审问。说完，便驱车而去。

周兵抓住武吉，画地为牢，命令他老老实实在圈里待着，等文王明日审问。那时候，周人没有专门的牢房，在地上画一个圆圈，就算是牢房了，正所谓"画地为牢"。又因为文王会演八卦，因此谁也不敢从那圈子里逃跑。如果逃跑了，文王会算出逃到何处，再抓回去就要加倍惩罚。

武吉在圈子里站到半夜，心想："自古道，杀人者偿命。我砸死了守门军士，一定要以命抵命。可我有 80 岁的老母，谁来养老送终？不如悄悄逃回，再作打算。"于是便跳出圈子，连夜逃回家中，向母亲说明原委。母亲说："儿呀，既然那老翁算得这么准，那他肯定有解救你的办法，你速去磻溪，求他救你性命。"

武吉不敢怠慢，连夜赶往磻溪，从草庐中叫醒姜子牙，哭诉了昨日发生的事情，并且后悔昨天未听老翁之言，闯下大祸，恳求老翁搭救。

姜子牙早就喜欢上这位老实耿直的小伙子了。见他跪在地上苦苦哀求，又念及他家里还有八旬老母，就笑着对他说："我救你可以，但有一个条件，我要收你为徒。"武吉赶忙跪下再拜，连声说愿意拜子牙为师。

子牙说："我授你一法：你回去在你家后院挖一个坑，扎一个草人放入坑内，用土埋了，就可以保你平安。"武吉牢记在心，拜谢了师父，连夜赶回家中，按照子牙的话去做。

次日，兵士向文王报告，说昨日以柴砸死门军的那个犯人夜里越圈逃跑了。文王听罢，演起八卦，屈指一算，叹了口气说："这个樵夫也太愚蠢了。我知道他是误伤人命，本不想杀他抵命，谁料他却畏罪自杀了，可怜啊可怜。"从此，便了却了这桩公案。

武吉此后一边打柴养母度日，一边跟姜子牙学习兵法武艺。一晃三年过去。

这一年，姜子牙已经 80 多岁了。大约是姜子牙认为自己出头的日子到了，他吩咐武吉挑柴到西岐城里去卖。武吉担心被文王认出来，子牙说："认出来也不必害怕，你可跟他如实讲讲，他不但不会伤害你性命，还要封你做将军呢！"

武吉遵从师父的吩咐，挑着柴担，唱着山歌，又在西岐城里叫喊卖柴了。当天正值当年守城门的另一名兵士值班，他一眼就认出了武吉，立即报告了上司。

兵士们把武吉抓住，去见文王。文王一见，大为惊奇，心想：

"当年我算定他自杀了，为何到现在他还活着？"

武吉便把姜子牙解救他的过程，向文王一一做了交待。文王听后称赞道："这真是天外有天，人上有人！姜子牙能破我八卦，一定是一位十分了不起的人才。我姬昌求贤若渴，原来大贤近在咫尺，却没有发现。"于是，立即宣布武吉无罪，而且封他为武德将军。同时决定，明日，由武吉带路，亲自去磻溪访贤。

周文王是一个有远大志向的人，他深知治国之道，在于用人。因此，他经常出外察访，寻求贤才。当他得知磻溪隐居了一位大贤姜子牙的消息后，恨不得马上就去把他请来。他决定，明日一日，以打猎为名，前去磻溪访贤。

次日一早，文王斋戒沐浴之后，带着儿子姬发、周公旦，大夫散宜生，大将军南宫适，武德将军武吉等一班文武大臣，率领大队人马，浩浩荡荡，去磻溪打猎。

正午时分，一干人等渡过渭河，来到离磻溪 5 里的地方。周文王怕这么多的兵马车辆涌至磻溪，惊扰了姜子牙钓鱼，便让队伍在此驻扎下来。他准备只带少数几个人前去会见姜子牙。

这时，太子姬发建议："父亲暂且勿动，待孩儿前去探明消息，如果姜子牙确实在那里钓鱼，父亲再去也不迟。"

文王一听也对，便郑重地对儿子说："姜子牙定是一个才智非凡的大贤，我们要完成兴周大业，非他莫属。你一定要谨慎从事，切勿莽撞。"

太子领命，只带了几名侍卫，直奔磻溪。进了凡谷，行至不远便望见那乱草丛间，一位老翁跪坐石上，专心垂钓。那钓鱼的钩线离水三尺，直钩无饵。

太子姬发觉得可笑，便悄悄站在老翁身后观看。突然，一条小鱼跃出水面，直吞那只悬钩，那老翁伸手捉住小鱼，在那里仔细端详着。太子姬发不胜惊异，忙向前施礼道："老翁请见礼！"

姜子牙似乎没有听见，却自言自语地说道："钓钓钓，大的不到小的到，老朽送你还泉沼。"说罢，将刚才钓到的那条小鱼随手丢入滋泉。只听"噗"地一声，那鱼摇头摆尾地去了。

太子姬发是聪明人，闻弦歌而知雅意。他知道要请此老，非父王亲临不可。故而悄悄返回营寨，将情况禀明了文王。

文王一听，拍着自己的后脑勺连声说道："是我一时糊涂，险些错过大贤，待我亲自前去就是了。"

于是，文王整束衣冠之后，和太子姬发一同向凡谷走去。

文王进入凡谷，只见翠柏青青，紫烟淡淡，流水潺潺，鸟鸣嘤嘤，一派仙气，不禁叹道："深山藏猛虎，仙境出圣贤，真个好所在！"

太子姬发带着文王来到老翁垂钓之处，只见跪石空空，不见刚才垂钓之人。太子姬发心想，莫非是那老翁有意不见，躲藏起来不成？便对文王说："父亲在此等候，待孩儿四处去找。"

文王拦住他说："不可鲁莽！隐居之人，最好清静，听武吉说，向南5里，有一所石洞静室，乃姜翁安歇之处，我们可以慢慢去寻。"

父子俩踏着山路，来到静室台下。文王此时已是气喘吁吁，汗流浃背，不能前行。太子姬发劝道："父亲在此歇息片刻，待孩儿上去看看。"说着便登上台阶，来到静室门前。

姬发正欲敲门，门却开了。一位美丽少女，面若桃花，亭亭玉立地站在门口，启齿问道："请问公子找谁？"那声音如同莺声燕语，婉转清脆。太子发觉她如此娇媚动人，不觉怔住，半晌不能言语。

那女子正是姜子牙的女儿邑姜。她自幼随父流浪，从朝歌辗转来到磻溪，抛头露面惯了，并不像那些深阁闺秀，羞羞答答。见眼前这位英俊的公子这副模样，不觉好笑，又问道："莫非你是找我父亲姜子牙？"

太子姬发此时才如梦方醒，自知失态，连忙答道："我是文王的儿子姬发，我父亲和我特来拜访大贤姜子牙，不知他老人家往何处去了？"

邑姜笑着用手一指，只见台下溪流中，一位老翁驾着一叶方舟，唱着山歌，顺流而下。那老翁正是姜子牙。

太子姬发别过邑姜，便同父亲一同返回滋泉，抬眼看时，姜子牙

已跪坐在那块石头上，又在肃然垂钓了。

文王父子不敢惊动，轻轻地走到姜子牙身后，悄悄地看着他钓鱼。见姜子牙依旧举直钩悬空垂钓。突然有一大一小两条金鱼，"嗖嗖"蹦上钓钩，挂在那直钩上，活蹦乱跳。子牙自言自语地念道："钓钓钓，大的小的一齐到，文武相与共，日头当头照。"说完，将两条金鱼从钩上取下放入鱼篓。

文王心知时机已到，轻声说道："贤士甚喜钓鱼吗？姬昌特来向您问好！"

姜子牙忙向文王父子施礼，说道："不知文王驾到，有失远迎，死罪死罪！"

文王连忙将子牙扶住，赔礼道："方才姬昌没有亲来相请，还望贤士原谅。"当下叫过儿子姬发，拜见子牙。

文王抓住子牙的手说："先王太公曾经预言，日后会有一位大贤从东方来，辅佐周室，周室自此而旺，莫非这位大贤就是你吗？先王太公盼望你已经很久了，你就是太公望啊！"此后，姜子牙就称作"太公望"。

姜子牙见文王父子如此重贤爱才，心中十分感动，说道："文王如此厚爱老朽，老朽岂能不动心！不过我如今已经年过八旬，恐怕力不从心，难以担当文王的重托，还望文王三思。"

文王忙说："有志不在年高。我看姜公鹤发童颜，体魄健壮，英气勃勃，定能匡扶周室，担当大任。姜公如果能应允我的请求，周室幸甚！"

子牙叹道："文王如此不弃，老朽定当为你效犬马之劳，只是我在滋泉苦苦垂钓多年，两腿僵硬，行动不便，这当如何是好？"

文王忙答："姜公不必为此事忧虑，只要你辅佐我兴国，我父子就是背也要背你下山。现在，我的车就离此不远，你就坐我的车走吧！"文王立刻命令太子将自己的车驾来，扶着姜子牙坐在车上。太子姬发还惦记着邑姜，忙向父亲提醒："石室中还有一人。"

姜子牙说："哦，那就是小女。"

文王听说子牙还有个女儿，就命太子姬发驱车前往迎接。

文王为表敬意，让驭手将车驾上的马全部卸掉，要亲自为子牙拉车。姜子牙也不谦让，只说了一句："那就太难为你了！"便眼看着文王把套绳套在自己身上，拉辇出山。下坡迅速，一会儿便至集贤庄。这时山势突起，变成上坡，文王使劲拉辇，用力过猛，只听"嘣"地一声响，将绳拉断，文王几乎摔倒。

这时，姜子牙哈哈大笑，说道："你拉着我走了 808 步，我就该保你周室江山 808 年矣！"

文王一听拉多少步就能保江山多少年，心想，我何不再拉着你继续走，保我周室江山永固。于是便重接套绳，还要再拉。子牙道："天有定数，不可违也。"

文王把姜子牙请到西岐，拜为太师，执掌周室军权。姜子牙忠心耿耿辅佐周室，终成伐纣灭商的重任，开创了周室 800 多年的基业。

夜访太公

文王请来姜子牙以后，如同久旱的禾苗遇到了春雨，干渴的鱼儿遇到了河水，又是高兴，又是心急。他立即封姜子牙为太师，把周的军权交给了他。并希望姜子牙能马上为他出谋献策，使周迅速强大起来，早日完成翦灭商朝，统一天下的宏图大业。因此，他经常亲临太师府，主动与子牙商讨国家大事，虚心听取子牙的意见。文王抱负远大，他的目的是要得天下。姜子牙是一位满腹经纶、文韬武略兼备的贤才，他要报文王知遇之恩，忠心辅佐周室推翻商纣王的统治。因此他们志同道合，畅所欲言，常常谈得十分投机，很快就成为推心置腹的好朋友了。

一日，周文王于晚饭后在后院散步。这时正值秋高气爽，一轮明月，挂在中天，吐着银亮的光辉。文王抬头仰望满天繁星，心头涌起无限感慨。他在想，周人虽然经过多年休养生息，人民过着丰衣足食的日子，但周与商朝相比，不仅地域很小，而且国力也很弱小。如果不能迅速发展壮大，就谈不上推翻商朝，统一天下。但是，怎样才能加快速度，使国力强大起来呢？这是很久以来萦绕心头的一件大事。念及此处，他觉得心乱如麻，一时头绪难理，便仰天长叹了一声。

忽然，天上有一颗巨大的流星由西向东，划破夜空，呼啸而去，消失在茫茫夜空中。这使文王受到了极大的触动。是啊，人生如梦，转眼就是百年，我今年已是70多岁的人了，难保哪一天就会像这颗流星一样，溘然长逝。流星在陨落之前，还要发出最后的光芒，我也不能默默而逝，我要在这晚年里有所作为，即使不能亲眼看到扫灭商朝的那一天，也要为我的后人开创基业。

于是他不想散步了，他要立即去见太师，和太师推心置腹地深谈一次。临走，忽然想起，要把太子姬发带上，一同去太师府造访。

文王和太子夜间来访，这使姜太公大惊。待文王和太子姬发坐定之后，太公忙问："文王深夜至此，不知有何吩咐？"

文王道："我方才在宫院散步，见一流星划空而陨，触发了心事，故而难以入睡，特来与太公闲聊解闷。"

太公一听，心下会意。说道："老臣也有许多想法，欲向主公倾诉，这真是不谋而合。"遂命侍者献上茶茗水果，边饮边谈。

文王说："商纣昏庸无道，理应天诛地灭。但商有600多年基业，有几十万军队。而我岐周只是一个小小的邦国，与商朝相比，有天壤之别。请问太师，怎么才能改变这种状况，使我岐周迅速强盛起来呢？"

姜太公思忖一下，说道："商面积虽广，且已传多代，它所积累的那些东西，终究要烟消云散；不声不响，暗中准备的周国，它的光辉必定会普照四方。圣人的德行，就在于独创地、潜移默化地收揽人心。圣人常虑之事，就在于建立收揽人心的方法。"

文王忙问："采用何法，才能使天下归心呢？"

太公侃侃而谈："天下是天下人的天下，非一人之天下。能与天下人同享天下利益的，就可以得天下；独占天下利益的，就会失掉天下。能和人民共同享受的，就是仁爱；谁有仁爱，天下就归顺于谁。免除人们的危难，解脱人们的困苦，消除人们的祸患，解救人们的险急，就是恩德；谁施恩德，天下就归顺于谁。天下人都厌恶死亡而乐于生存，欢迎恩德而追求利益，能使天下人都获得利益，就是王道；谁实行王道，天下就归顺于谁。"

文王高兴地说："太师讲得太好了，我一定记着你的话。但我还想知道治国之本。想要使君主受到尊敬，人民得到安宁，我该怎么做呢？"

太公道："唯有爱民。"

文王问："如何才算是爱民呢？"

太公说："促进黎民生产而不破坏他们；保护黎民而不任意伤害他们；给黎民实利而不掠夺他们；使黎民安居乐业而不使他们痛苦；使黎民喜悦而不使他们愤怒。"

文王连声称是。

太公接着说："做君主的，要像龙头一样，高瞻远瞩，细察丝微，深思慎听，审时度势。仪表庄严肃穆，衷情隐而不露，使人觉得他像天那样高不可及，像海那样深不可测。他还要安健而气宁，柔和有节而胸有成竹。善于同臣民协商而不固执己见，对人谦虚而无私，处事公正而不偏。"

文王听罢，连连点头："太对了！太对了！然商纣王暴虐至极，滥杀无辜，人民处于水深火热之中，请你助我灭纣，以拯救天下，你以为如何？"

太公说："君主先要自修其德，礼贤下士，施惠于民，收揽人心。再察天道人道之变。当天道还没有征兆的时候，不可以倡导征讨；当人道还没有出现祸乱的时候，不可先策划兴师。必须等到既出现天灾，又发生了人祸时，才能策划征伐。目前商纣虽然暴虐昏庸，但还没有

达到那种一触即发的程度。而我们这一面，力量也还没有达到一举就能灭商朝的强盛，因此，万万不可操之过急，贸然行事。”

文王点头称是。又说：“请太师讲讲应当如何推行政令？”

姜太公捋捋胡须，说道：“政令的推行，要在不知不觉中潜移默化，如同时间在不知不觉中自然推移一样。君主必须反复探索无为而治的思想。比若天与地，它并不宣告自己的规律，而万物却都会按其规律生长；圣人也不必宣告自己无为而治的思想，而自然会显示其辉煌的成就。最好的政治为顺应人心来治理人民，宣扬政教以感化人民，人民就会被潜移默化而服从政令，天下就能安宁，此为圣人之德政。”

“好！好！”文王连声叫道，“那么君主又为什么会失去对国家的统治呢？”

“用人不当！”太公一针见血地说，“人君应当选拔具备有六条标准的人，抓住三件大事，才不至于失国。”

“六条标准是什么内容？”文王急忙问道。

“一曰仁、二曰义、三曰忠、四曰信、五曰勇、六曰智。”太公答道。

“如何才能选拔出符合这六条标准的人呢？”

“使他富裕，看他能否不逾礼法，不逾，是为仁；给他地位，看他能否不骄不傲，不骄，是为义；委以重任，看他能否坚定不移地去完成，能，是为忠；使他处理问题，看他是否欺上瞒下，不欺，是为信；让他身处险境，看他能否临危不惧，不惧，是为勇；使他处理突变，看他能否应付自如，能，是为智。”

文王又问：“除了用人以外，还要注意些什么呢？”

太公郑重地说：“勿将处理三件大事的权力交给他人。”

“哪三件大事？”文王又问。

“农、工、商。把农民组织起来，聚居一乡，互助合作，粮食自足；把工人组织起来，聚居一处，互相协作，用具自然会充足；把商人组织起来，聚居一乡，互通有无，财贸自然会充足。不要打乱这种区域经济，不要拆散其家族组织。这叫做‘三宝’”。

"具备六条标准的人得以重用，三件大事得以完善，国君的事业就会昌盛，国家就会长治久安。"

"君主应尊崇什么人，抑制什么人，任用什么人，除去什么人，严禁什么事，制止什么事？"文王此时恨不得把他长期思考的问题一下都问完。

"作为君主，应当推崇德才兼备的人，抑制无德无才的人，任用忠信的人，除去奸诈虚伪的人，严禁暴乱行为，制止奢侈风气。"

"为何君主往往致力于选人，而实际却又收不到实效呢？"

"那是因为，君主认为，一般人所称赞的人就是贤人，一般人诋毁的人不是贤人。所以党羽多的就会被任用，党羽少的就会被排挤；奸邪势力就会结党营私，贤人就会被埋没；忠臣无罪而被置于死地，奸者因虚名而及高位。这样社会就会混乱，国家就要灭亡。"

"怎样才能保持清醒头脑，使国家长治久安呢？"

"商纣王只知其国家仍存，不知其已面临灭亡；只知纵情享乐，不知已面临祸殃。国家能否长存，在于能否居安思危；君主能否长乐，在于能否乐不忘忧。你已经考虑到关系国家存亡的许多根本问题，还能有什么事呢？"

文王闻此深感大悟。他已经对姜太公佩服得五体投地了。此时，他顾不得君臣之礼，对着自己的太师倒身下拜，连声道："太师所言，太精辟了，太深刻了，太正确了！我一定朝夕不忘，用它作为治理天下的原则。"他又转过头对太子姬发说，"你要牢记太师的这些话，此为千古不易的真理啊！"

姜太公见文王父子都跪倒在他面前，也慌忙跪下，说："主公和太子快快请起，折杀老臣了！"

文王起身说道："听君一席话，胜读十年书！我想让姬发受教于尚父，请太师允诺。"

姜太公连说不敢。但经文王再三请求，也只得应允了。太子姬发对太公行父子之礼，太公受拜，说道："臣本是一个流浪荒野的村夫，主公和太子对老夫如此厚爱，子牙当替周室效犬马之劳，鞠躬尽瘁，

死而后已！"说着，竟流出了热泪。

文王激动地说："我得太师，如虎之生翼，鱼之得水也！"

此时，东方已然泛白，一轮红日冉冉升起，晨曦从窗棂里照射进来，正好映在文王、太子和太公那激动而兴奋的脸上。

托孤太公

周文王采纳了姜太公"卑事殷纣，翦其羽翼"的计策，先是降服了泾水流域的密须国，消除了周的后顾之忧。又攻灭沣水流域的崇国，打通了向东发展的道路。这样，就全部控制了关中平原。在此基础上，姜太公亲自率师远征，攻打吕梁山区的黎国和河南的邘国，逐步蚕食商朝的疆土，不断扩展周国的疆域。

文王的大业逐步实现。他深知这功劳归于太师姜子牙。他知道自己年事已高，要实现灭商的宏愿是不太可能了。这项重任，只能靠自己的儿子姬发去完成了。但是，没有姜太公，姬发是难以挑起这副重担的。于是，他想，必须进一步密切太子和太师的关系，使姜子牙忠心耿耿地为周国服务——听说太师有一个女儿，名唤邑姜，才貌出众，文武兼备，至今未聘。若把她聘为太子之妻，太师不就成为太子的岳父了吗？如果太子成为太师的女婿，姜太公岂能不尽心尽力，保他的江山。念及此，他禁不住笑出声来。

正好这时文王的妻子——王后端着茶进来，问他为何发笑。文王便把刚才的想法告诉了王后，王后亦表同意。

当下，文王和王后立即唤来太子姬发，说了要为他聘太师之女为妻的事。太子姬发早就有意于邑姜了，只不过摸不清文王的心意，一直未敢提起。如今父王和母后主动提出这事，正中他的下怀，便喜不自禁地应允了。

第二天，文王亲自来到太师府，向姜太公提出要聘邑姜为太子妻之事。太公也很高兴地答应了。然而又说："小女乃村俗之人，不识大礼，诚恐有辱天子之尊。完婚之后，如有不到之处，还望文王和王后多多指教。"

文王说道："邑姜才貌双全，文武皆备，我已早有所闻。如能与姬发联姻，实乃珠联璧合，天公作美也。"于是定下佳期。由大夫散宜生为媒，纳了聘礼，只待喜期一到，迎亲完婚了。

不几日，喜期即到，文王降旨，虽是皇家婆亲，仍须依照民间风俗办事，以示与民同乐。西岐百姓听到这一消息，交口相传，一时成为美谈。

这年四月，是周文王 80 寿辰和姜太公 90 寿辰。太子姬发等有意要隆重庆贺，为两位老人一起做寿，名曰："双翁寿"。是日，丰都大摆筵席，鼓乐齐鸣。文王心情特别高兴，与姜太公频频举杯，开怀畅饮。酒过三巡之后，太子姬发、周公旦、召公□ (shì) 及其夫人等一一上前给双翁拜寿敬酒。然后，太子姬发的弟弟叔鲜、叔度、叔武等亦向文王和太公祝寿敬酒。当文王接过叔鲜的酒时，忽然一股心事从胸中直冲头顶，霎时间天旋地转，头重脚轻，不能自持，翻身便倒，慌得太子姬发等连忙扶住，抱至卧榻，着御医诊治。御医诊过脉之后，出来向姜太公、太子姬发等众人说："大王为气血两虚之症，脉细弱无力且结滞，当以活血化瘀、理气止疼之方治之。但因年事已高，心力衰竭，也须做好不测的准备，不可大意。"遂开药方让人拿去煎煮。

文王几日后苏醒。姜太公见文王苏醒，长出一口气道："大王总算醒过来了，醒过来了！啊！吓死老臣了！"

文王睁眼一看，姜太公、太子姬发及王后都在榻前，就要挣扎坐起。太子姬发忙阻止，说御医交代，不能乱动，必须绝对静卧。文王不听，定要坐起不可，太子姬发只好将父王扶起，给他背后垫上厚褥，让文王半坐半卧。

文王示意王后和太子姬发出去，他要与太公独谈。王后和太子姬发便悄悄退了出去。

文王抓住姜太公的手说："太公啊，我恐怕将要去见父王季历去了。自从磻溪得遇太公，我周国日益强盛。你辅佐我东征西讨，先后攻灭崇国、黎国、邘国等，降伏密须，现在三分天下，其二归周。其二归周者，奇谋多出自太公也。现在，老天爷要我走了，我再不能与太公共事，完成灭商大业了，这副重担，就全靠你与太子去完成了。我现在最担心的，就是怕我死后，子孙们在继承问题上作乱。因此，我意欲和你商量周室继承大事，请你全力支持我！如果万一叔鲜等作乱，你就把他们除掉。若太子无能，你可自为天子。"说罢已气喘不止。

姜太公听罢，汗流浃背，跪在文王病榻之前，泣涕道："大王勿庸担心，老臣当竭力辅佐太子姬发继承王位，绝对不敢拥兵自重，做出冒天下之大不韪的事来。只要我不死，定将肝脑涂地，辅佐周室，若有二心，天地不容！"说罢叩头出血。

文王喘着气说："我深知太公是仁德的君子，才单独与你商讨身后大事，绝非疑你有二心。只是请你说说，怎样才能尽快顺利完成王位继承之事？"

姜太公说："承继为大王家事，老臣是外人，不敢对此参言。"

文王泣涕道："太公乃太子之岳父，又是师尚父，与我情同手足，何言外人？太公不言，我死不瞑目！"

姜太公说道："非老臣不给大王出主意，只是王位承继乃国之大事，只能由大王自裁，外人参与，会遗后患。既然大王执意问计于老臣，老臣就冒昧进言，望大王秘而勿宣。"

文王面有悦色，道："那是自然。"

太公道："太子姬发忠厚仁德，勇武刚强，韬略过人，立为太子，乃大王之福，周室之瑞也。大王可立下遗诏，明令宣布，立太子姬发为储君。同时宣布废除'兄终弟继'之制，明示这是殷商乱国之因；明令周室日后要实行嫡长继承之制。姬发之后，也由姬发嫡长子继承王位。若是，则可避免后世在承继之事上节外生枝，产生祸乱。至于叔鲜、叔度、叔处等，可封于外地为诸侯，使之分散，而且不让他们直接参与朝政，这样就难以为患了。至于太子之弟旦、召乃正人君子，绝对可以信任，就让他们辅佐太子。如此安置，则万无一失也。"

文王大喜，说："真乃肺腑之语，金石之言也。请你通知太子，明日设朝，宣王室所有成员和文武大臣进见，我有话说。"

按照文王旨意，次日文王举行最后一次会议，解决王位继承制度和诸子分封事宜。

文王靠在厚厚的衾枕上，太公坐在身旁，以下为太子姬发和大夫散宜生。散宜生担任记录。其他参会的依次有叔鲜、叔旦、叔度、叔武、叔处、叔振铎、叔康、太孙剑、伯禽、南宫适、闳天等。

文王环视了其儿孙，然后缓缓地向太公说："我以国事家事托尚父姜太师，尔等有违命者，由尚父议处。"诸子唯唯听命。

文王接着说："太子姬发继承王位，尔等子孙，当齐心协力，共同协助，以成大业。以后王位承继制度，宜废除'兄终弟继'之制，而确立嫡长继承之法。殷商王位兄终弟继之制，乃致乱之源，我周人万万不可效仿。嗣后子孙，谁敢违嫡长继承之法者，以叛逆论处，宗室共弃之。"闻此言，叔鲜、叔度、叔处等，都颓丧地垂下头来。

文王继续说："周室的宗族子孙，宜分封建国，以屏藩王室。叔鲜可封于管，叔度封于蔡，叔武封于成，叔处封于霍，叔振铎封于曹，叔康封于卫。"说到这里，文王已觉心慌气短。他停了停，接着说道，"以上可算我的遗嘱，由大夫散宜生记录在案，由太公望执行我的遗嘱。如有违我命者，由太公处置。"

文王刚说完，便觉得头晕目眩，心悸气闷，无法自持，竟昏了过去。诸子见状一片慌乱。姜太公立刻命众人退下，请御医进上参汤。没多久，文王又醒过来，对太公说："速传姬发进见！"

太子姬发连忙来见父王，只见父王此刻却面泛红光，异常兴奋，与方才判若两人。太子姬发心知这是回光返照，连忙跪于榻前，听候命令。

文王抚着太子之背，说："我就要死了，周国的江山，就托付给

你和太公。我死后，太公就是你的亚父。外事你要与尚父商议，内事要与你弟弟旦商议。"

太子姬发泣答道："孩儿记住了，孩儿记住了。"站在一旁的姜太公此时已是老泪纵横，泣不成声。

这时，文王觉得胸前一阵剧痛，眼前发黑。喘息了一阵后，微笑地望着太公和姬发仿佛在说："现在我一切放心了！"便缓缓闭上了眼睛。

孟津观兵

周文王死后，周武王（即太子姬发）便加紧了伐纣灭商的准备工作。一日，他与太公商议灭纣事宜。

姜太公对武王说："灭商的事，老臣时时刻刻都在准备着。但是，目前的时机尚不成熟。我们派往朝歌的密探，几次送来情报，都说商朝贵族内部的矛盾虽然很大，仍未全面暴发。大王您也知道，商朝虽然十分腐败，但它毕竟是个大国，拥有几十万军队；若我们只靠武力去征伐，那付出的代价就太大了。因此，我们要等待商朝内部发生混乱，然后乘虚而入，这样就能够以弱胜强，用较少的代价获得巨大成功。"

武王听了太公对当前形势的分析后，说："尚父说得极是。然众将士灭商心切，而且许多诸侯邦国也要求我们带头伐商灭纣。如果我们没有什么举动。一怕挫伤我军将士的锐气，二怕冷了诸侯们的心。因此，我想借今秋狩猎之际，采取一个大的行动。"

不等武王说毕，太公忙说："老臣也有个主意，尚未与主公商量。现请主公先不要说出你的意见，我们把各自的想法写在手心里，看看是否相合。"武王说："好！"于是各自用朱笔在手心里写出四个字，然后同时伸在对方面前，相互一看，竟然不谋而合。原来二人所写的字均为："孟津观兵。"两人禁不住哈哈大笑。

姜太公说道："主公的想法很是英明。采取孟津观兵的办法，一可以试探一下各诸侯邦国对我们的态度，做到心中有数；二可以看看纣王对我们这次行动做何反应，试探一下商纣的虚实；三可以利用这次观兵，对我军进行一次战前演练。此乃一举三得的好事。"

于是，武王决定，十月底在孟津观兵，并将此决定传布给四方诸侯。

是年，十月初，武王和太公亲率甲士3万，虎贲3000，战车千乘，离开镐京，出临潼，过渑池，声势浩大向东进发，队伍首尾长达20多里。

几日后，三军到达洛邑，离孟津已很近了。姜太公亲自指挥3万大军和粮草辎重渡河。一路由大将军南宫适率领，充当左军；一路由将军闳夭率领，充当右军；太公和武王居于中军，大将武吉护驾。只见在宽阔的河面上，三路舟船，如三条巨龙，由南向北开进，场面很是壮观。

此次诸侯会盟，武王发出的请柬不到100个，但闻讯前来会盟800多个诸侯率十数万士兵。各诸侯国对于商纣王的倒行逆施，早已忍无可忍。西周的崛起，像一把熊熊的火炬，点燃了各诸侯国的希望；又如同一块巨大的磁石，吸引着各诸侯国向它靠拢。因此，接到武王请柬的，无不欢喜雀跃；没有接到请柬的，也闻讯而来，自愿参加会盟。然而中原地区的许多诸侯，虽然承认岐周强大，却认为岐周乃西方落后部族，对周仍心存顾虑。他们前来会盟，是想趁此机会查看周武王究竟如何。

武王和太公的大船马上就要靠岸了。太公放眼望去，只见各诸侯国的首领和士兵早在北岸列队迎候武王了。太公知道今日会盟对岐周很重要，他也深知，中原的一些诸侯倚仗自己经济发达，有点瞧不起西岐。因此，他提议："大船靠岸后，请武王乘马落落大方地接受各

路诸侯的欢迎。要有盟主的风度，不要被人小瞧了。为了壮大声势，老臣在马前为大王牵马，请周公在马后为大王执鞭，用这种方式告诉众诸侯，我国文武大臣对大王多么敬重，以此加威于各路诸侯。"武王哪里肯让太公为他牵马，可是周公等文武大臣都说太公言之有理，今日这等盛大场面，不能太随便，要搞得庄重严肃。武王只好同意。

武王乘着马，在各路诸侯国队伍组成的夹道中前行。他不断向各诸侯国首领挥手致意，表示慰问，显得彬彬有礼而气度不凡。诸侯们观武王相貌堂堂，威风凛凛，一派帝王风采，钦羡之情油然而生。又见赫赫有名的姜太公为武王牵马，周公在后执鞭，尤其惊讶不已。心想，连太师都给武王牵马，可见武王虽然年轻，却深孚众望，必然是一个有韬略、有威望的天子。因此，武王所到之处，群情振奋，欢呼声四起。

武王接受了诸侯欢迎之后，和800诸侯国首领一起，进了孟津，这时已近黄昏。是夜，武王在孟津大摆宴席，款待800诸侯。武王的部队和诸侯国带来的10多万部队就驻扎在城外。议定次日于孟津城西盟誓。

次日一早，各路诸侯带领兵马来到孟津城西大校场。场内场外布满了10多万兵马，场面甚是壮观。校场中心筑起一座高台，上设天地神位。高台两边设有800多名诸侯首领的坐席。午牌时分，800多位诸侯从西门鱼贯而入，依次分坐两侧。此时，武王在18名甲士护卫下，走进校场，登上高台，祭拜了天地诸神。随后，姜太公全副甲胄，牵着白马；周公全副甲胄，牵着乌牛，从高台后出来，在台前站定。这时全场肃然。

武王环顾左右片刻之后，举起右手，大声说道："诸位友邦首领、全体将士们！姬发遵从先王之遗命，率师东来，观兵孟津只为共商灭纣大计。今与会者800余诸侯，敌忾同仇，可见天命所归，人心所向。"语音刚落，会场立刻爆发出雷鸣般的欢呼声。过了半晌，欢呼声浪才慢慢平息下来。

武王接着说："今商纣淫奢无度，暴虐残忍，穷兵黩武，使百姓处于水深火热之中。如果各位友邦首领认为商纣可伐，请与我一同盟誓!"

武王话音一落，台下又爆发出一阵欢呼呐喊声。

此时，姜太公和周公抽出利剑，宰了白马乌牛，命人抬放在桌上，武王走下高台，左手抓着牛耳，右手持刀，在牛耳上割了一刀。然后武王和800诸侯一同饮了血酒，指天盟誓："吊民伐罪，躬行天讨，齐心灭纣，祸福与共!"

誓毕，800诸侯和岐周的文武官员群情激奋，请求趁热打铁，就此杀向朝歌，消灭商纣。武王要姜太公向众人解释。

姜太公说道："商纣王昏庸无道，人神共怒，早该人神共诛了。然而商朝有600年统治之基，它拥有几十万军队。尽管殷商已经很腐败，内中矛盾重重，但还没有到土崩瓦解的地步。因此，对待这样一个庞然大物，我们不可轻举妄动。况且，对我们今日孟津观兵这样如此宏大的举动，商朝必然有所警惕，定会加强防御。因此我们要等待有利时机，要战，就要有一举成功的把握。"

各路诸侯听了太公之言，认为其言甚是有理，遂约定，加强互相联系，互通消息，一旦时机到来，愿听从武王差遣，同心协力，讨伐商纣。

决战牧野

孟津观兵之后，又过了两年，周武王觉得各方面时机均已成熟，可以发兵东征，消灭商纣了。于是，他请来太师、周公、召公、南宫适等朝中文武大臣，一起商讨。

姜太公首先说："我过去对文王说过，君王先要修德，要礼贤下

士，要施惠于民，使国家日益强盛；同时，要观察天道的吉凶。必须既看到出现了天灾，又发生了人祸时，才能够策划征讨。

"现在，商纣王作酒池肉林，造炮烙虿盆，剖忠臣比干之心，逼兄长微子出走，弄得朝野不安，民怨沸腾。他如今已经是众叛亲离了。国人甚至王公贵族都叛逃而去。最近，东夷和南方的邦国纷纷起来造反，纣王只好调集大军前去镇压，甚至把他的御林军'三百六十夫'也调往东南打仗去了。所以朝歌现在很空虚。目前的商朝，百姓疑虑，动乱不止，而纣王仍然荒淫无度，这是亡国的征兆。我观察他的田野，野草盖过了禾苗；我观察他的群臣，奸邪恶僻的压倒了公平正直的；我观察他的官吏，都是暴虐残忍，违法乱刑。可是，他们上下还仍执迷不悟，这是该亡国的时候了。因此，我十分赞成立刻发兵，讨伐商纣。"

周公、召公、南宫适等一班大臣，也极赞成姜太公的意见。

武王见大家意见一致，大喜，便命令太史占卜吉凶。

太史焚起香烛，祝告了天地之后，便摇了一卦，抽出卦签。大家都着急地等待着卜卦的结果。

牧野之战

太史卜得师卦六五之爻，展开卜辞一看，那上边写着这样八个字："长子帅师，弟子舆尸。"意思是说，若武王率师出征，将会出现以舆车装载将士尸首归来的现象。太史不禁大惊失色。

看了卜辞，武王脸色大变。周公、召公、南宫适等人也都面面相觑，不知如何是好。霎时，一股疑惧不安的气氛，取代了方才大家意见统一时出现的同仇敌忾的局面。

这种气氛持续了许久。周公见天意如此，已是不可违背了，便说道："不如暂缓出兵之事，稍后再议。"

武王早已性急，冲着周公怒问："我们准备了多年，等的就是此日。现在纣王倒行逆施，已弄得天怒人怨，人神共愤了，难道老天爷还会保佑他吗！"

武王的话音刚落，天上轰隆隆一声巨响，顿时电闪雷鸣，狂风大作，下起倾盆大雨。暴雨中还夹着鸡蛋大的冰雹，打得房瓦破裂，树枝断落——这种现象发生在初冬，实属怪异！

文武大臣都被此天象吓坏了，连武王也吓得面如土色。难道老天果真震怒了吗？难道纣王果真不可讨伐吗？

此时，只见姜太公面色坦然，从容地说道："风、雪、雨、雹，天道之常，不必惊骇。我国征伐殷纣，乃是替天行道，恭行天讨，吊民伐罪之义举，天公定会助我成功的。我有一个建议，另择一黄道吉日，请武王祭天，亲自占卜吉凶，那时再做定夺，不知各位意下如何？"

武王等人闻言心定，遂议另择吉期，由武王祭天亲占。

祭天之日，武王登上天坛，焚了香火，暗暗对天祝告："姬发举兵伐纣，恭行天讨，吊民伐罪，愿上苍助我成功！"祝罢，亲自卜了一卦。启开一看，乃是泰卦初九爻。卦辞言："拔茅茹，以其汇，征吉。"意思是说，如同拔草一样，出征大吉。武王心中大喜，当下将卜辞遍示群臣，群臣观后无不欢喜雀跃。

武王如释重负，当即传令：迅速做好出师准备，同时传示四方诸侯，于甲子日前会师孟津，讨伐商纣。

冬腊月，武王亲率兵车300乘，虎贲3000人，甲士45000。命姜太公为前锋大将，浩浩荡荡向东出发。兵到孟津，蜀、庸、羌、卢、微、彭、濮等800诸侯约10万人已在此会合等候。武王亲作《泰誓》，激励自己的将士及800诸侯之兵，团结战斗，同德同心。

甲子日清晨，日夜兼程的10余万大军，突然出现在商都郊外140里的牧野。

武王在牧野再次举行誓师大会，念了《牧誓》，逐一列数了纣王的罪状，鼓励全军决一死战。当是时，10万大军群情激奋，个个摩拳擦掌，跃跃欲试，人人争先恐后，要杀敌立功。

前锋大将姜太公率领4万多甲士，如下山之猛虎，出水之蛟龙，以迅雷不及掩耳之势，杀向仓促应战的商军阵中。纣王措手不及，连忙调兵遣将，可惜精锐部队已被他派往东夷征战，城内空虚，不得不拼凑奴隶去抵挡。殷商毕竟是大国，七拼八凑，竟调集了17万军队，来迎战武王的大军。

但是，姜太公早已派人混入殷商军中，进行瓦解工作。那些假扮商军的周人，看到周军大兵压境，商军皆无心应战，就趁机高喊："武王已杀进朝歌了，纣王自杀了！"本来就不愿意为纣王卖命的奴隶军，闻此全部倒戈，转过头引导武王军队杀向殷都朝歌。商、周军队合为一股，势如破竹，呼啸呐喊之声震天，杀得是血流成河，尸横遍野。

纣王如丧家之犬，连夜逃回朝歌。他见大势已去，慌忙穿上王衣，登上鹿台，自焚而死。那鹿台是商纣王搜刮民财耗时七载修建的百丈高台，大火一烧，就像一把巨大无比的火炬，照得满城形同白昼。

朝歌城内城外的商民，连夜集于郊外，焚香跪拜，迎武王进城。武王当众宣布了安民告示，命令大部分军队驻扎城外，自己和姜太公等只率3000虎贲进入朝歌城。武王和太公军队扑灭了大火，一同登上已经烧毁了的鹿台。姜太公见纣王虽被大火烧成干尸，依旧二目圆睁，死不甘心，便指着纣王大骂："无道昏君啊，无数生灵因你而遭涂炭，我要亲自砍下你的头颅，为天下百姓报仇，为我的父母和东夷九族报仇！"说完，挥剑用力一砍，将纣王的头颅砍了下来。武王命令军士将纣王的头悬在一根高杆上，亲自对着纣王的头射了三箭，以示商朝的统治从此结束。

受封于齐

牧野决战后第五天，周武王即举行开国大典，定都镐京，正式建立了周王朝，史称西周。

他请来姜太公、周公、南宫适等一班重臣，商议怎样处置刚刚失败而并不甘心的殷商遗民，怎样控制刚刚取得的广大疆土，以巩固新建立的政权。研究的结果是，分封诸侯，将有功之臣和周室的叔伯子侄、姻亲贵戚中有才干者封到全国各地，兴邦建国，让他们治理自己的封地，向周王定期贡赋，提供军队，卫辅王室。于是，周公的儿子伯禽封于鲁，叔康封于卫，叔虞封于晋，召公□（shì）封于燕……形成"封建亲戚，以藩屏周"之势。

然而，在封纣王的儿子武庚时，姜太公和武王、周公等人的意见发生分歧。武王的弟弟周公主张封武庚于商都，实行所谓"以商治商"。姜太公建议把商朝的后人杀掉，斩草除根，以绝后患。但是武王却支持周公的意见，封武庚为商后，留居朝歌，管理殷商遗民。为防武庚作乱，他又派自己的三个弟弟管叔、蔡叔、霍叔对武庚进行监督，史称"三监"。姜太公见武王主意已定，也不好再说什么，只能在心里暗自担心。

武王特地征求太公意见，询问其意欲分封何地。

姜太公说："老臣故地在山东营丘（今山东临淄），那年纣王发兵东征，差不多将营丘夷为平地，杀死了我的父母亲族。我已经早有誓愿，要在推翻商纣之后，重返家园，复我邦国。因此，老臣恳请主公封我回山东故土。"

武王非常高兴，说："师尚父所言，正合孤意。一则，尚父去营

丘可以完成当年誓愿，恢复旧邦；二则东方九夷自古以来不断侵扰中原，师尚父若去山东建国，则可尽服东方诸夷，从此可保东方太平。"遂把渤海与泰山之间的薄姑氏故地封给太公，国号为齐，都营丘。姜太公谢恩回府，打点行装，准备赴任封地。

姜太公是西周的开国元勋，功劳卓著，又是武王的岳父。因此，武王特意为太公举行盛宴，欢送太公赴任。周王室成员和满朝文武大臣，全部出席，欢送宴会十分隆重热烈。酒至面红耳热之际，周武王突然拉住姜太公的手说："师尚父为我周室兴起，东杀西讨，北战南征，功居第一。明日尚父即将赴任山东，此一去不知何年何月才能再见，寡人实在不舍你走啊！"说着，竟热泪盈眶。

当时，周武王已经60多岁，姜太公也已是100岁的高龄了。须发皆白，鹤发童颜。他见武王动了感情，也禁不住心头一酸，老泪夺眶而出，说道："主公不必担忧，老臣虽然年迈，但早年学过养生益寿之道，还能再活它几十年。此去山东，老臣一定尽心尽力，治理齐国，为主公打造坚强的后盾。"武王和周公、召公等闻言，无不为之感动流涕。

次日一早，武王和周公、召公、南宫适、武吉等文武官员一齐出动，直送姜太公于镐京以东20里的灞上，这才洒泪而别。谁知此为太公与武王之最后诀别。两年之后，武王就因病去世了。

周武王去世以后，依照嫡长继承之制，由武王的长子成王继承王位，当了天子。此时周王朝初建，各方面百废待兴，形势仍很严峻。武王的弟弟周公恐成王缺乏经验，误了国家大事，便不顾大臣们可能产生的猜忌和非议，自代成王摄政。

周公的这一举动，立刻在朝野内外引起了轩然大波。不少人认为周公有野心，意欲取代天子之位。这消息纷纷扬扬，四处传播，越传越玄，引起了大臣和各诸侯国的不安。

周公是武王的弟弟，监督武庚的管叔、蔡叔、霍叔同样是武王的弟弟。三叔见周公将他们远封在外地，自己却摄政称王，独揽朝中大权，心存不满。此事早被纣王的儿子武庚看在眼里，心想，要报灭国杀父之仇，时机已到！

武庚并非等闲之辈，当年周武王封他为商后时，他曾感激涕零，表示要誓死忠于周室。周武王封他的三个弟弟来监视他，他明白周人对他很不放心。因此，他表面上装得非常忠诚老实，在"三监"面前毕恭毕敬。他每一个月都要向管、蔡、霍三叔请安问好，汇报情况，请求指示。还不时地给三叔送去金银珠宝和美女，贿赂其心。时间一久，三叔觉得此人还挺不错，对其戒心渐失。后来竟把他看作自己的知心朋友，连有些心里话也向他诉说。从几年的接触中，武庚知道三叔都对周公不满，尤其是管叔，非常恨周公。他说，当年武王分封诸侯时，周公自己不去鲁国，却让他的儿子伯禽代劳，其目的就是要留在朝中，伺机篡夺大权。他还说，周公把他和蔡、霍二叔远封于殷商故地，是由于周公怕他们弟兄三人妨碍自己的野心。他认为，武王死后，按照文王临终时定下的制度，王位理应归于武王的长子成王。何况成王并不年幼，完全有能力亲自处理朝中大事。周公却以成王缺乏经验为借口，自己摄政称王，企图取代天子之位，这完全违背了文王的遗训。周室亲族应当遵从文王遗训，共同诛灭周公，还政于成王。蔡、霍二叔也同意管叔的意见。

武庚把管叔的这些话迅速传给他的亲信，让他们迅速把这些话传播到东方各国。据传，姜太公听后，也对周公产生了怀疑。

管、蔡、霍三叔看到各诸侯国人心浮动，大家全部在咒骂周公，心中十分得意。而武庚此时乘机加紧联络殷商旧部，假言要协助三叔，以清君侧，终于发动了叛乱。管、蔡、霍三叔以为武庚是自己的知心朋友，是帮助自己讨伐周公，因此，便与他相互勾结，撑腰打气。管叔亲自率军，这就大大助长了武庚叛乱的气焰。武庚又事先派人到东方各国进行了大量的阴谋活动，因此，响应武庚叛乱的诸侯竟多达17国。一时间，周室朝野震动，连周人所居住的西土也骚动不安，马上就有波及全国之势。

在有朝廷重臣参加的紧急会议上，周公力主武力平定叛乱，但王室内的一些贵族却犹疑不决，非常害怕。他们有的说东方夷人向来不

安定，殷商时代，朝廷的统治就没有实际涉足到那里，所以不如派人去安抚一下，维持现状算了。有的说西周方立，财力物力人力不充足，劳师远征恐怕会招致失败。还有一些人听信了谣言，怀疑周公是想借东征来扩充自己的实力，为自己篡夺大权进行准备。

周公明了，这种局面持续下去将不可收拾。于是，他立即给远在山东的姜太公写了一封秘信，命心腹火速送往齐国。他在信中深刻分析了目前的严峻形势，推心置腹地陈述了他为什么要摄政称王，衷心地希望姜太公顾全大局，帮助他力挽狂澜，全力维护文王、武王和太公等奋斗一生打下的万里江山。他在信中还授命姜太公："东至海，西至河，南至穆陵，北至无隶，五侯九伯，均可征伐。"

姜太公看罢周公的秘信，被周公大义凛然，光明磊落，忠心报国的精神深深地感动了。他立即认识到自己以前对周公的怀疑是错误的。与此同时，他还接到女儿邑姜（武王之妻）的来信。邑姜对他说：周公称王摄政以来，治国兢兢业业，深怕失掉天下贤人。如有贤人前来投奔，即使正在沐浴，也要用手握着正在盥洗的头发立刻接见；即使正在吃饭，也要立刻放下筷子接见来访的贤士。甚至"一沐三握发，一饭三吐哺"。周公摄政，纯粹为西周江山而非天子之位。成王得了一次大病，几乎病死，周公写了一篇祷词，向上天祈祷，愿意以自己的死换取成王的生。这足以证明周公是衷心维护成王的。成王虽然并不年幼，但的确缺乏治国的经验。在当前非常严峻的形势下，周公如果不出来支撑这危难局面，周朝就会发生更大的灾难。因此，她劝父亲助周公平乱。

在这危急关头，姜太公当机立断，发倾国人马，迅速出兵平乱。他一方面派大将吕豹、吕虎领精兵1万，去平定徐、奄等邦国的叛乱；另一方面，决定亲自率领两万精兵南下，协助周公平息武庚和东南17国的叛乱。他把自己的计划写信告知了周公，并且建议周公率领大军东征，趁这次机会，彻底征服东南叛邦，使西周江山永固。

周公收到姜太公的信后，神情振奋。他立即把太公的意见向王室成员作了传达，使那些动摇害怕的贵族增强了信心。周公采纳了太公的意见，亲率5万大军东征，并且以天子的身份作了《大诰》，鼓舞将士士气。他东征路过楚国时，亲自说服了楚人不要参与叛乱。周公和姜太公从两翼协同作战，使军威进一步大振。

虽然姜太公已年迈，但仍能驰骋疆场，与周公形成掎角之势，奋力剿灭东南一带的叛邦。经过整整三年时间的艰苦征战，终于彻底平复了这场声势浩大的叛乱。此次平叛先后扫灭东南方的叛国50个，战争规模远远大于武王伐纣。叛乱首犯武庚和管叔被周公诛杀，蔡叔、霍叔被流放，关东诸国彻底被征服。经过这次战争，西周才真正征服了关东，从而使周朝在全国的统治得以巩固。

叛乱平息后，姜太公又回到封地齐，继续他大规模的经济建设。首先，他制定了"大农、大工、大商"的政策，通商工之业，便渔盐之利。将农人组织起来，聚居一方，互相合作，垦荒种田，发展农业生产，使粮食渐渐得到充足；把工匠们组织起来，聚居一方，互相协作，打造各种用具什物，使人民生产生活得到满足；将商贩们组织起来，聚居一方，开设集市，互通有无，使经济得到繁荣。农业"什一而税"，减轻农人的负担，鼓励农业生产。

姜太公自己称这三项政策为治国的"三宝"。并且此"三宝"，只能由国君一人独掌，不能交给他人去管。因此，不到三年工夫，就使齐国得到大治。消息传到镐京，代成王摄政的周公听说姜太公在这么短的时间内，就把齐地治理得繁荣昌盛，井井有条，大喜。他无限感慨地说："太公真是老当益壮，盖世无双也！"

在经济得到发展之后，姜太公又重修城邑，教化国人学习周礼，并且广招四方贤才，把东夷九族中有才干有名望的人都搜纳过来，量才录用，让他们人尽其才，才尽其用。因此，齐国很快成为东方最强盛的大国。后来在周室衰微，春秋战国纷争时，姜太公的后人姜小白称霸群雄，九合诸侯，匡扶周室，长达40余载，他即有名的齐桓公。

传奇人物姜太公才华卓绝，业绩非凡，辅佐西周三代君主。几千年来受到人民的推崇和爱戴，不愧为中国历史上最早的颇负盛名的政治家和军事家，不愧为中国谋士们的始祖。

第 二 章

军事天才，命运多舛
——孙膑

　　战国时期著名的军事天才孙膑著有《孙膑兵法》，《孙膑兵法》是中国古代的著名兵书，也是《孙子兵法》后"孙子学派"的又一力作。孙膑，其本名孙伯灵，是中国战国时期著名军事家，汉族，山东鄄城人。生于战国时期的齐国阿鄄之间。孙膑早年曾与庞涓师从鬼谷子习兵法。庞涓出任魏将后，因为嫉妒孙膑的才能而将他骗到魏，施以膑刑(割去膝盖骨)，因有孙膑之称。后逃往齐国，为田忌门客，助田忌赛马获胜，被荐给齐威王，从此，孙膑开始一展其才。

早年结义

东周的阳城地面，有一个山谷。由于它山大谷深，林密水多，整天都有云雾缭绕，鸟兽啼叫，又因它远离市井，很少有人来往，弥漫了神秘气氛，故名鬼谷。谷中住有一位鹤发童颜、学问高深的老先生，人称他为鬼谷子。

鬼谷子四处云游，无意出仕，来到此处被其幽深秀丽的风光吸引，便伐木造屋住了下来，专心致志地讲学授徒，为社会培养有用之才。苏秦、张仪、孙膑、庞涓这些历史上赫赫有名之人皆出自他的门下。

夏日午后，西斜的阳光把山谷照得一片光明。山上山下草木繁茂，百花争艳。陡峭的山路上走来了两位30左右的男人。他们的肩头上各挑有一担水桶，径直向着山腰的泉水走去。微风吹拂着他们热汗淋淋的脸庞。走在前面的为一个中等个子白面微瘦的人。他对后面的黑脸络腮胡，高个子的胖子说："庞涓，走快点吧，想什么呢？"高胖子庞涓回答说："来了来了！你这个孙膑呀，腿比我短，走路却比我快！"孙膑笑了笑说："你比我腿长，却赶不上我，这是为什么呀？"庞涓叹了口气说："唉，我们到此求学已经整整三年了。我想下山去求取功名哩。"孙膑说："好事不在忙嘛！师父的好多学问，咱们还没有学到手哩。""学如烟海，永无止境。哪能学得完呢？"庞涓洋洋自得地把头一昂，"我学的克敌制胜，攻城略地之兵法，已够我当个将军元帅，指挥几十万人马了。"

二人走到清泉边上，装满了两担泉水就开始返回。由于是上坡和重担，走不多时，就汗湿长衫，气喘吁吁了。孙膑说："我们歇一会儿吧！"庞涓听后放下水桶扁担，就一屁股坐在了一棵大松树下说：

"肚子饿了，我们去摘野果子吃。"孙膑也放下担子说："你休息吧！我会上树，我去摘。"

鬼谷里到处都是野生的果树，这时大都已经成熟。孙膑麻利地爬上树去拣好的摘了起来。他用长衫的大襟当口袋，盛满了胀鼓鼓的红桃和红杏，兴奋地回到庞涓面前"哗"地在石板上一兜开，桃子杏子就滴溜溜地四处翻滚。庞涓馋涎欲滴地拣最大最红的一个桃子就要往嘴里送。"慢着！"孙膑阻止他道。"怎么，你还舍不得叫我吃？""不是舍不得，最大的应该拿回去敬献给师父。"庞涓把嘴一撇，不以为然地说："这也不是什么贵重的东西，不用吧。"孙膑说："用得着！师父师父，一日为师，终身为父。做弟子的不管做什么，心中都要有师父。""那——"庞涓无奈，只得放下大桃。

孙膑选了5个大桃5个大杏之后，二人就张嘴大吃了起来，吃得肚不饥了就又同时担水上路。孙膑走在前面，很快就把庞涓落了很远，回头说："庞涓，走快点呀！"庞涓体胖，平时只知死啃书本，缺少锻炼，所以就体力不支地说："唉呀，担子实在太沉了。我把水倒去一些吧！""别！别！"孙膑放下担子说，"你休息，我来接你！"说毕就返回去担起了庞涓的水担，让他空手走了一段路，然后再把担子交给他。庞涓感动地说："老同学，谢谢你帮我！"

就用这种办法，孙膑又返回去三次替庞涓担了很长一段上坡路。他们来到了谷顶的平台。眼看离住处已近，庞涓忽然说："孙膑，你真好！俗话说，在家靠父母，出外靠朋友。我看，我们结成异性兄弟抱成个团，你看好不好？""好呀！"孙膑满口答应。二人就在附近折树枝为香，采水果作供果，遥对上苍对天拜了八拜，一起发出了铮铮誓言："苍天在上，我孙膑——庞涓二人志愿结成异姓兄弟。孙膑年长一岁为兄，庞涓年幼一岁为弟。我们今后有福同享，有难同当，互相帮助，携手共进，如有违背，天打雷劈，不得好死！"

"哟！你们俩在干什么呀"一声洪亮的声音传来。二人回头一看，是手持龙头拐杖的白发苍苍的鬼谷子师父来了。孙膑连忙躬身施礼如实相告："敬禀师尊，弟子孙膑与庞涓下坡担水回来，歇息时在此结拜为异姓兄弟。"鬼谷子用右手把胸前的白须一捋，笑着说："好嘛，俗话说单丝不成线，独木不成林嘛。"

"师父，你请吃果子！"庞涓把大桃大杏献上。鬼谷子坐在大石凳上吃了一口大桃，感到又甜又脆，不住称赞："好桃！好桃！"

庞涓见师父兴致很高，就连声夸奖孙膑的品德如何高尚，平日对自己的学业和生活如何如何地照顾，说得孙膑很不好意思起来。鬼谷子说："庞涓呀，你们二人是同学又是兄弟。今后，你是要多向孙膑学着点！"庞涓连连点头："弟子谨遵师命。"

此后，二人的关系亲似兄弟，互助合作。过了一段时间，鬼谷子的老朋友墨子带着门徒禽滑釐上鬼谷来了。两个老朋友久别重逢，把酒纵论天下大事，谈得十分投机。他透露出了魏惠王正在四处张榜求贤，意欲富国强兵的消息。庞涓得知后就急了。当夜，他叩开了师父的房门，提出了下山的请求："弟子我承蒙你老人家的教诲，学习兵书战策已经三年多了。听墨子先生说，魏惠王正在招贤纳士，这是个机遇。我想回到乡梓之邦，一展所学。"鬼谷子白眉一皱，沉吟了起来。庞涓又进一步恳请道："师父，你老人家就高抬贵手；放我走吧！"鬼谷子点了点头说："行呀！我这里向来是来者不拒，去者不留的！"庞涓眉开眼笑地说："多谢师父！弟子此去一有荣华富贵，一定要反哺报答。"鬼谷子淡淡一笑："我是个闲云野鹤样的人，早就看破了红尘。以你所学，下山去以后，容易取得高官厚禄。到那时，我不图你报答什么，只要将你的义兄孙膑提携提携，为师我就很满足了。"庞涓满口答应："一定，一定！我和孙兄是对天盟过誓，有福同享，有难同当的呀！"

次日天晴，正好上路。孙膑陪着庞涓去告别了师父，然后背着庞涓的行李送他下山。二人下了一坡又一坡，绕了一湾又一湾，真是难舍难分。庞涓非常感动地说："孙兄，请留步吧！为弟此去站稳了脚跟，就一定捎信来请你。我们弟兄同心协力，建功立业，岂不痛快吗。"孙膑对此深信不疑地说："好吧！祝你万事如意，鹏程万里。愚兄我就静候贤弟佳音了。"

二人说不尽的千言万语。眼看红日当中，只好紧紧地拥抱，洒泪告别。庞涓走了好远好远，回头一望，只见孙膑还站在一个高坡上向他遥遥招手目送。

孙膑回到山上。鬼谷子见他脸有泪痕就问道："你这是为送庞涓而流的惜别泪吧！"孙膑如实相告："我与他既是同学又是兄弟，实在不忍分别。"鬼谷子说："你说说，以庞涓之才，能为大将吗？"孙膑回答："庞涓人很聪明能干，又蒙师父三年多的亲切教诲，我看他定能出将入相，名扬四海。"鬼谷子先点头表示同意，然后又摇头说："我看他未必事事如意！"孙膑急问："这是为什么？"鬼谷子笑而不答，取下壁上宝剑自练起来。

孙膑

一日下午天阴风凉。鬼谷子在一株亭亭如伞盖的大青松下讲学完毕后说："我房中老鼠猖狂，吵得我整夜睡不好觉。众弟子可轮流值班，为我驱鼠。""是！"大家齐答。

从当天夜里起，众弟子就轮流在鬼谷子房中值夜。开始，大家还十分认真，时间一长，有的人就马虎起来：有迟到早走的，有干脆睡大觉的。只有孙膑非常忠于职守，不但按时驱鼠，还自制铁笼捕鼠几十只。所以，每当孙膑值班，老鼠们都害怕得不敢出洞了。因此，鬼谷子便能睡好觉，第二天讲学时精神特好。

又是一夜。孙膑在师父睡房中，照例安好捕鼠铁笼，手持木棒，睁大眼睛，认真值夜。半夜时分，鬼谷子睡醒了，从蚊帐中探出头来说："孙膑，你过来一下。"孙膑赶紧走近床前，在微弱的灯光下，只见师父在床上闭目打坐。孙膑当即躬身行礼："师父，莫非弟子打扰你了？"鬼谷子说："不是不是。每逢你值夜，我都能睡得很好。现在夜半无人，为师我要送你一样东西，给！"孙膑接过一捆竹简，还不知是什么内容时，鬼谷子说话了："此乃孙子兵法十三篇。是你祖父孙武所著。我与他生前相交很深。他临终时将此书赠送与我。我用10多年时间亲为注疏，行兵秘诀，尽在其中。我没有传过别人。今见你为人忠厚，勤于学业，故传与你！"孙膑说："弟子从小死了父母，也听说祖父有此兵书。师父既然获得，为什么不传授与庞涓，而独传与我一人呢？"鬼谷子说："此书是无价之宝。当年你祖父用它大败楚军，使吴国称霸中原。得此书者，善加利用就能为天下兴利，不善于利用就要为天下之害。庞涓与你是不能相提并论的。"

孙膑接过兵书，拜谢了师父，回到陋室，独自悄悄地挑灯夜读，越读越有兴致，连东方发白，天已大亮了也不知道。三天之内，他如饥似渴地读完了全书与全部注疏。夜里，他主动要求提前值夜驱鼠，趁夜深无人时，就把原书归还师父。鬼谷子向他提问，他都能对答如流。不但一字不差地全部背诵，而且还有个人的发挥创造。鬼谷子兴奋得一拍床沿说："好，好！你如此用心攻读，你祖父又复生了！"

死里逃生

庞涓是魏国人。他回到魏国都城大梁，经人引荐，见到了魏惠王。魏王一心要富国强民，正在招贤纳士。他见庞涓生得高大壮实，谈吐不凡，又听说是鬼谷子的门徒，名师出高徒，就更加信任他。见了几次，庞涓都滔滔不绝地谈论天下大事，说得魏惠王心悦口服，遂破格拜庞涓为元帅兼军师。庞涓儿子庞英，侄子庞葱、庞茅全被封为将军。人们皆称他们为魏家将。

一朝权在手，便把令来行。庞涓雄心勃勃地制定了一个扩军练兵计划，并报请魏惠王批准实施。不久，他就训练出了一支实力很强的

部队。然后，他就挂帅出征，魏家将打头入侵卫国和宋国，攻城略地，大获全胜。继而又击退了齐国的进攻。一时间，庞涓就名扬诸侯。他不免自鸣得意。此时，他完全把远在鬼谷苦读的义兄抛之脑后了。

孙膑在鬼谷继续埋头攻读。由于地方偏野，人迹难到，所以消息十分闭塞。有一天，墨子又一次云游到了鬼谷，见到了孙膑。孙膑很恭敬地与这个师叔谈起了用兵之道的战略战术，无不叫墨子心下称奇。他说："你的学业已成，何不下山去学以致用，求取功名，报效社会。"孙膑说："我的同学庞涓出仕于魏，临别时说定，他站稳了脚跟，就会引荐于我。"墨子说："庞涓已成了魏国的元帅兼军师了。他怎么还不引荐你呢？"孙膑好心地说："大概他忙于事务，暂时还顾不上吧！"墨子说："我正要到魏国去云游，见了庞涓，看他怎么说吧！"

墨子不久就到了魏国，见到了庞涓，谈起了孙膑在鬼谷等他引荐之事。庞涓用言语支吾，毫无诚意。墨子生气地就直接向魏惠王做了推荐，魏惠王听说鬼谷子还有一个高徒在待人引荐，就起了兴致。他问墨子："孙膑与庞涓二人的才学谁高谁低？"墨子说："他们虽是同学，但是师父领进门，修行在个人。孙膑是孙武的孙子，得到了其祖的秘传。据我看来其才能远在庞涓之上。"

墨子走后，魏惠王便召见庞涓说："寡人听说你有一个同学叫孙膑，很有才学，你何不为寡人写信招来！"庞涓听后，心中很不高兴。他讨厌墨子多管闲事，但魏惠王既然提出来了，不回答也不行。他装出一副非常爱国的样子说："孙膑是有一定的才华，但他是齐国人。如果招来魏国做官，他一定忘不了他的父母之邦。臣是魏国人，一心忠于魏国，因此才没有推荐。"魏惠王说："你的顾虑是多余的吧！俗话说，士为知己者死。寡人若得孙膑，必然重用之，礼遇之。他也会感恩图报，专心为魏国出力的。"

庞涓的为人，心胸狭窄，口是心非。他在鬼谷学习时，装出一副老实相迷惑了孙膑。现在一朝富贵了，就怕孙膑来后，才学超过了他，对他不利，因而不想引荐。现在听了魏惠王的话，不敢不从。他两个眼珠一转，心想："等孙膑来了，我再伺机行事吧！"

孙膑接到了庞涓的来信和魏惠王使臣的邀请，心中非常高兴。他想，庞涓果然没有忘掉弟兄之情，便很快辞别了鬼谷子师父去了大梁。他先见庞涓，谢其引荐之情。庞涓大言不惭地说："谁叫我们是同学又是兄弟呢？你来得太好了！我高兴得睡着又笑醒哩。"

次日，魏惠王接见了孙膑。二人谈起军国大事来非常投机，大有如鱼得水、相见恨晚之意。魏惠王喜形于色，对在座的庞涓说："寡人欲封孙膑为副军师，让你二人同掌兵权，你看如何？"庞涓心里很不高兴，但表面上却装出一副笑脸说："当然可以。不过，臣与孙膑是结义兄弟，他为兄，我为弟，哪能让兄长屈居副职呢！依臣之见，莫若暂时拜为客卿，等他立下大功，我就让位于他吧！"魏惠王觉得此言有理，于是孙膑为客卿——以客礼相待，并专门赐给了府第。

几日后，魏惠王要考察孙膑的才能，便传令调集国都军队于教场，叫孙、庞二人各执令旗演习阵法。庞涓布的阵，孙膑一见便知其阵法及对策。孙膑排成一阵，庞涓看后，瞪着一双眼睛茫然不识了。于是，他便悄悄求助于孙膑。孙膑说："此为颠倒八门阵。"庞涓问："有变化没有？"孙膑如实回答："有，遭到攻击，就变为一字长蛇阵了。"庞涓就将此话变成自己的话去奏明魏惠王。魏惠王以为孙、庞二人才能不相上下，心中大喜，于是对二人各有赏赐。

演阵完毕，庞涓回到府中，心里像打翻了醋坛子一样，酸溜溜的。他想："孙膑才学超过了我。一山难存二虎。如果不除掉他，我的地位就难以保全。"于是，一面与孙膑热情往来，送这送那，一面却指使人在魏惠王面前挑拨说："孙膑是齐国人，虽然身在魏国，总是忘不了他的家乡。若掌了兵权，恐怕对魏国就危险了。"魏惠王对此不理。

又过了几日，庞涓带上厚重的礼物到孙府问安。酒宴席上，庞涓道："兄长已在魏国出仕，何不将齐国亲属接来共享富贵？"孙膑听罢，不禁思乡，便含泪说道："贤弟，你我虽是同学，还不知道我是个孤儿。我4岁丧父，9岁丧母，全靠叔父养大。叔父死后，堂兄孙平、孙卓带我外出逃荒，又在洛阳失散，至今音信渺茫。我是个无家可归、无亲可探的人了。"庞涓暗地里用唾沫湿了眼睛，装着流泪说：

"兄长的不幸就是为弟的不幸。然而，兄长总还想念父母的墓地吧！"孙膑说："饮水思源，为人怎能不思念父母呢？不过我既做魏臣，还无寸功于大王，此事就暂且不提吧！"

过了三月，一个自称叫丁乙的齐国商人到孙府求见孙膑，说他受乡邻之托，到鬼谷寻孙膑不见；听说孙膑已出仕魏国，便专门到大梁投递家书。说毕就于怀中取出一封帛书。孙膑接过一看，认出是堂兄孙平、孙卓亲笔。信中说他们自从在洛阳失散之后，四处寻找皆无着落，心中非常不安。现在他们早已回到故里辛勤耕作，外加经商有方，现已丰衣足食。以后打听到小兄弟在鬼谷求学，才请好友丁乙，借经商之便，求其捎信。小兄弟见信后速归乡里，弟兄团聚，同扫祖先坟墓，以尽人子之孝道。孙膑看后，惊喜交集，庆幸二位堂兄有了消息，自己他日也有叶落归根之处了。丁乙问孙膑何时归乡。孙膑说自己已做魏臣，此事待以后再说。于是盛情招待丁乙，又托他带回信。信中先叙兄弟之情，次说自己仕魏尚无寸功，待他日功成名就之后，就回故乡。

丁乙收藏了回信和孙膑赠送的黄金一锭后，出了城门就绕道去到庞府交差。原来丁乙不叫丁乙，是庞涓的手下徐甲假冒。庞涓那天套出了孙膑的家史，就叫徐甲伪造了孙平、孙卓的家书，骗到了孙膑的回信。庞涓看后，如获至宝，又叫徐甲模仿孙膑笔迹，将其回信加以改动，说他身在魏国，心怀齐土，日后伺机在战场弃魏投齐。

伪造的回信，很快就出现在魏惠王眼前，他看后信以为真，大惊。庞涓又进一步挑拨说："孙膑的祖父孙武为吴王大将，后来仍归于齐。父母之邦，谁能忘掉，孙膑心已恋齐，大王如重用他，有了兵权，那就太危险了。况且，孙膑之才，不亚于臣。若被齐国重用，必与我国争霸中原。大王不如杀掉他，以除国家后患。"惠王思虑后说："孙膑应招而来，罪证不足，我若杀他，恐怕要遭人议论的。"庞涓当即见风转舵说："大王言之有理。臣有一计，可进一步考验于他。"惠王说："你就说说吧。"庞涓说："我这就去劝说孙膑，如肯留魏，大王就予以封赏；如果不留，就证明他确有投齐之罪。大王可将他交到军师府，由臣处置好了。"

庞涓出了王宫就去孙膑处，询问他是不是家乡来了人，孙膑如实回答。庞涓伪善地向他道贺，并鼓励他告假归齐探亲，自己定在惠王处为其帮腔，促成其事。孙膑被庞涓花言巧语迷惑，又动了思亲扫墓之心，再加上眼前没什么大事可做，于是决定向惠王告假探亲。

是夜，庞涓又去王宫，在惠王处挑拨说："孙膑心已归齐，坚不可留，也等不到战场上倒戈了。而且，他对大王迟迟不封他高官，存有怨恨之心。如若他有表章请假，那即他的叛逆罪证了。"

次日早朝，孙膑果然上表请假回齐国探亲扫墓。惠王见表大发脾气，以通敌罪将孙膑逮捕，交军师府问罪。

孙膑做梦也想不到自己由座上客，转眼变成了阶下囚。惠王不听他的申辩。军士们将他绳捆索绑地押往军师府，庞涓见了，假装吃惊，并说要到惠王那儿为义兄辩冤。孙膑说："那就全靠贤弟你搭救为兄了。"

庞涓当即进宫见惠王说道："孙膑虽有通敌叛国之嫌，然而是罪不至死，以臣愚见，不如处以刖刑，使其终身残废。这样就免除了魏国后患，大王又不致招杀贤之名，岂不两全其美。"惠王准奏后，庞涓又回府对孙膑卖好说："大王本要杀你，是我一再保奏，才将死刑改为刖刑。这是魏国的王法，非我不努力保你呀！"说毕就做出了一副哭相。孙膑虽觉冤枉，但还是感激庞涓的救命之恩。庞涓便命行刑，自己言说不忍相看而回避了。

执刑人将孙膑的两个膝盖骨去掉，疼痛难忍，一时昏了过去。继之，执刑人又在他脸上用针刺了"私通外国"四字，并以墨涂染。然后，庞涓就出来了。他如丧考妣地大声痛哭，亲自为孙膑敷药治伤，送饭送水多方照顾。

两个月后，孙膑的伤口痊愈，然而已不能直立行走，成了个残废人。他终日受庞涓好饭好菜供养，甚觉庞涓是个仁义之人。庞涓就请他传授鬼谷子先生注疏的孙子兵法。孙膑满口答应。于是，便诚心地靠回忆逐字逐句地书写起来。

庞涓安排了一个叫诚儿的人服侍孙膑。他名为服侍，实为暗探。诚儿每天都要把孙膑的言行向主人做详细回报。这诚儿是一个善良的人。时间一久，他就听庞涓的心腹人徐甲说出了主人的阴谋：等孙膑把《孙子兵法》写完，就要断他饮食，活活将他饿死。诚儿内心非常同情孙膑之遭遇，就告诉了他。孙膑听后，方恍然大悟：原来庞涓是一个人面兽心，笑里藏刀的小人。他想：庞涓这等无义，我岂可传之兵书？后又想："在人矮檐下，岂敢不低头。如果不写，撕破了脸皮，我的命也难保！到底怎么办呢？"孙膑一夜未睡，陷入了痛苦的思考中。

次日早饭时，诚儿照例又送来了丰盛的酒菜。孙膑把眼一瞪、牙一咬，大叫一声，把酒壶菜碗通通砸碎于地，用手指着诚儿吼道："你，你为何要用毒药来毒害我。"接着就将书写了一小半的竹简投掷于火炉烧掉。

孙膑大哭大笑的反常行动，被诚儿报告了庞涓。庞涓连忙前来客房查看。只见孙膑披头散发，两眼发直地拉着他的手大叫："鬼谷子师父，你快来救救我！"庞涓慌忙挣脱说："我是庞涓，不是师父。"孙膑说："不不不，你就是师父，不要骗我。我有十万天兵天将，个个能征惯战。魏王想冤杀我，真是痴心妄想，哈哈哈！"说毕就倒地打滚，胡言乱语。

庞涓怕孙膑是装疯，就命诚儿把他拖进猪圈。孙膑见满地猪粪，臭气难闻，便倒身而卧不肯回房，言此为洞天福地，比哪儿都好。庞涓又派一绝色美人，打扮得花枝招展地送酒菜与孙膑，悄悄地说："我是军师府中的舞女，我同情先生的遭遇。我决心救你出去，终身服侍于你。先生快吃了，我背你去逃命吧！"孙膑怒目圆睁地吐了美女一口唾沫说："你非舞女，你是妖精！你那不是酒菜，是毒药！我不吃！我这儿有的是山珍海味！"说毕就抓起猪粪大口大口地吃了起来。美女与诚儿去禀告庞涓。庞涓这才认定孙膑是真的疯了，从此放心地不管孙膑，任其胡乱喊叫，爬进爬出，消磨生命。

过了一月疯子生活的孙膑，瘦得脱了形，睡着不动时，真像个死门¹一般。就这，庞涓还叫街道里甲，每日回报孙膑的行踪。

夏去秋来，菊花盛开。一日下午，孙膑又在街头躺卧，说着疯话，招来一群小孩子的围观。突然，一阵马蹄声，行人纷纷拥向了两旁。有人说这是墨子之徒齐国使臣禽滑釐来了。

晚上，孙膑爬到禽滑釐下榻的宾馆前大喊大叫、大哭大笑。门卫明白他是疯子，赶也赶不走。这就惊动了宾馆里的禽滑釐。他出门来认出了孙膑。他已出仕齐国，做了大夫，此行是受了老师墨子的嘱托和齐威王的密诏来大梁搭救孙膑的。这时，孙膑已认出了禽滑釐。他环视左右无人时，就悄悄地说："我是孙膑，受了庞涓陷害。我并没有疯！"

两天后，禽滑釐离魏归齐。他的马车坐垫木箱内装的即为孙膑。另一个假孙膑是禽滑釐的仆人王义假扮的，这时，还在街头疯叫疯笑，继续引得一群孩子围观。因此，庞涓送别禽滑釐时并没有怀疑。又两天后，里甲回报庞涓：大街上一口深井旁留有孙膑的破衣烂鞋，说孙膑已经投井淹死了。

田忌赛马

禽滑釐用冒名顶替与金蝉脱壳计，救出了孙膑，日夜兼程地回到了齐国都城临淄。孙膑洗了澡，换了衣，饱食多日之后，又恢复了他英武的面容。由于早有墨子的推荐，再加上他本人装疯脱身之计，齐威王对孙膑就另眼相看，要封他为高官。孙膑辞谢说："臣一来无功不受禄，二来庞涓若知道我回了齐国，必定又起是非。莫若叫臣暂时隐姓埋名，待大王有机会用臣之时，我再立功报效吧！"

大将军田忌素知孙膑之才，就出面说："请孙先生暂住我家，我

好日夜求教。"于是，田忌厚待孙膑。田忌为人礼贤下士，谦虚谨慎。不管国事家事，他都求教于孙膑。二人如鱼得水，大有相见恨晚之意。一日，田忌回府，眉头紧皱，有些不高兴。他请来孙膑，告知其不快乐的原因——原来齐国都城流行赛马的游戏。威王想用赛马促进国人练武强国。他本人也亲自参加，每次都下了很大的赌注，吸引得文武百官纷纷参加。威王的御厩里养有一批高头快马，田忌参赛连连失败。今日又输了百金。孙膑听后安慰说："将军不要犯愁。孙子兵法说，知己知彼，百战不殆。赛马打仗其理相同。下次再赛，将军带我去看看，了解了情况，我再为将军出谋划策。"

又一次赛马会在教场中举行。田忌乘车带上孙膑来到赛场。赛场之上声音嘈杂，旗帜飘扬。比赛开始了。孙膑了解到，参赛者须将马分为三等。上等马对上等马，中等马对中等马，下等马对下等马，三比二胜。三等马跑的速度相差不大，因此互有输赢。但是，威王宫中的马，全是好马快马，所以每赛必胜。这次比赛，田忌仍依照常规进行，最后又失败了。

田忌回到府中，孙膑就对他说："我已想出了赛马的新方法。下次我定能让您反败为胜。"田忌说："先生如能保我获胜，我就去请求大王以千金为赌注。"孙膑满有把握地说："你只管去挑战好了，输了我负全责！"

田忌很快就去找威王挑战。威王说："你乃败军之将，怎敢言战？"田忌说："臣此次下定决心，一定要赢，并以千金作注。"威王说："好嘛，寡人明日定要赢你千金！"

赛马会又一次在教场举行。大家听说这次赌注比哪次都高，整个临淄城万人空巷前去围观助兴。

临开赛前，田忌对孙膑说："兄长的妙计快献上吧！这次再输了，我可就惨了！"孙膑说："齐国的好马都集中于王宫。将军是不宜与之力敌的。今日当以计取之。"接着，孙膑就与田忌耳语了起来，听得田忌连连点头微笑。

三声鼓响，上等马的比赛开始。威王的马起步就冲在最前面，把田忌的马落下了好长的距离。结果，田忌输了。

第二场是中等马比赛。田忌的马一反常态，一马当先地冲在了前面，观众齐声高叫，"快！加油！加油！"结果，田忌赢了。

第三场下等马的比赛开始了，田忌的马又一次赢了。结果是三比二的战果。田忌赢了一千金。全场观众欢声雷动，报以震耳欲聋的掌声。威王感到奇怪地问田忌："田卿，以往赛马，你是常败将军。今天太阳从西边出来了吗？莫非你的马都吃了神丹仙药，成了神马了？"田忌说："臣的马仍是凡马，太阳也没有从西边出来。这都是孙膑先生的妙计呀！"威王听后，眼睛一亮："赛马，又不是打仗，还有何妙计。"田忌说："此中奥秘，就由孙先生来说吧！"

威王叫来孙膑相问。孙膑说："臣知大王爱好赛马，意欲训练出好马，用于他日的战争。赛马场就是战场，不但要斗勇还要斗智。军队中有上中下三军，马也有上中下三等。臣请田将军以下等马对大王的上等马，以上等马对大王的中等马，以中等马对大王的下等马。如此，力量的对比就起了变化：输一场却赢得了二场。这在兵法上就叫：'知己知彼，避实就虚，出其不意，攻其不备！'""妙哉！妙哉！"威王竖起了大拇指连连称赞孙膑，"窥一斑可知全豹。由此寡人可以看出先生身残志不残，足智多谋，高人一等！"

大败庞涓

公元前354年秋，庞涓自以为孙膑已死，再无敌手。为了展示其才能，替魏国开疆拓土，他说服了惠王，率领10万精兵，北上入侵齐国的盟国赵国。魏家将做先锋，长驱直入。赵国首都邯郸被围。赵王派人求救于齐国。

齐威王决定拜孙膑为帅，出兵救赵。孙膑辞谢说："不行不行，臣是个残废人，拜我为帅显得齐国别无人才，惹敌人讥笑，再说，庞涓知我未死，一定会更为小心，这对我国也是不利的。臣请拜田忌将军为帅吧！"威王点头应允，就拜田忌为帅，孙膑为军师，当即出兵。

出兵之日，田忌下令齐军直奔邯郸。孙膑说："不行，不行！"田忌感到意外地问："我们不是去救援赵国吗？救兵如救火，去晚了，邯郸恐怕就完了。"孙膑说："赵军非为庞涓的对手。不等我军赶到，邯郸城早就破了，那就成了雨后送伞了。"田忌说："军师，依你如何为计？"孙膑说："我们避实就虚、声东击西，大军直捣魏国首都大梁。庞涓知道后，定然撤军回救。我们从半路截击，以逸待劳，定获胜利！"田忌闻此连连点头说："妙计！妙计！就依军师高见。"

庞涓果然一鼓作气地夺取了邯郸，正要追击残余赵军，一举扫平赵国全境时，突然接到魏惠王紧急谕旨，令其火速回军，以解大梁之围。庞涓不敢怠慢，立刻下令，以急行军速度火速回师！

齐军进入魏国，没有遇到大抵抗而长驱直入地兵临大梁城下之后，围而不打地撤到桂陵。孙膑清楚，桂陵乃魏军回师必经之地，就选择了有利地形，埋伏下精兵强将，等待鱼儿上钩。庞涓率兵回援，一天行军100余里，走了近10天，将士已十分疲劳，到了离桂陵20里地时，突然战鼓咚咚，一军杀出，拦路截击。领兵人乃齐国大将袁达。庞涓见齐军人不多，就命侄儿庞葱领兵接战。两人杀了20多个回合，袁达诈败而走。庞涓挥军追赶，将到桂陵，迎面又一支齐军摆开阵势。庞涓登高一望，正是孙膑刚到魏国时于教场内摆的颠倒八门阵。庞涓心中纳闷："那田忌为何也知道此阵？莫非他已求教过鬼谷子。"正在此时，一阵鼓响，齐军中闪出一员主将，全身披挂，手执长戟，认军旗上绣着一个田字。田忌在先锋田婴的护卫下高呼："庞涓小儿，速来送死！"庞涓怒瞪双眼："凭你的本事，敢与我庞大元帅对阵。"田忌冷笑一声说："庞涓，你别逞能，你认识我这阵法吗？"庞涓说："此乃颠倒八门阵！"田忌说："你敢来攻阵吗？"庞涓犹豫了一下：要说敢打，又无把握；要说不敢，岂不丢脸。于是，就硬着头皮说：

"打！"田忌心中暗喜地说："好！那就让我们走着瞧好了！"

田忌引田婴回马入阵。庞涓对一旁的庞葱、庞茅、庞英说："你三人各领一军待命出击。我领头打阵。你们观阵势一变，就三队并进，使其首尾不能相顾。""是！"三个庞家将奉命分兵走后，庞涓就带领500精兵上前打阵。他刚入阵中，只见八方旗色，纷纷转换，东冲西杀，找不到出路。正在此时，一阵金鼓齐鸣。齐军推出一辆戎车，车上高坐着一位浓眉大眼，威武英俊，手持令旗的主将，背后的认军旗上绣着一个大大的"孙"字。庞涓大惊，以为遇鬼。孙膑高声叫道："庞涓，你这人面兽心的势利小人。我不是鬼，是你没有害死的义兄孙膑。老天有眼，冤家路窄。你今天敢攻打我的颠倒八门阵，我立刻叫你变成鬼！"庞涓闻言胆战心惊，连忙下令退军！孙膑把令旗一挥，几队齐军一同冲杀过来，杀得魏军弃甲丢盔，横尸遍地。庞涓自认将死之时，三位庞家将赶来解围。双方一场恶战，庞茅被田婴一枪刺死。庞英、庞葱拼死一战，损兵大半才救出庞涓逃出阵去。

侥幸脱逃之后，庞涓吓得胆战心惊，急忙率领残兵败将，像条丧家犬一样，夹起尾巴逃回大梁，紧闭城门死守不出。

计除庞涓

孙膑见庞涓损兵折将夺路而逃，此次救赵的任务已经完成，与田忌商议就下令班师凯旋了。

庞涓此次虽然打了个大败仗，但还有攻破邯郸的大功。惠王也不加追究，仍叫庞涓掌管兵权。庞涓心中不服，决心要找机会报桂陵之仇。他派人带重金去齐国行反间计，诽谤田忌有反心，要夺齐王王位。威王中计，猜忌田忌。田忌明哲保身，托病不出，并交出了兵权，以

释威王疑心。孙膑也跟着辞去了军师职位，在家苦读诗书。

庞涓闻知齐王中计，兴高采烈道："哈哈，今天我庞涓可以横行天下无敌手了！"于是，他又说服了惠王，率兵入侵韩国。

公元前343年，魏惠王封太子中为监军，庞涓为大将，起倾国之兵攻入韩国，图谋一举而亡韩。

韩哀侯见魏兵势如破竹，长驱直入，就忧心如焚地派人到齐国求救。是时威王已死，其子宣王继位。他得到韩国的求救信后，立刻让田忌、孙膑官复原职，并大集文武大臣商讨救韩之事。

相国邹忌说："韩魏两国互相争斗，这是他们的事。我国可以坐此观虎斗，不予理睬。"田忌摇了摇头说："不可，魏国强，韩国弱。魏国灭了韩国，就如虎添翼，回头来必然要报桂陵大败之仇。那时，我们就孤立无援了。"群臣中，有支持邹忌意见的，有支持田忌意见的。双方各执一端，吵得不可开交。宣王见孙膑一直咬紧嘴唇，不动声色，便说道："军师，你为何不说话呀？难道他们都不对吗？"孙膑点了点头说："是的，是的。"宣王迷惑道："难道你还有第三种意见吗？"孙膑又点了点头："是的，是的。我们不救韩国是舍弃韩国而强盛了魏国。此刻救韩，是替韩打仗，韩国坐享其成，我国承担重大损失。所以，臣以为两种意见，都不可取。"

宣王急了，忙问："大敌当前，军师快说你的第三种意见吧！"孙膑胸有成竹地回答："臣以为应当后发制人，先应允韩王同意出兵，使其安心抗魏。等韩魏双方二虎相争，互伤元气之时，我们然后相机出兵，用力少，而得利多！"

"妙计！妙计！"宣王喜笑颜开地大声称赞起来。于是，他便马上接见韩国使臣道："请转告你家国君全力抗魏，切不可泄气。我国将派大军与贵国全力破魏！"

韩国使臣一走，孙膑就派人进入韩国观察战局，不时回报。等到韩军节节抵抗，五战五败，退到都城时，孙膑认为时机已到，便请宣王传旨出兵。宣王当即任命田忌为大将，田婴为副将，孙膑为军师，率兵10万，出师救韩。

田忌一切准备停当，就要下令直奔韩国。孙膑连忙阻止道："不可不可！上次救赵，我军未入赵而救了赵。这次救韩仍可不入韩而救韩！"田忌如梦方醒道："军师之意，我们这次再来个围魏救韩。"孙膑笑而不答。于是，10万齐军又沿着前次救赵的大路，像支离弦的利箭一样，直向魏国的心脏，都城大梁射去。

庞涓率兵入侵韩国之后，虽遭韩军顽强抵抗，受到了不小的损失。但终归五战五捷，已兵围韩国都城，眼看大功就要告成。庞涓心中已在盘算着入城受降时的胜利场面，很是洋洋得意。忽然，又听说齐军侵入魏国，而且孙膑、田忌复出，不禁大吃了一惊。他本想置后方于不顾，全力攻城，但经不住惠王连续三次派专人催归的旨意，只好传令弃韩归魏。

孙膑闻报庞涓回军，就对田忌说："魏军一向强悍好战，而轻视齐军。我们可以利用他们的心理，装作怯战，使其更加骄横。然后再出其不意，攻其不备；反戈一击，魏军必败。"田忌进一步请教于孙膑。孙膑在田忌耳边如此这般地说了一通，说得田忌高兴了起来，下令照计而行。

三国·指南车模型

得胜回国的庞涓，挟余威欲与孙膑决一死战。几天后，魏军回到了国内。齐军已经避战退了回去。庞涓得意地笑了起来："哈哈！孙瘸子，这次可不比上次了。你这是心虚害怕了吧！"儿子庞英说："父帅不可轻敌呀！""嗯！"庞涓点了点头。这回我可不会贸然前进了。他当即命庞英带人去齐军遗弃的营地查看士兵们做饭的灶头，从中推算出足够10万人用。庞涓心想："10万人并非小数目，我得格外小心才是。"他便下令："小心勿中埋伏。"

第二天宿营时，庞涓又命庞英带人去数齐军二次宿营的灶，推算

出来，仅能供 5 万人用。庞涓不禁大喜过望："哈哈，齐军果然胆小怯战，一天之内，竟然有 5 万人开小差！追！一定要追上去。"魏军又追了齐军一天。庞英当夜数了齐军第三天宿营的灶可供 3 万人用。庞涓高兴得用手一拍额头说："哈哈，齐军 10 万之众已逃亡大半。孙瘸子呀孙瘸子，你的死期将要到了。"太子申见庞涓的高兴劲，就提醒说："孙膑诡计多端，庞将军还是不可大意呀！"庞涓得意地说："孙瘸子再诡计多端，士兵胆小，不给他卖命，他又有什么办法。太子既然胆小，咱们就兵分两队。我领前军，火速追赶，务擒孙膑，以报桂陵之仇。"太子申想了想说："这样也好。若你前军有失，我后军就可大力支援！"

孙膑屈指推算魏军的行军速度，断定今日日落之前，必至马陵道地界。那马陵道地形险峻，山高林密，中间只容一人一骑能够通过，正是打伏击的好地方。孙膑下令："全军停止前进，休息饱餐，埋伏两厢，以逸待劳。"

庞涓报仇心切，率领前军 5 万多人马日行百多里地急行军，来到马陵道时，夕阳已西下。正是 10 月底，天上没有月亮和星星。两旁松树参天，黑得伸手不见五指，后人看不见前人。先锋庞英回报："前有断木挡道，难以行军！"庞涓说："这是齐军怕我追上，是其胆小的表现。搬掉它！继续追！""是！"庞英回去令士兵点起火把，搬运断木，消除路障。庞英见近处有一大松树，被剥掉一截树皮，露出了白光，隐隐还有字迹，赶忙报告庞涓。庞涓命一小兵持火把照看，只见上面有七个醒目的大字："庞涓死于此树下！"庞涓一见，恍然大悟，脱口惊呼："坏了，坏了，我又中了孙瘸子的诡计了！退兵！退兵！"话音未落，两边山头上战鼓齐鸣，万箭齐发，似暴雨一般，魏军纷纷中箭，你踩我碰，争相逃命。庞涓身中数箭，血流不止，疼痛难当，自知末日已至，就对天长叹道："天啊，我恨不得当初杀了那个瘸子，今天倒叫他功成名就了！"说毕，又身中数箭，他就拔出宝剑自杀身亡。庞英身上被射得如同刺猬一样，倒毙在其父身旁。齐军乘胜追击，杀得魏军全军覆没，不是死伤就是投降，无一人逃得出包围圈。

此时，太子申的后军，已知道前军遭了埋伏，急忙传令安营扎寨停止前进。哪知，时候已迟，田婴大军已杀到。太子申连忙指挥抵抗。紧接着田忌的得胜之师又来合围。魏军更为惊慌，溃不成军。太子申被田婴活捉，庞葱也同时缴械投降。魏军 10 多万人遭到了灭顶之灾。

齐军凯旋回国。齐国威名大震，称霸东方。齐宣王提拔田忌为相国。孙膑不愿意接受封赏，用了一段时间写成了《孙膑兵法》一书，献给了国家，然后，他就功成身退地隐居到无名的深山老林去，与白云清泉做朋友去了。

第 三 章

合纵抗秦，誓死效燕
——苏秦

战国时与张仪齐名的纵横家——苏秦，被称为"一怒而天下惧，安居而天下熄"。苏秦生于贫苦，但胸有大志，他曾随鬼谷子学习纵横捭阖之术多年。他刺骨读书，立志要做一番大事业。苏秦最为辉煌的时候是劝说六国国君联合抗秦，堪称辞令之精彩者。曾身佩六国相印，进军秦国，可是由于六国内部的问题，轻而易举就被秦国击溃。

刺股攻读

苏秦是东周洛阳 (今河南省洛阳市) 乘轩里人，出身于一个普通农民家庭。苏秦是五兄弟中最小的，故字季子，其兄苏代、苏厉、苏辟、苏鹄，均为一时著名的纵横之士。苏秦的准确生年，今已不可考。《史记·燕世家》载："(文公) 二十八年 (前334)，苏秦始来见。"根据《帛书》，这一记述有误。《帛书二十二》说：齐宋攻魏，楚围翁 (雍) 是 (氏)，秦败屈丐。"又说"今者秦立于门"，显然为苏秦初出茅庐，游说陈轸的谈话。按"秦败屈丐"在前312年，假设青年苏秦首次出现在政治舞台上是20岁左右，则推算他大概生于前332年前后。

那个时候，正值战国中期，各国龙争虎斗，风云际会，很多纵横之士游说诸侯，以口舌博取功名富贵，成为白衣卿相，权倾人主，声震天下。苏秦对此非常艳羡，加之兄长对他的影响。从小便立志献身此道。他独自前往齐国，投身于一代纵横大师鬼谷先生门下，学习纵横之术。

学成之后，苏秦曾先后游说周、秦、赵等国，然而均不为所用，碰壁而归，感到十分羞惭。苏秦回家后，妻子及嫂嫂都看不起他，讥讽他不务正业，不事农商，认为以他的才能想混取功名是痴人做梦。苏秦听后，不但不灰心丧气，反而闭门不出，发愤攻读。他日夜研习《阴符》、《揣情》、《摩意》等篇，揣摩打动人主的方法。夜半读书昏昏欲睡，他"引锥自刺其股，血流至足"（《秦策一》）。此等刻苦攻读的精神历代为人们所传颂，锥刺股的苏秦与头悬梁的孙敬，都被编入《三字经》中，成为发愤读书的楷模。当然，苏秦刺股攻读的目的是为了求取功名富贵，然而他那种锐意进取、奋发向上的学习精神，

至今仍是值得提倡的。

功夫不负苦心人，期年，他的学问大进，揣情摩意的功夫也提高了不少，苏秦再次踏上了游说列国的征途。是时，齐秦二强皆怀包宇天下，兼并六国之志；而弱国之间，彼此明争暗斗，不难被各个击破。苏秦力主合纵，即联合几个弱国共同对付强国，为此，他首先来到比较弱小的燕国。

誓报知遇

处偏僻之地的燕国，在七雄中实力较弱。太史公曾说："燕迫蛮貉，内措齐、晋，崎岖强国之间，最为弱小，几灭者数矣"（《史记·燕世家》）。风雨飘摇中的燕国，"东不如齐，西不如赵"（《燕策一》），其劲敌首先是其近邻齐、赵两国，而尤以齐国对其威胁最大。

公元前314年，燕王哙效仿古时禅让，将国君之位让于其相子之，引起内乱。齐国乘乱，与中山国联合进攻燕国，燕王哙与子之均死，燕国哀鸿遍野，生灵涂炭。英明的燕昭王（公子职）于一片废墟焦土中即位，他立志要报仇雪耻，打垮齐国。

复仇必兴国；兴国必求贤。燕昭王在听了郭隗对他讲的"千金买马骨"的故事后，毅然决然，以郭隗为师，筑黄金台，置千金于台上，延揽四方贤士。"苏子闻之，由周归燕；邹衍闻之，从齐归燕；乐毅闻之，从赵归燕；屈景闻之，从楚归燕；四子毕至，果以弱燕并强齐。"（《说苑·君道》）此苏子就是苏秦，苏秦归燕在燕昭王师事郭隗三年之后，即前308年。

苏秦到燕国后，燕昭王对他十分重视，亲自到郊外去迎接，并盛宴款待，礼遇极高。苏秦也不负昭王厚望，他揣摩到燕昭王的心事，积极为昭王筹划谋齐之事。苏秦谋齐的总战略是，劝齐攻宋，孤立齐国，消耗齐国的财力、物力，并让它放松对燕国的警惕，最后一举攻破。苏秦对昭王说："凡天下之战国七，而燕处弱焉。独战则不能，有所附则无不重"；"王诚能毋爱宠子、母弟以为质，宝珠玉帛以事其左右，彼且德燕而轻亡宋，则齐可亡也。"

为了报答燕昭王的知遇之恩，苏秦还主动地提出，愿为完成这一亡齐的总战略，亲自到齐国去做内应，他说："王自治其外，臣自损其内，此乃亡之之势也。"然而，长期远离燕王，替燕国在齐做奸细，不但危险，而且易受谗言挑拨，令燕对其产生疑心。为此，苏秦曾意味深长地对燕昭王讲了一个因为忠信反遭恶报的故事。

故事说，有一人出外三年，妻子与别人私通。当听到她丈夫就要回来的消息时，与其私通者非常慌乱，问她如何对付，奸妇却心中有数，早已备好毒酒，准备鸩杀其夫。丈夫回来后，妻子命其妾上前送药酒给丈夫喝，企图

苏秦苦读

嫁祸于人。其妾心想，将药酒送给主父，则害死主父，将主母告发，则主母必被休逐，两者都不妥当。所以，她假装摔了一跤，把毒药酒给泼了。其妻看奸计告吹，便挑唆丈夫，丈夫一怒之下，把其妾捆绑起来，狠狠鞭打了一顿。

苏秦用这一忠心为主的小妾反遭毒打的故事劝告燕王，希望昭王在他去齐国进行反间活动期间，勿听信他人的挑拨离间，要坚定不移地相信他，不要使他遭到和那个小妾一样忠信反遭到恶报的下场。

燕昭王听从了苏秦的建议，说："善！吾请拜子为上卿，奉子车百乘，子以此为寡人东游于齐。"上述文字皆引自《战国策·燕策一》，但编者均误把文中的苏秦换成了苏代，参考《帛书》，便真相大白了。

身兼重任

公元前 300 年，燕昭王派他的爱弟襄安君入齐为质，苏秦也随之赴齐，苏秦的任务是："大者可以使齐毋谋燕，次可以恶齐赵之交。"此次苏秦入齐，虽不像易水送别那样悲壮，气氛也不似荆轲赴秦时那样萧瑟，但苏秦同样是怀着"一去兮不复还"的决心而去的，他再三向燕王表忠心："臣以死任事"，"臣以死之围，任齐燕之交"（《帛书四》）。

众所周知，燕国的两大邻国齐、赵都是强国。苏秦首次赴齐时，正值赵武灵王实行胡服骑射，大刀阔斧地进行改革之后，国力正蒸蒸日上。而此时齐闵王也在齐国即位，然而国柄却操在薛公孟尝君手中。孟尝君连年伐楚攻秦，却极力笼络国势日盛的赵国，并与赵国联合，于前 296 年攻灭中山国。客观形势对苏秦完成预定任务十分不利。苏秦至齐后，竭力与孟尝君搞好关系，因此，他曾劝阻孟尝君入秦为相，并曾向孟尝君献策，扣留楚太子以其与陈国做交换（《齐策三》）。苏秦这一次在齐国共停留了五年，虽然在一定程度上缓和了齐燕关系，取得了齐闵王的信任，但因为无法左右孟尝君，其"恶齐赵之交"的外交目的没有得到实现。

公元前 289 年末，苏秦第二次由燕使齐。与前次不同，燕昭王这次为苏秦装备了大批财宝，整整装了 150 辆车，入齐的队伍非常庞大。齐国非常隆重地迎接苏秦，齐相韩珉亲自在齐国都门外迎接，并为苏秦驾车。此时，客观形势也发生了较大的变化，赵国的奉阳君李兑围杀了赵武灵王而在赵国专政。齐国也由于孟尝君指使贵族田甲谋杀齐闵王未遂，孟尝君逃回了封地薛，齐闵王亲自主持国政。

苏秦至齐之时，恰好秦国魏冉前来，约与齐共称帝，秦称西帝，齐称东帝，然后联合攻赵。这一建议正中好大喜功的齐闵王的下怀，他很高兴地接受。但当齐闵王向刚刚到达齐国的苏秦征询意见时，苏秦却坚决反对，并提出了他早已谋划好的释帝攻宋的建议，苏秦说："齐释帝，则天下爱齐而憎秦，伐赵不如伐宋之利。故臣愿王明释帝，以就天下，倍约摈秦，勿使争重，而王以其间举宋。"（《齐策四》）

苏秦这一建议表面上是为齐闵王着想，内心却是为燕国打算。燕在齐之北，宋在齐之南，齐大举攻宋，势必削弱其北部边防，有可能给燕国带来可乘之机。另外，楚、魏均与宋接壤，齐攻宋，楚、魏必来争地，秦国也不会置之不理，所以，齐一旦攻宋，定会陷入四面树敌的孤立境地。苏秦此计，一石数鸟，确实高明。

齐闵王果然中计。宋国地当要冲，物产丰饶，历来为周围各国所垂涎。齐宋近在咫尺，灭宋后便可尽有宋地，这对齐闵王来说，诱惑力是太大了。闵王听从了苏秦的建议，并马上免掉了韩齐的相位，拜苏秦为相。前288年，齐闵王与赵惠文王在阿相会，相约联合攻秦之事。齐国传布去帝号，齐闵王称帝前后不到两个月。这是一次重要的会议，标志着齐赵联盟的正式形成，也标志着苏秦攻秦去帝的计划开始实施。苏秦参与这次阿之会，是会内会外的中心人物。

齐军于会后着手攻宋，赵魏亦予以助兵，燕国更是派将军率兵两万助齐攻宋。在强大的攻势面前，宋不得不割让其淮北地，暂时与齐议和。

齐灭宋的最大障碍在于秦国，齐第一次攻宋时，秦国曾派御史赵贾到齐国进行阻止。因此，齐闵王在暂时与宋媾和后，便委派苏秦出访燕和三晋，组织五国合纵攻秦，以便齐乘机灭宋。苏秦这次出访，表面上是替齐闵王联合五国攻秦，而私底下却在策划五国反齐的联盟。

公元前288年末，苏秦从齐国回到燕国。齐闵王正在此时杀掉了助齐攻宋的燕将，燕昭王闻讯大怒，但经过苏秦与凡繇的劝说，昭王意识到小不忍则乱大谋。为了灭齐复仇的大计，昭王遣使赴齐请罪，并向齐王道歉，说自己"择人不谨"（《吕氏春秋·行论》）。此举在很

大程度上蒙蔽了齐闵王，使得他继续躺在火山口上睡大觉。为了进一步促齐攻宋，燕昭王又派兵二万，加入五国联合攻秦的联军。

接着，苏秦便由燕国至魏（前287年初），以便组织五国攻秦。此时，孟尝君已入魏为相，他对齐闵王是非常痛恨的。所以，苏秦与孟尝君十分投合，表面上他作为齐使联络五国，准备攻秦，暗中他已与孟尝君约好，一有机会，便联合反齐。苏秦至魏时，五国攻秦的联军已经集结在魏的荥阳、成皋之间，并推赵国的奉阳君李兑为主帅。然而五国实际上貌合神离，加之苏秦身为齐使却在暗中联络反齐，因此，联军一直徘徊观望，从根本并没有认真准备攻秦。

为了促使攻秦联军迅速行动，以利齐乘机攻宋，齐闵王预先许诺将宋之平陵、阴封给孟尝君、奉阳君。齐国于前287年上半年发动了第二次攻宋之役。此时攻宋，引起了燕和三晋的不满，感到被齐国出卖了，所以，攻秦联军濒于瓦解。而燕昭王则乘机于此时与魏之孟尝君、赵之韩徐为密谋攻齐。谋事不秘，传到齐闵王耳中，闵王命攻宋齐军于是年八月退兵，以防备燕国的进攻，齐的第二次攻宋便这样流产了。

公元前287年下半年，苏秦来到赵国。赵国对苏秦很重视，封苏秦为武安君。三晋之中，赵国的实力最强，韩、魏皆看赵国的眼色行事，要想联合反齐，赵国是一支举足轻重的力量。赵国当权的奉阳君李兑是主张联齐的，所以，苏秦在赵国的活动十分困难，不得不去联络地位仅次于奉阳君的韩徐为。韩徐为亦对齐怨恨，因此赞成攻齐。苏秦私下谋齐的活动为奉阳君所觉察，他派人拘留了苏秦。苏秦不得已，连续写信给燕王，因为昭王的干涉，苏秦终被赵国释放。

苏秦由赵国脱身后，随即回到了齐国。至齐后，他首先阻止了齐闵王将蒙邑封给奉阳君的行为，巧妙地挑拨了齐赵关系。又加上，齐国私下里又频频对秦国暗送秋波，终于导致了齐赵两国的公开为敌。奉阳君于赵惠文王十三年（前286），派韩徐为率兵攻齐（《史记·赵世家》）。是年，齐闵王召回韩聂为相，齐秦联合，齐军第三次攻宋，时值宋国内乱，宋王偃逃到魏国，死于温。这一次齐闵王最终大功告成，灭掉了宋国，但苏秦暗中组织的五国攻齐联军也将要兵临城下了。

以身许燕

公元前 285 年，秦、赵、韩、魏、燕五国终于组成了反齐的联合阵线，当然，这在很大程度上要归功于苏秦的暗中活动，齐国的危机来临了。前 284 年，燕昭王亲自赴赵国会见赵惠文王，正式宣布与齐绝交。紧接着，五国联军便以迅雷不及掩耳之势，从齐国防守薄弱的北部边境一举攻入齐国。齐国倾尽全力抵抗，与五国联军在济西进行大会战，结果，齐全军覆没。济西会战后，秦、赵等四国即做壁上观，独燕军在乐毅统率下长驱直入，攻破齐都临淄。齐闵王逃至莒城，被淖齿所杀，落了个身败名裂的下场。燕昭王卧薪尝胆 28 年，终于实现长期的愿望，报了积仇。

乐毅破齐的卓越战功，固然与燕昭王的英明领导、乐毅的军事才能有关，但怎么也不能低估苏秦为燕反间的作用。《孙子·用间》篇曾有"昔殷之兴也，伊挚在夏；周之兴也，吕牙在殷"的话，而不久前出土的西汉银雀山汉墓竹简中的《孙子》又增加了"燕之兴也，苏秦在齐"一句，这无疑是对苏秦反间很大程度上给予肯定。

燕军大举攻齐后（前 284），苏秦为燕反间的面目便彻底暴露，齐闵王勃然大怒，命令车裂苏秦而后快。苏秦死时，年 50 多岁，一代纵横家终于以身许燕。服虔在评论苏秦时，说"苏秦于齐不出其信，于燕则出尾生之信"，是"燕之尾生"（《史记·鲁仲连邹阳传·索隐》）。

苏秦由于是为燕在齐反间而死，为当时人所鄙视，其事迹也逐渐泯灭，司马迁对此深有感触，他在《史记·苏秦列传》中说："苏秦被

反间以死，天下共笑之，讳学其术。然世言苏秦多异，异时事有类之者皆附之苏秦。夫苏秦起闾阎，连六国从亲，此其智有过人者，吾故列其行事，次其时序，毋令独蒙恶声焉。"太史公欲为苏秦正名，其用心可谓良苦，然而由于史料缺佚，终难免复蹈"异时事有类之者皆附之苏秦"的旧辙。现在，《帛书》出土，苏秦的本来面目已大白于天下，太史公亦可含笑九泉了。

历史真面目总会显露，对苏秦也应重新定论。他虽未"为从约长，并相六国"，但确曾为相于三国（燕、赵、齐），扬名于诸侯，所谓"千丈之城，拔之尊俎之间；百尺之冲，折之衽席之上"（《齐策五》）。李白曾有诗云："洛阳苏季子，剑戟森词锋，六印虽未佩，轩车若飞龙。"其声势之显赫在战国中实在是罕见的了。

公元前288年，秦齐为西东二帝，两国均有席卷天下之心，也均具备相当的实力。由于苏秦纵横的成功，意外地出现了弱燕破强齐的结果，这个历史的偶然，在客观上，却为秦统一中国创造了必要的条件。齐国就此没落，齐、秦双峰并峙的局面被打破，秦国轻轻松松地一跃而成为头号强国。此后，强秦一统的趋势逐渐加强，历史又揭开了崭新的一页。

燕昭王破齐是战国中期划时代的重要事件，苏秦在这个历史的转折时刻，发挥了重大作用，他的历史地位是不容低估的。若说燕昭王是越王勾践式的人物，那么，苏秦就是昭王的范蠡、文种。唐代诗人陈子昂有诗云："南登碣石馆，遥望黄金台，丘陵尽乔木，昭王安在哉。"当后人追思英明的燕昭王时，也不应该忘记以身许燕的苏秦。

第 四 章

纵横鼻祖，助秦统一
——张仪

　　张仪，魏国大梁人，战国时期著名的政治家、外交家和谋略家。作为中国纵横家鼻祖的张仪曾与苏秦同师从于鬼谷子先生，学习权谋纵横之术，饱读诗书，满腹韬略，连苏秦都自叹才能在张仪之下。当时，列国林立，诸侯争霸，割据战争频繁。各诸侯国在外交和军事上，纷纷采取"合纵连横"的策略。或"合众弱以攻一强"，防止强国的兼并，或"连横"，"事一强以攻众弱"，达到兼并土地的目的。张仪正是作为杰出的纵横家出现在战国的政治舞台上，对列国兼并战争形势的变化产生了较大的影响。

孤身入秦

公元前 329 年，张仪跨过黄河，独自一人由魏入秦。当时，奋发改革的秦孝公已死，其子秦惠文君于前 337 年即位。秦惠文君与商鞅曾有深仇大恨，因此一登基便杀掉实行变法的商鞅。此时，秦国的国势仍蒸蒸日上，秦惠文君野心勃勃，积极推行兼并政策，意欲统一中国。

张仪向秦惠文君推销连横之策，实行远交近攻，最终将六国各个击破。具体策略是先攻魏国，争夺对黄河中游的控制权；然后西并巴蜀，北收上郡，南取汉中，创立一大片巩固的根据地；接着东进，并吞六国而一统天下。这个计划与秦惠文君的想法不谋而合，他立即表示赞成，并封张仪为客卿。翌年，（前 328)，又任张仪为相。在张仪的鼓吹下，秦惠文君继魏、齐之后，于前 325 年正式称王，即秦惠文王。在秦国历史上，张仪是第一个相，秦惠文王是第一个王。

然后，秦国便按张仪的计划，与魏国展开了激烈争夺。魏国在战国初期率先实行改革，魏文侯重用李悝，实行法治，先后任用段干木、关起、西门豹、乐羊等贤士，迅速富强起来。魏惠王迁都大梁，重视兴修水利，发展经济，国势日隆。公元前 344 年，魏惠王在逢泽会盟，有 12 个诸侯国来到，所以魏惠王成了霸主。张仪实行远交近攻，秦、魏疆界相连，取得一次胜利，就可以从魏夺取一部分土地，所以秦魏连年争战。

恩威并施

　　早在公元前 333 年，在秦任大良造的公孙衍便逼迫魏国将阴晋（今陕西华阴县）献给秦国，秦改名为宁秦，从此建立了秦国东进的桥头堡。前 330 年，公孙衍率部众在雕阴（今陕西甘泉县南）将魏军击败，俘魏将龙贾，夺取了魏的河西地。前 329 年，秦军又掠夺了魏国河东的汾阴、皮氏及河南的焦、曲沃。张仪入秦为相后，便将公孙衍排挤走。公孙衍没有办法，只得回魏国为将。

　　张仪对魏国实行恩威并施、军事与外交并举的方针。他一方面希望不断地从魏国掠地，另一方面，又希望魏国带头向秦国屈服。前 328 年，张仪与公子华率军攻取了魏的蒲阳（今山西隰县）后，又假意还蒲阳于魏。魏惠王不知是计，反而将上郡 15 县（包括少梁，即今陕西韩城市）献给秦国。秦轻而易举便得到了朝思暮想的战略要地上郡。前 327 年，秦国把地理位置不大重要的焦和曲沃还给了魏国，魏惠王非常感激。谁料前 324 年，张仪再次率军攻魏，取陕城，并在上郡筑塞守卫。

　　从此，秦据有河西、上郡，并占据了河东、河南部分土地。秦军在黄河西岸都有了牢固的后方，进可以攻，退可以守，取得了空前的胜利。此后，为了对付东方各国合纵攻秦，张仪曾代表秦国与齐、楚大臣在啮桑相会。公元前 322 年，魏国屈服于秦国，任张仪为相，赶走了著名的政治家惠施。张仪要魏国公开背弃合纵，单独与秦连横，魏惠王不从。于是，秦国又出兵占领了交还魏国不久的河东曲沃（今山西闻喜东）以及平周（山西介休县西）两城。公元前 319 年，齐、楚、燕、赵、韩五国联合援魏，打败秦军，魏惠王在五国支持下，将张仪驱逐回秦，改任公孙衍为相。公孙衍主张合纵攻秦，于公元前318年，联合楚、赵、韩、燕，集合五国的兵力击秦，推楚怀王为纵约长。由于各国彼此心怀鬼胎，不能同心协力，五国之兵至函谷关败还。五国合纵虽然失败，然而却给秦国以强大的压力。公元前317年，在公孙衍的怂恿下，少数民族国义渠趁机进攻，在李帛大败秦军，秦欲向东扩张受挫。在此之后，秦又把进攻的矛头指向了西南方的巴、蜀。

兼并巴蜀

公元前316年，处于秦西南方的两个小诸侯国巴国和蜀国相互不和，蜀王讨伐与巴国关系密切的苴侯，苴侯逃到巴国求救，结果，巴蜀两国均分别向秦国告急。怎样利用这一时机，以扩大秦国的利益，以便有利于秦统一全国的事业，秦惠文王迟疑不定，秦国的朝臣也意见不一。一派以将军司马错为首。主张乘巴蜀两国内乱，夺取巴蜀，这样既可以扩大秦国的疆域，又能够增加国家的财富，并进而威胁楚国。另一派以张仪为首。张仪本来是赞成"西并巴蜀"的，但此时他却认为，应该继续远交近攻，主攻韩而后挟天子以令诸侯。权衡利弊，秦惠文王最终决定，采纳司马错的意见，出兵夺取巴蜀。

秦惠文王派张仪、司马错、都尉墨等人带领大军通过金牛道进攻巴蜀。关于金牛道有个传说。金牛道本称石牛道，是入蜀的重要通道。临出兵前，大家都担心道路艰险，所谓蜀道之难难于上青天。秦惠文王设计向蜀王诈称，秦国要将五头能便金的石牛送给蜀国，让他修整道路，准备迎接。贪婪的蜀王不知是计，便派了很多大力士修整道路，专候金牛到蜀。不料，便金的石牛未接到，却等来了秦国的千军万马。蜀王匆忙整备军队，亲自率兵在葭萌关（今四川省剑阁东北）同秦军激

战。结果，蜀兵全军覆没，蜀王也在战斗中被杀死。秦军乘胜进攻苴国和巴国，均取得了胜利，巴王被生擒。秦彻底征服了巴蜀，把它并入自己的版图。

秦兼并巴蜀后，建置郡县，以张若为蜀郡守，并从关中移民万家入蜀，张仪、张若、司马错还在当时的成都筑"大城"、"少城"两城，巴蜀的政治、经济发展很快，增强了秦国的经济实力。后来，张若还曾多次率蜀郡之兵支援过司马错、白起等对楚国的进攻，为秦统一中国作出了巨大贡献。需要加以说明的是，张仪一开始虽不赞成夺取巴蜀的建议，但在实际受命兼并巴蜀的过程中，他的作用还是应予重视的，以此他为秦国又立了一大功。

智取汉中

西并巴蜀之后，秦军又寻求东面的胜利，向三晋展开进攻。公元前314年，秦大军再次进攻魏国，重新占领了焦和曲沃。接着，秦又攻韩于岸门，韩国难当，向秦国求和，遣韩太子入质于秦。公元前313年，秦军在蔺（今山西省离石县西）打败了赵军，将赵将赵庄生擒，赵也向秦国屈服。至此，三晋均投入了秦的怀抱，而楚、齐两个大国这时却结成了联盟，与秦及三晋对抗。

强大的齐楚联盟有效地遏制了秦的东向。张仪自告奋勇去离间齐、楚间的关系，他计划从楚国下手，趁机攻下楚的汉中郡，将巴蜀与秦的本土连成一片。张仪对楚国是怀有私怨的，他从未忘记自己受辱于楚相那件事。早在他登上秦国相位之初，他就曾给鞭打过他的楚相发过一纸檄文，公开表示："当时我参加你的宴会，并没有偷过你的玉璧，你却无故鞭打我。如今，你好生守护楚国的土地，我一定夺取楚国的城池，加以报复。"现在，机会终于到来了，张仪开始着手实施自己的复仇计划。

公元前 313 年，秦惠文王假意免除了张仪的相位，让张仪入楚去见怀王。张仪到楚国后想方设法讨好怀王，并用重金收买了怀王的左右亲信。取得楚怀王的信任后，张仪便欺骗他说，秦国愿将过去强占去的商於 (今河南淅县西南) 之地六百里归还给楚国，条件是楚与齐绝交而与秦亲善。楚怀王利欲熏心，一点也未看出张仪的诡计，他得意洋洋地以为商於之地六百里已经到手了。所有的朝臣都向怀王祝贺，只有谋臣陈轸极力反对这件事。陈轸对楚怀王说，秦所以重视楚，是因为齐楚联盟的缘故，如果与齐断交，楚就会孤立，不但得罪了齐国，秦国也不会重视楚国了。他并不相信张仪所言。如果照张仪的主意办，势必得罪齐、秦，两国都会发兵来攻打楚国。

楚怀王利令智昏，根本听不进陈轸正确的意见，他绝对相信了张仪的骗局，派了一名将军赴秦去接收张仪答应交给楚国的土地。哪晓得张仪归秦之后，装作酒醉坠于车下，称病三月不出，楚国使者吃了闭门羹。楚怀王认为这是秦国嫌楚国与齐国断交的态度尚不坚决，于是便派了勇士到齐国去辱骂。齐王听了大怒，他折断盟符，宣布与楚绝交，与秦联合。等到齐楚彻底断交，齐秦交好已成定局，张仪才出来理事。他对楚国派来的使者说，他准备将他自己的封地拿出六里来交给楚国，而闭口不谈当初答应的商於之地六百里之事。楚使见事情不成，便回国向楚怀王报告。六里与六百里，岂非天地之别，楚怀王此时才如梦方醒，自己上了张仪的当。

楚怀王大怒，下令与秦断交，立刻出兵攻打秦国。这时陈轸又出来劝阻，认为此时出兵必遭败绩。楚怀王固执己见，继续进兵。结果秦楚两军在丹阳 (在今陕西、河南两省间的丹江以北) 进行会战，楚军惨败，甲士 8 万多被杀，大将屈匄 (gài)、副将逢侯丑等 70 余人被俘，汉中郡 (今陕西南郑一带) 被秦军占领。汉中郡失守后，楚怀王勃然大怒，调动全国兵力，深入到秦的蓝田 (今陕西蓝田一带) 与秦军主力决战。同时，又再度与齐、宋结盟，誓报一箭之仇。在蓝田，楚军再次

被秦军击败，秦的盟国韩、魏还发兵进攻楚的后方，最后楚军不得不仓促退回，完全遭到了失败。

蓝田之战后的次年（前311），秦国又想联合楚国对付韩国，便派使者去见楚怀王，声称愿将汉中郡的一半还给楚国，以期重修旧好。楚怀王正在气头上，他恨张仪欺骗了他，一定欲置之死地而后快，表示宁愿不要秦归还汉中地，只要得到张仪即可。张仪知道此事后，自告奋勇向秦惠文王要求使楚。秦惠文王担心张仪至楚后会遇到危险，张仪却说自己与怀王宠臣靳尚私交很深，靳尚又与怀王宠姬郑袖关系亲密，而怀王对郑袖言听计从，这些人都会为他出力，又有秦国做后盾，他觉得没有什么可怕的。张仪终于说服了秦惠文王，轻车简从昂然来到了楚国。

一到楚国，张仪就被监禁，怀王准备将他杀掉，以泄心中之愤。靳尚却对楚怀王说，如杀掉张仪，必然得罪秦王，秦楚怎么能建立联盟关系呢？楚若失去秦的支持，别的诸侯国都会轻视楚国。他建议放掉张仪，楚怀王犹豫不决。靳尚又去对怀王的宠姬郑袖说，秦王甚信张仪，一定要将张仪赎回去，听说秦王要用上庸六县和10名美女来换取张仪。如果秦女来到楚国，以其倾国倾城的容貌，一定受宠于怀王，那么怀王就会遗弃郑袖。还是放了张仪，秦王也就不会送美女给楚王了。郑袖听到后认为很有道理，就向怀王进言，放了张仪。

怀王并设酒宴招待，张仪在宴席上大谈秦楚友好，宴后便立即出发，逃回秦国。是时，出使齐国刚回来的三闾大夫屈原向怀王建议，杀掉张仪，以绝后患。怀王也有些后悔，便派人追杀张仪，然而老谋深算的张仪早已逃出了楚国。楚国既没有得到土地，又放掉了已到手的张仪，真是赔了夫人又折兵。张仪凭借自己的勇气为秦国保全了汉中郡。从此，楚的汉中郡就被秦国完全兼并，汉中将秦国本土与新征服不久的巴蜀连成了一片，秦国的羽翼更丰满了，实力更强大了。夺取汉中，使张仪的连横事业达到了极至，秦惠文王为了表彰张仪，赐给他五个封邑，并封张仪为武信君。在对待楚国问题上，张仪既报了私仇，又得了厚禄，实在是一举两得。

褒贬不一

公元前 311 年，一直信任张仪的秦惠文王死后，其子秦武王继位。一朝天子一朝臣，秦武王对张仪本无甚好感，身边的大臣也纷纷说张仪的坏话，其他各国也非常讨厌张仪的为人。齐国扬言必欲置张仪于死地而后快，张仪的地位岌岌可危，他在秦国已走向绝路。张仪见势头不妙，主动要求离秦去魏，秦武王顺水推舟，答应了张仪的要求。张仪在魏国任相一年后（前 309）死去，死时约 60 多岁。这个一生为秦国效力的谋士，最后却只能死于自己屡次加害的故国，真是一个莫大的讽刺。

对于张仪的一生，历来褒贬不一，其不顾信义、睚眦必报的人格为人所不齿，但其审时度势、运筹帷幄，卓绝的才智和过人的勇气还是值得称道的，他对秦最后统一中国所建立的功绩，也应该加以肯定。他在秦楚关系上，巧妙地利用了昏庸的楚怀王，翻手为云，覆手为雨，将楚怀王玩弄于股掌之间，强秦弱楚的作用是非常之大的。

战国中期，七雄间的兼并战争日趋激烈，所谓“争地以战，杀人盈野；争城以战，杀人盈城”。是时，称霸于战国初期的魏国已是江河日下，但势均力敌的秦、楚、齐三国均跃跃欲试，企图一统天下，依山靠海的齐国因为苏秦反间的成功，也由于齐王的昏庸，惨败于乐毅率领的五国联军手下，虽然后来田单以火牛阵退了燕军，但实力却大损，无力与强秦抗争，最终丧失了统一中国的机会。

强大的楚国，“地方五千里，带甲百万，车千乘，骑万匹”，“天下之强国也”，何以屡次败于齐、秦，而使统一全国的机遇落到了秦国头上，这应该归功于张仪连横的成功。楚国的衰落，始于楚悼王时期，

名将吴起被杀，国中贵族内乱，元气受损，但其根本转折点却因为楚怀王上了张仪的当，丹阳、蓝田相继惨败，又丢掉了汉中，最终失去了争雄的力量。张仪自己固然是为了报复，品质不佳，然而在客观上他的活动增强了秦国的实力，削弱了楚国的力量，他是一位强秦弱楚的纵横家，他的历史作用在于为秦最终统一中国排除了楚国这一大障碍，其意义也是不能低估的。

第 五 章

精于外交，睚眦必报
——范雎

　　战国时诸侯割据，人才辈出，谋士更是不可胜数。著名的秦相范雎就是这一时期的谋士，他"远交近攻"的谋略对后世用兵有着深远的影响。此外，其"固干削枝"的平内策略，以及长平之战所施反间之计，也非常让人叹服。公元前266年范雎出任秦相，辅佐秦昭王。他上承孝公、商鞅变法图强之志，下开秦皇、李斯统一帝业，是秦国历史上继往开来的一代名相，也是我国古代在政治、外交等方面极有建树的政治家、谋略家。

蒙受诬告

范睢早年家贫，虽欲周行天下，游说诸侯，一展满腹经纶，苦于家徒四壁，囊空如洗，难以成行，无奈空怀壮志，在家蹉跎岁月，其后，他本想辅佐魏王，为魏国的富国强兵贡献力量，无奈无人引见，又无钱打通关节，只好作罢。但他又不甘心虚度时光，思虑再三，最后投到魏国中大夫须贾门下，等待时机，另寻出路。

没过多久，魏王派遣须贾出使齐国，范睢以随从舍人的身份一同前往。当年，齐闵王无道，燕国大将乐毅纠合四国，一同伐齐，魏国亦在其中，配合燕国发兵伐齐。乐毅指挥联军，所向披靡，以摧枯拉朽之势横扫齐国，连拔齐国 70 余城并很快占领齐国都城临淄，只有莒与即墨两城未能攻下。后来，齐将田单用火牛阵大破五国联军，齐国得以复兴。齐襄王即位后，励精图治，国势日强，魏王害怕齐国报复，于是便命须贾至齐修好。

须贾来到齐国以后，齐襄王对其很不礼貌，当面斥责魏国反复无常，并言先王之死，与魏有关，令人切齿痛心。面对齐襄王的指责，须贾一时情急，无言以对。范睢见状，从容代为辩驳，严正地指出："齐闵王骄暴无厌，败楚、击晋、灭宋之后，甚至企图取周天子而代之，不自量力，招来五国同仇，岂独魏国。今大王英武盖世，应思重振齐桓公、齐威王之余烈，若斤斤计较齐闵王时的恩恩怨怨，但知责人而不知自省，恐怕又要重蹈齐闵王的覆辙了。"齐襄王素闻范睢有谈天说地之能，安邦定国之才，今日听了他这一番不卑不亢、入情入理的雄辩，内心更为敬重。于是当天夜里派人说于范睢，欲留他在齐，并以客卿相待。范睢听后，义正词严地推辞说："我与使者一同出使

齐国，而不与他们一同回国，是为无信无义的表现，让我以后怎么为人？"说客把话传给齐襄王，齐襄王更加敬重范雎，特赐予他黄金10斤并牛、酒诸物。范雎出使，肩负通使重任，岂敢擅自收受私馈之物，一再坚辞不纳。须贾身为正使，遭遇冷落，而随从却受此优惠，心中很不快。范雎具实相告后，须贾令他封还黄金而留下牛酒。范雎没有二话，遵命从事。但他怎么也没有想到，自己出使齐国不为利禄所诱，高风亮节，一身正气，却要遭到小人的冷枪暗箭，以致险些丧命。

回到魏国后，须贾向相国魏齐告发范雎私受贿赂，向齐国出卖魏国情报，有辱使命。魏齐很生气，不问青红皂白，命人将范雎抓来，严刑拷打。范雎无故受刑，自然不服，最后被打得皮开肉绽，浑身是伤，肋伤齿落，惨不忍睹。

范雎胸怀大志，一心想有所作为，如今雄才未展一二，岂能如此白白冤死。想到这，他便佯装气绝，伺机脱身。听说范雎已经气绝，魏齐亲自下视，见其血流满面，体无完肤，直挺挺躺在地上不动，便命仆人用苇席裹尸，扔到茅厕之中，并让家中宾客在尸身上撒尿，不容他做干净之鬼，借此警戒他人。

暮色降临，范雎从苇席中张目偷看，见有一名仆人在旁看守，他便悄悄地对看守说："我伤重至此，心中虽然清醒，尚有知觉，但不可能再生。您如能让我死于家中，以便殡殓，那么我定让家属重谢于您。"仆人见他可怜，又贪他利，便向魏齐谎报说："范雎已经气绝身亡。"魏齐其时正在大宴宾客，酒酣耳热之中无暇顾及这些，便命仆人将范雎尸体弃之荒野。

等候仆人一走，范雎强忍剧烈伤痛，连夜返回家中，让家人将苇席置于野外，以掩人耳目；并找到好友郑安平，请其帮助他藏匿在民间，并化名张禄，同时吩咐家人明日发丧。果不出范雎所料，第二天魏齐酒醒后，即疑心范雎未死，让人到野外巡视，见仅存苇席，又派人到其家中侦察，恰逢举家发哀戴孝，方信范雎尸身为野狗衔去，从此不再怀疑。

求仕于秦

半年后，亦即周赧王四十四年（前 271 年），秦昭王派出使臣王稽出访魏国。秦国自商鞅变法以来，有个传统政策："荐贤者与之同赏；举不肖者与之同罪连坐。"具体讲，凡引荐了有才能的人（不管此人为何方人氏，亦不论其出身贵贱），只要此人为秦立了大功，作出了贡献，受到秦王的奖赏，则原先的引荐者亦会受到同样的奖赏；同样，被引荐者若无能，甚至不肖，做出了有害于秦国之事，犯下了大罪，则引荐者就要连坐，受到同样的处罚。自这一政策颁布实施以后，秦国的有识之士，全部随时留意访求人才。一时间，六国的许多贤士，都纷纷西向，涌来秦国。秦国亦因之贤者如云，人才济济，在富国强兵的大道上阔步前进，由一个被轻视的西戎小国逐渐跻身于强国之林。先为春秋五霸之一；再为战国七雄之首，并最终一统天下，建立空前的大秦帝国，这是后话，暂不多提。

且说郑安平听说秦使臣来魏，认为时机已到，便假充仆人，在公馆里服侍王稽。他应对敏捷，颇得王稽欢心。不久，两人关系便融洽起来，遂无话不谈。一次，王稽悄悄问郑安平："贵国是否有怀才不遇尚未出仕的贤人，能否愿与我一同归秦？"郑安平正是为此而来，见秦使者问话，抑制住心中暗喜，应对说："今臣家中有一位张禄先生，智谋过人，只是有仇人在国中，难有出头之日，否则早已脱颖仕魏，怎会等到今天呢？"王稽连忙表示，白日不便接见，可在夜间前来。

郑安平让张禄也假扮仆人模样，夜深之后偷偷来到公馆，拜见王稽。王稽和他促膝畅谈天下大势，范雎侃侃而谈，妙语连珠，指点江山，如在眼前。未待范雎把话谈完，王稽已深信范雎是一个难得的人

才，便与他相约，待他把公事办完，请范雎在魏国边境的三亭冈处等候，随后将他带回秦国。

王稽办完公事后辞别魏王和群臣，驱车回国。当行至三亭冈时，张禄和郑安平从林中疾趋而出。王稽大喜，与之寒暄数语，遂以车载之，西行而去。

智避祸患

行至秦国湖关时，远远望见对面尘土起处，一群车骑蜂拥而来。范雎有心计，见状连问："来者何人？"王稽认得前驱，若有所思地回答说："这是秦国当朝丞相穰侯魏冉，看样子是东行巡察县情。"穰侯魏冉是宣太后之弟，秦昭王之舅，控制朝政，专用国事，权倾朝野。秦昭王虽然不满，但心畏太后，也不得不听之任之。穰侯魏冉与华阳君、泾阳君、高陵君并称"秦国四贵"，而穰侯魏冉久居相位，又有太后做后台，为"四贵"之首，权势显赫，炙手可热。他每年都要带着大队车马，代秦王周行全国，巡察官吏，省视城池，校阅车马，抚恤百姓，作威作福。范雎虽身处下位，但对各国形势多年来始终很关心，像穰侯魏冉这样一个权倾一时的大人物，他当然早有所闻，深知其人品，遂对王稽说："素闻穰侯专权弄国，妒贤嫉能，厌恶招纳诸侯宾客。我如与他会面，恐其见辱。不如我暂且藏于车厢之中，免生意外。"王稽依其所言。

不多时，穰侯车马就赶到了，王稽赶忙下车迎拜，穰侯也下车相见，寒暄慰勉之后，穰侯问道："关东情况怎样？诸侯之中有什么事吗？"王稽鞠躬回答："没有。"穰侯看看车中，又察看了一下随行人员，接着说："你这次出使魏国，没有带来诸侯的宾客吧！这些人依靠说辞扰乱人国，为的是寻求一己的富贵，全是一些夸夸其谈无益于国之人！"王稽赶忙附和说："丞相所言极是。"穰侯未见什么疑点，就领着众人东去。

一场虚惊过后，王稽正要扬鞭策马，范雎从车厢里出来说："穰侯这个人虽有智谋，但办事迟疑，刚才目视车中，已经起疑。当时虽未搜索，不久必悔，悔必复来，来必搜查，因此我不如下车避一下为好。"王稽方才被范雎的妙算所折服，听他对穰侯简短而切中要害的分析，也认为穰侯极有可能杀个回马枪。因此他让范雎和郑安平下车，从小路步行前去。

不久，王稽忽听背后马蹄声响，果有20余骑从东如飞而来，声称奉丞相之命前来查看。这帮人遍索车中，见并无关东之人，方才转身离去。王稽心下庆幸，叹曰："张先生真智士，吾不及也！"于是催车前进，不久遇着了张禄、郑安平二人，邀其二人同车，一同向秦都咸阳进发。

巧舌如簧

到达咸阳后，范雎没有马上得到进见秦昭王的机会，尽管王稽疏通了许多关节，做了很多努力，仍毫无进展。眼看大好时光一日日逝去，范雎虽不甘心，但也没有办法，每日居于下等客舍，用读书和访察民情来打发时间。

是时，秦昭王已在位36年，国势强盛。秦军在大将白起统率下横扫千军，所向无敌。南伐楚国，力拔楚国重地鄢、郢（国都），楚国从此一蹶不振，不再成为秦的强敌；接着向东，联合韩、赵、魏、燕四国军队，大败齐军，又消除了一个足以与秦抗衡的东方大国——齐国；

与此同时，秦军还屡次打败韩、赵、魏三晋之师，使魏、韩二国俯首听命。捷报频传，秦国朝野奔走相贺。秦廷上下亦人才济济，"四贵"掌权，剪除异己。秦昭王深居内宫，又被权臣贵戚所包围。当此风云变幻的战国时期，在政治舞台上驰骋的谋士说客如过江之鲫，难保鱼龙混杂，良莠不分。一时间，在秦国上层统治集团中，对来自诸侯各国的宾客辩士印象不好，以为不学无术，夸夸其谈者居多。因而尽管范雎想方设法，绞尽脑汁，还是难以跻身秦廷，施展自己平生所学。

无可奈何之中，范雎假人向秦昭王自报家门，言称："现有魏国人张禄先生，智谋过人、天下奇才。他要拜见大王，声称秦国危如累卵，失张禄则危，得张禄则安。其中缘故，非面陈大王不可。"当然，这只可过口夸大其词，以期引起秦昭王的重视。然而秦昭王却非孤陋寡闻之君，类似之事已非一次。昭王认为，天下策士辩客，常常如此，所以并不理睬。就这样，范雎又碰了一鼻子灰。回到客舍，每日粗茶淡饭，在焦虑烦躁中，不知不觉又捱过了一年时光。

天有不测之云，人有旦夕祸福，乐极生悲，否极泰来，事事皆是如此。周赧王四十五年（前 270 年），丞相穰侯魏冉打算率兵跨越韩、魏去攻打齐国，占取刚、寿二地，以扩大封地定陶的范围。范雎认为，可以借此良机，打动秦昭王，从而跻身秦廷。

魏冉和华阳君是宣太后之弟，昭王年幼未冠时，宣太后临朝处理政事，便委任魏冉为丞相，封穰侯，使其次弟为华

范雎画像

阳君，并专国用事。后昭王年长，乃封自己同母弟为泾阳君和高陵君，意欲分宣太后之权。如此，宗亲贵戚专权专利，其私家富有甚至超过了王室，使昭王如芒刺在背，有苦难言。这次穰侯欲攻齐国占取刚、寿二地，亦由于二地紧邻穰侯的封地陶，扩充以为己有，其结果势必进一步增强魏冉的势力，助长枝繁干弱，尾大不掉的缺陷。鉴于这些错综复杂的情况和一年来对昭王内心世界的了解、分析和判断，范雎果敢地再次上书昭王，阐明大义，直刺时弊而又紧紧抓住昭王的心病。

范雎在信中说道：“我素闻贤主执政，对于有功于国者给予赏赐，有能力的人委以重任；功大者禄厚，才高者爵尊。故无能者不敢滥职，有能者亦不得遗弃。昏庸的君王却并非如此，赏其所爱，罚其所恶，赏罚无据，全凭一时冲动。我听说善于使自己殷富者大多取之于国，善于使国家殷富者大多取之于诸侯。天下有了英明的君王，那么诸侯便不能专权专利，这是为何呢？因为明君善于分割诸侯的权柄。良医可以预知病人之死生，明主可以预知国事的成败。有利则实行之，有害则舍弃之，疑则少尝之，自古以来，舜、禹这样的圣君明主全都是这样做的。有些话，在这封信里我是不便深说的，说浅了又不足以引起大王的注意。我希望大王能牺牲一点空余时间容我直言，如果我所讲的对于治国兴邦大业无效，我愿接受最严厉的惩罚。请不要因为轻视了我，而轻视了举荐我的人。”

范雎的这篇说辞，最难能可贵之处在于具有深刻的政治思想，直指用人制度。在用人上，他力主选贤任能，奖励军功、事功，反对任人唯亲。这在血缘关系纽带又粗又长的早期封建社会里，无疑具有闪光的思想。其次，范雎指责了权臣专国用事的现象，指出了枝繁干弱的危害，这对于加强中央集权，巩固君王的统治地位，是很有见解的说辞。秦昭王是个有雄心有作为的帝王，然而王室中显亲贵戚盘根错节，对他厉行富国强兵之计多有掣肘，这也是他多年来无法说出的一块心病。范雎信中之言，正好击中了秦昭王的心病。再者，范雎在信中所传达的含蓄的隐秘之语，使昭王思绪起伏，吊起了他的胃口；紧接着又信誓旦旦地保证自己有治国的奇谋良策，能解昭王困境，如此

一来，秦昭王就不得不召见他。由此可见，范雎不仅满腹经纶，而且还工于心计。

秦昭王见信，果然心动，非常高兴，传人立赏王稽荐贤之功，并速派人将范雎接来王宫一见。

杰出人物未逢机遇之时，可以忍受难熬的寂寞；而机会一旦出现，就会煞费苦心地充分加以利用，因为他懂得机不可失，时不再来，范雎正是这样的人。

范雎进入秦宫之前，早已成竹在胸，他把与秦王相见的每个细节都考虑得十分周详。只见他下车之后，径直向禁地闯去。秦昭王在众人的簇拥下从对面走来，他也不趋不避，旁若无人。宦官见状，大声怒斥道："还不闪开！"

范雎不慌不忙，反唇相讥道："秦国哪里有王，只有太后和穰侯！"

这话无疑是刺激昭王。由于语中有较强的针对性，切中时弊，击中了昭王的要害，果然收到了出奇制胜的效果。昭王听罢，不仅不怒，反而把他引入密室，待之以上宾之礼，只身与之倾谈。

凡是一个足智多谋之人，均能把虚与实、张与弛安排得恰到好处。他紧紧地抓住对方的心理，越是探胜寻奇，就越是迂回曲折，拐弯抹角。秦昭王施以重礼，恭恭敬敬地问道："先生以何教寡人？"范雎却一再"唯唯诺诺"，避而不答。如此者三次。范雎此举，一是让昭王记住这次谈话的重要性；二者也是为了提高自己的身价。

范雎见昭王求教心切，态度恳切，便不再故弄玄虚，婉转地说道："臣非敢如此，昔者吕尚垂钓于渭水之滨，待到遇见周文王，一言而拜为尚父，终用吕尚之谋，灭商而有天下。而商朝的大臣箕子、比干，身为贵戚，也极尽其忠，屡次进谏殷纣王，但纣王不听其言，把他们或贬为奴隶，或处以极刑，最终众叛亲离，落得国破家亡的下场。两种态度，两种结局，没有其他原因，主要是信任与不信任的区别。假如周文王疏吕尚而不与深言。那么周便无天子之德，而文王武王便不可能成其王业。如今臣羁旅之人，离乡背井，居于异国他乡陌生之地，而所要说的话，都是关系国家兴亡的大计，或关系到大王骨肉之亲疏。言之不深、不尽，就无救于秦；言之太深太尽，则箕子、比干之祸有可能降临到我的头上。所以大王三问而不敢答者，不知大王信与不信之故耳。"

范雎这番说辞的开场白，是经过再三考虑的。范雎将昭王比作周文王、周武王，极大地满足了他的虚荣心，使谈话得以顺利进行，增进了两人之间的感情。范雎自比吕尚，虽暂间处蓬蒿之间，然有经天纬地之才，可以辅佐明主而成就轰轰烈烈的王业，关键是君王"信与不信"，用与不用。若有贤才而不用，甚至诛杀，那就等于把自己降到商纣这样的暴君了。杀贤误国历来为明君大忌，不但给昭王提了个醒，也为自己的人身，争取了安全系数。

继而，范雎依旧围绕"信与不信"这个话题侃侃而谈：

"大王信臣之言，死不足以为患，亡不足以为臣忧，漆身为癞，披发为狂，不足以为耻。臣只恐天下人见臣尽忠身死，从此杜口不语，裹足不前，莫肯心向秦国。"

这番慷慨悲壮之词更进了一层，不但披肝沥胆，以情感染了对方，而且将自己置之度外，好像一切都是从秦的根本利益出发，晓之以大义利害，使对方愈加信赖自己。

经过充分的铺垫，范雎最后才接触到实质问题，指明了秦国的政治弊端：

"大王上惧太后之严，下惑奸臣之谄，深居简出，不离阿保之手，终身迷惑，难以明断善恶。长此以往，大者宗庙倾覆，小者自身孤危。此臣之所恐耳。臣死而秦治，是死胜于生耶。"

实际上，治秦当务之急并非上述之弊。范雎所以要大论此事，意在用"强干弱枝"来迎合昭王。与此同时，也借以推翻自己将来立足秦廷的政敌，确立自己在秦廷的地位。只要地位确立了，其他一切便可自然而然得到解决。谋略家们的良苦用心，往往表现在一言一行之中。他们为着自我的政治意图，思维不止，绞尽脑汁，费尽心机。

因为范雎的一番说辞正中昭王下怀，昭王才将范雎看作知音，对他施以大礼，并推心置腹地说道：

"秦国僻远，寡人愚下，上天恩赐先生于秦。自此以后，事无大小，上及太后，下及大臣，愿先生悉教寡人。"

这样，范雎得到了秦昭王的充分信任，具备了从政的根本前提，向错综复杂的政治舞台迈出了坚实的一步。

远交近攻

随后，范雎对秦昭王分析了秦国的形势：

大王之国，四塞以为固，北有甘泉、谷口，南带泾渭，右陇、蜀，左关、阪，秦地之险，天下莫及，利则出攻，不利则入守，此王者之地也。雄兵百万，战车千乘，其甲兵之利，天下亦莫能敌。以秦卒之能，车骑之众，用以治诸侯，如同良犬搏兔。然而兼并之谋不就，霸王之业不成，莫非是秦之大臣计有所失吗？

范雎是深谙谈话艺术的，他掌握居高位者一般都喜听恭维之词的心理。他首先从秦之优势分析入手，果然一下子抓住了秦昭王之心。昭王闻此言，便侧身问道："请言失计何在？"

范雎考虑到自己初涉秦廷，根基不牢，不敢言内，便先谈外事，投石问路，以考察秦昭王之态度。他说："臣闻穰侯将越韩、魏而攻齐，其计谬矣。齐离秦国甚远，中间隔着韩、魏两国。秦出兵较少，则不能够打败齐；如出兵甚众，则有后顾之忧，会受到韩、魏、赵，甚至楚国的侵扰，这对秦是十分危险十分有害的。伐齐而不胜，为秦之大辱；即使伐齐取胜，那时秦齐两败俱伤，韩、魏、赵等国便可从中渔利，得到好处，于秦何益？与其劳师远征，有百害而无一利，徒劳无益，莫若远交而近攻。远交以离人之欢，近攻以广我之地，自近而远，如蚕食叶，天下便可得矣。"

秦昭王又问："远交近攻之道何如？"

范雎答道："远交莫如齐、楚，近攻莫如韩、魏。既得韩、魏，齐、楚岂能存乎？"

秦昭王鼓掌称善，心下大喜，当即拜范雎为客卿，号为张卿。用其计东伐韩、魏，传令白起停止攻打齐。

范雎在这段谈话中，明确提出了"远交近攻"这一具有战略意义的思想。这个计谋贡献是巨大的，为秦逐个兼并六国并最终统一天下奠定了理论基础，而且对后世影响也相当深远，为中国政治、外交思想史写下了灿烂一笔。魏冉自秦昭王二十一年（前294年）任相以来，应该说对秦国大业也是卓有建树的，然而在国家总体战略决策上也犯有严重的失误，给秦国带来了一定的损失。例如在对待"三晋"问题上，魏冉采取了先强后弱的战略方针，小看魏、韩两个邻国的肘腋之患，置眼皮底下于不顾，却劳民伤财地跨越魏、韩去远征赵国。当时赵国又处于鼎盛时期，赵军在名将赵奢统率下，以逸待劳，重创秦师，使秦国付出的代价是惨重的。再如对待齐国，接连数次讨伐，虽然双方互有胜负，却并未取得战略性的胜利，秦国在人力财力上都有较大消耗，魏、韩坐山观虎斗，火中取栗，其结果是得不偿失。

范雎在"远交近攻"这一方针指导下，进一步阐述了秦统一天下的具体构想：

一、就近重创韩、魏，解除心腹之患，壮大秦国实力；

二、韩、魏解决以后，北边谋赵，南边谋楚，扶弱国，抑强敌，争夺中原地带，抑制各国的发展；

三、韩、魏、赵、楚依附秦国之后，携五国之众。进而威逼最远且是当时最强劲的对手齐国，让其不敢与秦对抗；

四、在上述基础上，再一个个消灭韩、魏、赵诸国，最终达到统一天下之目的。

秦国"远交近攻"的原则确立后，范雎又及时地替秦昭王谋划"收韩"之策。韩在其时实力最弱，范雎选中了这个突破口。

他首先向昭王解析了"收韩"的战略意义："秦、韩二国互相交

错，秦之有韩，如木之有蠹，人之心腹有病。天下无变则已，天下有变，其为秦患者莫大于韩。王不如收韩。"

秦昭王说："吾固欲收韩，韩不听，其奈何？"

范雎早已成竹在胸，他回答说："韩国如何不听命归附于大王呢？若大王派兵首先攻打并占领韩国政治、经济、军事、交通中心荥阳，便可使巩、成皋之道不通，北断太行之道，上党之韩军不得而下，一举可将韩国拦腰斩为三截。若是，韩军必亡，如何不听命归附于大王呢？"昭王点头称是，同意范雎的方案。

嗣后，秦军按照范雎的策略，对韩国实行了一连串致命的打击：

秦昭王四十二年 (前265年)，秦军攻占韩国少曲 (今河南济源东北)、高平 (今济源南)；

秦昭王四十三年 (前264年)，秦大将白起夺取陉城 (今山西曲沃东北)；

秦昭王四十四年 (前263年)，白起攻掠韩太行山以南的南阳，次年又取野王 (今河南沁阳)。

至此，韩国被一斩为二，使整个上党地区完全孤立起来。

秦军攻势凌厉，韩国摇摇欲坠。

与之相反，秦国却从对魏、韩的战争中得到了人力、物力补充，实力得以大增，令诸侯各国侧目，并为之战栗。从此，秦加快了东进的步伐，扩大了对赵、楚两国的战争规模。

强干弱枝

范雎在秦数年，锋芒初露，成绩显著，日益受到秦昭王的宠信。到了周赧王四十九年 (前261年)，范雎开始在内政方面实施变革，推行"强干弱枝"的策略，从而加强中央集权。

一日，范雎对秦昭王说："臣蒙大王信任，言听计从，臣虽粉身碎骨，无以为报。现在，臣有安秦之计，尚未敢尽献于大王也。"

秦昭王急问道："寡人以国托于先生，先生有安秦之计，此时不赐教，还待何时。"

范雎道："臣昔日居山东时，闻齐但有孟尝君，不闻有齐王；闻秦但有太后、穰侯、华阳君、高陵君、泾阳君，不闻有秦王。夫治国之谓王，生杀予夺，不可委以他人。今太后恃国母之尊，擅行不顾者四十余年。穰侯独相秦国，华阳君辅佐之，泾阳君、高陵君皆自立门户，自成一体，生杀自由，无所畏惧。他们几人私家财产，十倍于国家。大王您虽名为国君，实则徒有其空名而已，这岂不危险吗？昔崔杼专权齐国，最后杀掉齐庄公；李兑独揽赵国大权，终弑主父。如今穰侯内仗太后之势，外窃大王之威，用兵则诸侯震恐，解甲则列国感恩。何况在大王您的左右，广置耳目，大王您的一举一动，一言一行，他们都一清二楚，了如指掌。臣观大王长期孤立于朝堂，臣恐千秋万岁之后，掌握秦国大权者，非大王之子孙也！"

司马迁曾说："天下皆西向稽首者，穰侯之功也。"平心而论，魏冉在秦国的历史上有着不可抹杀的历史功绩，范雎将其一笔抹倒未免失之公允，反映了他排除异己的私心。但对于宗亲贵戚的专权和势力的膨胀，昭王早就忌恨在心，范雎的一番义正词严的宏论，正中其怀，一拍即合，昭王在兴奋的同时亦感到忐忑不安，甚而毛骨悚然，遂再三拜谢："先生所教，乃肺腑之言，寡人恨闻之不早。"

没过多久，秦昭王便罢免了穰侯魏冉，拜范雎为相，封之于应（在今河南鲁山之东），号为应侯。次年，宣太后死，便将穰侯、泾阳君皆遣赴封邑。穰侯迁居时竟动用了上千辆车乘，所载之奇珍异宝，皆秦国库所没有的。

在战国时期，中央集权制度的确立与日益巩固，是历史发展的大趋势，是当时的重大社会变革。其意义在于，削弱了以往分封制度所造成的地方上的分裂倾向，促进封建割据走向封建大一统。秦国之所

以能完成统一中国大业，是与这一整套成熟的政治制度有关，而范雎对于秦国中央集权制度的完善则有着不容忽视的作用。战国末叶，秦国客卿李斯曾向秦王政上《谏逐客书》，历数宾客对秦国历史发展起到的重大作用，使秦得"富饶之资"和"强大之名"。其中也恰如其分地评价了范雎的杰出贡献："昭王得范雎，强公室，杜私门，蚕食诸侯，使秦成帝业。"

事实表明，范雎同保守的贵族相比，更具进取精神、敏锐思想及开阔眼界。随后的秦国政治、军事、外交活动，比前更加生机盎然。

恩仇必报

魏王听到秦王新用张禄为丞相，打算征伐魏国，急召群臣相议。

信陵君无忌说道："秦兵已经有数年未侵犯魏国边境了，今无故兴师，是明欺我不能与之相抗衡也。若是，我们就深沟高垒，严阵以待。"

相国魏齐道："不然，秦强魏弱，战必失败。臣闻秦国丞相张禄原为魏国人，难道他就不念一点故土之情吗？如果派人带上金钱财宝，先通张禄丞相，再谒拜秦王，许以纳人质，贡财帛，然后请和，说不定可保魏国万全。"

时魏昭王已薨，子安釐王初即位，未经战伐，亦畏惧征战，乃用魏齐之策，使中大夫须贾出使秦国。

须贾奉命，满载金银财宝，向咸阳进发。范雎闻之，喜道："须贾至此，正是我报仇的大好机会。"遂换去相服，装作寒酸落魄之状，悄悄地出了府门，来到须贾下榻的驿馆。慢慢进去，谒见须贾。

须贾一见范雎，大惊道："范先生固无恙乎？我以为先生被魏相打死，为什么亡命在此?"

范雎回答说："昔日我被打得昏死过去，尸体被弃之荒郊，次日方才苏醒。适遇一商人过此，闻见呻吟声，才把我救了过来。我不敢回家，几经周折、坎坷来到秦国，没有想到在此竟见到大夫您啊。"

须贾道："范先生欲游说于秦吗?"

范雎道："昔日得罪了魏国，亡命来此，侥幸不死，哪敢言称国事。"

须贾道："范先生在秦，何以为生?"

范雎道："为仆佣以度日。"

须贾不觉动了怜悯之心，留之同坐。时值隆冬，范雎衣破且薄，有战栗之状。须贾叹道："范先生落魄竟至于此。"于是命取一绨袍与范雎穿，同时赐一些酒食给范雎。

范雎道："大夫之衣，我不配穿。"

须贾道："都是旧相识，何必过谦。"

范雎乃穿上绨袍，连声道谢。

因问："大夫来此何事?"

须贾道："今秦相张君方掌权，我欲通之，恨无熟人引见。你在秦日久，有无与张君相识之熟人。如有，可否将我引见给张君?"

秦"杜"虎符

范雎道："我的主人与丞相关系甚密，我曾同主人一起到相府。丞相好谈论，经常问我主人一些问题，我的主人有时回答不上来，我就帮助他予以回答。丞相认为我善辩，常赐酒食给我。时间一长，我和丞相的关系也亲近起来。您若想见丞相，我能够给您引见，与您一同前往。"

须贾一听，很是高兴，对范雎说道："既然如此，就劳你到丞相那里预约一个时间。"

范雎道："丞相平日很忙，正好今日有空，我们何不马上就去。"

须贾道："我等乘大车驾驷马而来，现在车轴已断，一马足亦损，不能立刻出发，怎么办？"

范雎道："别担心，我的主人有车，可以借之一用，请大夫稍等片刻，我将车速速赶来。"

不等须贾再言，范雎即告辞回府，将大车驷马赶至馆驿前，向须贾报道："车马已备，请大夫上车，我为大夫驾车开路。"

须贾二话不说，欣然登车，范雎驾车，向相府奔去。沿途街市之人望见丞相御车而来，都恭立两旁，或迅速回避。须贾以为敬己，殊不知是敬范雎也。

到了范雎府上，范雎对须贾道："大夫在车上少待一会儿，让我先进去，为您通报一声。若丞相许可，便可谒见。"说罢，便直接进府门去了。

须贾下车，在门外等了很久，只闻府中鸣鼓之声，门上传话："丞相升堂！"属吏舍人奔走不绝，并不见范雎消息。

须贾因问守门者道："我的故人范叔（范雎字叔）方才进相府通报，已有很长时间还未出来，您能为我把他叫出来吗？"

守门人问道："先生所说的范叔，何时进府？"

须贾说就是刚才驾车的人。

守门人道："驾车者乃我国丞相张君，他私到驿中访友，所以微服而出。怎么又冒出个范叔呢？"

须贾闻言，如梦中忽闻霹雳，惊惧至极。满头冷汗叹道："我为范雎所骗，死期到矣！"

常言道："丑媳妇少不得见公婆。"须贾心想，事已至此，只有负荆请罪，也许能求得范雎宽恕，捞得一命。于是脱袍解带，免冠赤脚，跪于相府门外，托人入报，只说："魏国罪人须贾在外领死！"良久，门内传丞相召入。须贾愈加惶悚，俯首膝行，从耳门而进，直至阶前，不住叩头，口称："死罪！死罪！"

范雎威风凛凛，坐于堂上，问道："须贾，你知罪么？"

须贾伏在地上应道："知罪，知罪。"

范雎道："你知道你有几条罪？"

须贾回答："贾之罪擢发难数！"

范雎道："你之罪有三：我先人之墓在魏，因此我不愿在齐做官。而你在魏齐面前颠倒黑白，胡言乱语，说什么我向齐国提供魏国的情报，为齐国的间谍，致使魏齐大怒，此为你的第一条罪状；当魏齐发怒，对我施用酷刑，以致皮开肉绽、齿折肋断，你在那里竟然无动于衷，毫不谏止，此为你的第二条罪状；及至我昏死过去，被弃置厕中，你竟敢带领宾客在我身上撒尿，此为你的第三条罪状。今日至此，我本该让你断头沥血，以雪前恨。我之所以没这么做，主要看在你尚念故人之情，上午还赠我一件绨袍，故才饶你一命。你清楚吗？"须贾叩头称谢不已。范雎挥袖使去，须贾赶忙匍匐而出。从此秦国朝野，才明白丞相张禄，乃魏人范雎也。

第二天，范雎拜见秦王。言称："魏国恐惧，遣使须贾乞和，无须大动干戈，此皆大王威福所致。"秦王十分高兴。

范雎又奏曰："臣有欺君之罪，恳请大王怜恕，方才敢言。"

秦王道："卿有何欺？但说不妨，寡人不怪罪。"

范雎奏道："臣实非张禄，乃魏人范雎也。臣自少孤贫，厕身魏国中大夫须贾门下为舍人。有次与须贾一起出使齐国，齐王私下馈赠臣金，臣坚决拒绝。不想须贾将此事说与相国魏齐，说臣为齐国间谍，把魏国情报送给齐国。魏齐不问青红皂白，便将臣捶击至死。幸而臣命大，已而复苏。遂改名张禄，逃奔秦国，蒙大王厚爱，被提拔为丞相。今须贾奉命出使秦国，臣真名已露。臣请依旧恢复原名，伏望大王怜恕！"

秦王道："寡人不知卿受冤如此，今须贾既到，便可斩首，以为你报仇。"

范雎奏道："须贾为公事而来，自古两国交兵，不斩来使，况对方是来求和的。臣岂敢以私怨而伤公义！何况忍心杀臣者魏齐，不全关须贾之事。"

秦王道："卿先公后私，可谓大忠矣。魏齐之仇，寡人应该为卿报之。来使由卿发落。"

范雎谢恩而退。秦王准了魏国之和。

数日后，须贾来向范雎辞谢，范雎道："故人至此，不可不盛宴款待。"一面让门下挽留须贾，一面吩咐摆设酒席。须贾暗暗谢天道："惭愧！惭愧！难得丞相宽宏大量，不计前仇，如此相待，忒过礼了。"范雎退堂，须贾一人坐门房中，有军卒守着，不敢移动。

从早上坐到中午，须贾渐感腹中饥饿，心想："我前日在馆驿中，用酒食相待范叔，今番对方答席，故人之情，何必过于隆重。"

少顷，堂上摆设已完，只见府中发出一单，遍邀各国使臣及本府有名宾客，却未见有自己。须贾心想："此大概是请来陪我的了，但不知何国何人，待会儿座次也要斟酌，千万不要坐错了位置。"

须贾正在踌躇间，只见各国使臣及宾客纷纷而到，径直登上堂阶。管席者传板报道："客齐！"范雎出堂相见，叙礼已毕，送盏定位，两庑下鼓乐交作，竟不邀请须贾，须贾那时又饥又渴，又苦又愁，又羞又恼，胸中烦懑，不可言状。酒过三巡，范雎开言："还有一个老相识在此，适才倒忘了。"

众客齐起身道："丞相既有贵相知，我等理应伺候。"

范雎道："虽则是故人，岂敢与诸公同席。"

范雎命设一小座于堂下，唤魏使者须贾到，使两黥徒（脸上刺字的犯人）夹之以坐。席上不设酒食，反摆上炒熟的料豆，两黥徒用手捧而喂之，如喂马一般。众客甚感蹊跷，问道："丞相何故如此？"范雎于是说了原委。众客道："如此，亦难怪丞相发怒。"

须贾虽然受辱，却不敢违抗，只能强忍着把料豆吃完，聊以充饥。食毕，还要叩谢。

范雎怒目责之道："须贾，你给我听好，秦王虽然许和，然而魏齐之仇，不可不报。留你一条蚁命，回去告诉魏王，速斩魏齐人头送来，将我家眷送入秦国，两国通好。若不如此，我亲自引兵来屠大梁，到那时悔之晚矣。"一席话，吓得须贾灵魂出窍，诺诺连声而出。

须贾得到秦王允和，连夜奔回大梁，将范雎所嘱，告诉魏王。送家眷是小事，要斩相国之头，送与秦国，有碍体面，难于启齿。魏王听后，犹豫不决。魏齐闻知此信，赶紧弃了相印，连夜逃往赵国，投平原君赵胜去了。

魏王随后好好修饰车马，将黄金百两，彩帛千匹，连同范雎家眷，一起送至咸阳。又告明魏齐闻风而逃，如今在平原君府中，不干魏国之事。

范雎将此事奏闻秦王。秦王道："赵与秦素来亲善，渑池会上结为兄弟，又将王孙异人为质于赵，以巩固两国之间的友好关系。上次秦兵伐韩，围韩之阏与，赵竟派出李牧救韩，大败秦兵，寡人尚未问罪。今又擅纳丞相之仇人，丞相之仇即寡人之仇，寡人决意伐赵，一则报阏与之恨，二者索取魏齐。"于是亲率师 20 万，任王翦为大将，讨伐赵国，连拔三城。

赵王闻秦兵深入，非常惊惧，这个时候蔺相如病重告老，虞卿代为相国。派大将廉颇率师御敌，相持不下。

虞卿对惠文太后说："事情很急，臣请将长安君送到齐国做人质，求齐国出兵救赵。"惠文太后许之。于是将惠文太后之少子长安君质于齐，齐亦命田单为大将，发兵 10 万，前来救赵。

听说齐发兵救赵，秦将王翦对秦王说："赵国有很多能征善战的将军，又有平原君之贤，不易打败也。况齐救兵就要来了，不如班师回国，他日再图。"

秦王道："不得魏齐，寡人何面见应侯乎！"秦王乃遣使对平原君说："秦国此次伐赵，非他，只为索取魏齐耳。若能献出魏齐，立即退兵。"

平原君对使者说："魏齐根本不在我家，请转告秦王，千万不要相信道听途说。"

使者来往三次，平原君始终不肯承认。秦王没办法，心中闷闷不悦。欲想进兵，又恐齐、赵合兵，胜负难料；欲待班师，魏齐又不可得，没有面子。再四踌躇，竟情急智生，想出一个计策来。乃为书谢

赵王，略称："寡人与君，兄弟也。寡人误听道途之言，魏齐在平原君府，是以兴兵索之。非此，岂敢轻涉赵境，所取三城，谨还归于赵。寡人愿复前好，往来无间。"

赵王亦遣使答书，谢其退兵还城之意。田单听到秦师已退，亦率师归齐。

秦王回到函谷关，复遣人带书给平原君赵胜。平原君拆书一看，略曰："寡人闻君之高风亮节，愿与君为布衣之交。君若信得过寡人，寡人愿与君痛饮十日，一醉方休。"平原君带着信来见赵王。赵王亦不知如何是好，乃召群臣计议。相国虞卿说道："秦虎狼之国也，昔孟尝君入秦，几乎不返。并且秦王疑魏齐在赵，平原君此去必凶多吉少，故不可往。"

廉颇道："昔蔺相如怀和氏璧独自入秦，尚能完璧归赵，秦不欺赵。若不往，反而会引起怀疑。"

赵王道："寡人亦以为秦王盛情，不可违也。"遂命赵胜同秦使西入涵谷关。

秦王一见赵胜，大喜，日日设宴款待。数日之后，秦王饮至酒酣，举杯向赵胜道："寡人有一事想请君帮忙，君若答应，就请满饮此杯。"

平原君道："大王命胜，胜敢不从！"于是举杯一饮而尽。

秦王接着说："昔周文王得吕尚以为太公，齐桓公得管仲以为仲父。今范君亦寡人之太公、仲父也！范君之仇人魏齐，如今在君家，君可使人归取其头，以了范君之恨，则寡人欢喜备至，定以财宝厚赐予君。"

平原君道："臣听说：'富贵之后仍为挚友，是由于他们为患难之交。'魏齐乃臣之友，即使真在臣所，臣亦不忍出卖他，况不在乎！"

秦王脸色一变道："君若不交出魏齐，寡人不放君出关！"

平原君道："出关与否听凭大王。大王以饮相召，而以威扣劫，难道不怕贻笑于天下吗？"

秦王知平原君不肯负魏齐，遂与之一同至咸阳，留住馆舍。同时使人遗赵王书，略称："王之弟平原君在秦，范君之仇魏齐在平原君处，魏齐头且至，平原君夕返。不然，寡人且举兵临赵，亲讨魏齐，又不许平原君出关，请王衡量轻重，速速回答。"

赵王收信后，大恐，谓群臣道："寡人岂能用他国之亡臣，换寡人之'镇公子'(镇国之公子)。"乃发兵围平原君家，索取魏齐。

平原君宾客多与魏齐有交，闻此，乘夜让魏齐逃出，往投相国虞卿家。虞卿对魏齐道："赵王畏秦，甚于豺虎，是不可以言语动之。不如仍走大梁，投信陵君处。信陵君招贤纳士，天下亡命者皆归之。又与平原君交厚，必然庇护。当然，君是亡命之人，不可独行，吾当与君同行。"说罢即解相印，为书以谢赵王，与魏齐一同到郊外，慰之道："信陵君慷慨丈夫，我往投之，必当即相迎，绝不会令我们久待的。"

虞卿徒步来到信陵君府前，让人通报信陵君。信陵君见是赵国丞相，非常惊异，速请其进府。为其洗尘接风。因问其来魏之意，虞卿情急，只得将魏齐得罪于秦的来龙去脉，及自家捐弃相印相随投奔之意，略告之。信陵君听罢，因心中惧怕秦国，面有难色，不想让魏齐进府，又念虞卿千里相投，很难拒绝，事在两难，犹豫不决。

虞卿见信陵君为难，不想出见，遂大怒而去。信陵君问门下舍人道："虞卿之为人如何？"

舍人侯生在旁，大笑道："公子岂能不知乎，虞卿以三寸不烂之舌取赵国相印，封万户侯。魏齐穷困而投虞卿，虞卿不爱爵禄，解绶相随，天下若是者几何！公子难道还看不出他贤与不贤吗？"信陵君听罢非常惭愧，急忙挽发加冠，使人驾车向郊外急追。

再说魏齐翘首而望，等了好一会儿，不见消息，心想："虞卿言信陵君慷慨丈夫，一闻必立刻相迎，今久而不至，事不成矣！"不多时，只见虞卿含泪而至，说道："信陵君非丈夫也，害怕秦国报复而有意却我。我当与君间道入楚。"

魏齐道："我因为一时不注意，得罪了范叔，一累平原君，再累于先生。先生与我不辞辛苦，跋山涉水，来到大梁，没想到被拒之门

外。如今又要去不可知之楚国寻求保护，苟延残喘，与其如此，不如一死了之！"说罢即引佩剑自刎。虞卿连忙上前夺之，不料喉管已断。

虞卿正在悲伤，信陵君车骑随到。虞卿望见，就趋避他所，不和他相见。信陵君见魏齐尸首，抚尸大哭道："无忌（信陵君字无忌）之过也！"

时赵王未捕得魏齐，又走了相国虞卿，明白两人相随而去，非韩即魏。遂遣飞骑四出追捕。使者至魏郊，方知魏齐自刎，随即奏知魏王，欲将其头换取平原君归赵。信陵君刚刚命殡殓魏齐尸首，心中不忍。赵使者说："平原君与君，是一样的。平原君对魏齐之情意，与君相差无几。魏齐若在，臣不敢如此说，公可惜已死，无知之骨，而使平原君为秦虏，君难道忍心吗？"信陵君不得已，无可奈何地把他的头装在匣中交给了赵使，而葬其尸于郊外。

虞卿告别魏齐尸体，感慨人世险恶，遂看破红尘，绝意宦游。终隐于白云山中，著书立说，讥刺时事，书曰《虞氏春秋》。有人写诗赞之曰：

不是穷愁肯著书，千秋高尚说虞兮。

可怜有用文章手，相印轻抛徇魏齐！

赵王将魏齐首级，星夜送至咸阳，秦王将其赐给范雎，范雎非常感激。回到府中，范雎命将魏齐之头漆成溺器（夜壶），说道："昔日你令舍人朝我身上撒尿，今日我令你九泉之下，常含我尿！"秦王兑现诺言，以礼送平原君还赵。一场风波，就这样平定了。

范雎报仇雪恨之后，想起自己的恩人王稽和郑安平。便晋见昭王，奏曰："臣本魏一亡命之人，若不是王稽忠于大王而纳臣于秦，非大王英明圣贤，臣安能富贵如此。然王稽至今仅为谒者，当年救臣于水火中之郑安平亦未重用，恳求大王恩赐，加此二臣，以成全臣报德之心，臣即使死也没有什么遗憾了！"

秦王道："丞相不言，寡人差点忘了。"即用王稽为河东太守，郑安平为偏将军。自此后，秦王完全听从范雎出谋划策。先攻韩、魏、遣使与齐、楚约好。

有一天，范雎对秦王说："吾闻齐国王后贤而有智，吾有一计，可派人前往试之，如彼能解，则不可犯齐。"秦王允诺，范雎乃命使者以连环玉献于齐国王后，道："若有能解此环的齐人，寡人愿拜下风。"齐国王后马上令人取铁锤在手，即时击断其环，对秦国使者说："回报秦王，说老妇已解此环！"使者回报，范雎说："齐国王后果女中豪杰，不可犯之也！"遂与齐结盟，各无侵害，齐国得保以平安。

再说楚国太子熊完在秦为质，秦国留他16年不遣。适逢秦使者到楚约好，事完之后，楚使者朱英与秦使者一块来到咸阳。朱英说起楚王现在身染重病，恐难痊愈，太傅黄歇对太子熊完说："楚王病重而太子远在秦国，万一楚王驾崩，太子不在榻前，诸公子必有图谋代立者，楚国社稷恐非太子所有。臣恳求为太子拜谒秦国丞相范雎，请其允诺归楚。"太子同意。

黄歇于是到相府，对范雎说："相君知楚王之病乎？"

范雎道："楚使者曾言过。"

黄歇道："楚太子久居秦国，与秦国将相关系甚密。如果楚王驾崩而太子继位，其对秦必然毕恭毕敬，成为秦的友好邻邦。相国如能此时让太子归楚，将来承继大位，太子一定对相国感激不尽。若留太子不放，让其他公子得到楚国王位，则太子在秦，不过咸阳一普通布衣耳。况且楚人鉴于太子不返，他时必不再派太子质于秦。与其使太子成一布衣，而绝楚国之好，不如让太子归楚，不知相国意下如何？"

范雎首肯道："君言极是。"即以黄歇之言告于秦王。秦王道："可令太子傅黄歇先归探病，病情确实严重的话，然后来迎太子。"

黄歇听到不能与太子一同归楚，私下与太子计议道："秦王留太子不放，又想故伎重演，如怀王昔年之事，乘楚之急以求割地也。楚国假如来迎太子，即中秦国之计；若不迎，则太子终为秦虏矣。"

太子跪请道："依太傅之计，我们应该怎样处置呢？"

黄歇道："以臣愚见，不如微服出逃。今楚使者将归，此机不可失也。臣请独留秦国，一切后果均由我承担！"

太子说道："此事若成，楚国当与太傅共有之。"

黄歇遂暗中见朱英，把逃跑计划告诉朱英，朱英完全赞同，太子熊完乃微服为御车之人，与楚使者朱英一同混出了函谷关，秦守关者竟然没有能识破。

黄歇一人守在旅舍中，秦王让他归楚视楚王之病。黄歇对来者说："太子正在患病，无人看护，待病稍愈，臣即归楚问疾。"

半月后，黄歇估计太子一行已出了函谷关，乃求见秦王，立刻叩头谢罪道："臣黄歇深恐楚王一旦驾崩，太子不得继位，无以事秦，已擅自让太子归楚，今已出函谷关，臣有欺君之罪，请大王处置，臣死而无怨。"

秦王大怒道："楚人诡计多端，竟敢如此！"立命手下拿下，要杀黄歇。

丞相范雎劝言道："杀了黄歇，不能使楚太子回来，反会断绝与楚国的友好关系。不如以忠诚嘉奖他，放其归楚。楚王一死，太子必继承王位，黄歇必然为相。楚国君臣感谢秦德，也必然与秦一心，听命于秦。"

秦王感到有理，乃厚赐黄歇，放他回到楚国。黄歇回国三月，楚顷襄王即薨，太子熊完继位，是为楚考烈王。任命太傅黄歇为相国，将他封在江东，号为春申君。

退位让贤

周赧王五十八年（前257），范雎推荐亲信郑安平为将攻赵，为赵平原君所败，郑安平率2万士卒降赵。按照秦国法律，范雎当株连降敌大罪，受三族连坐之治。昭王念其功大，赦免法外，不但不加罪，反而加赐食物，以抚慰其心。可是第三年（前255），范雎的另一亲信王稽，身为河东守，却与诸侯私通，事发后被斩杀。范雎接连涉嫌，昭王虽未深究，然而临朝慨叹："武安君白起诛死，郑安平背叛，王稽私通敌国，外多强敌而内无良将，寡人甚感忧也。"范雎听得出弦外之言，心里明白失宠，地位岌岌可危，且惭且惧，只好思谋退身之计。然而他又不愿撒手富贵权势，因而只是借病退避，时常不上朝，只能用此来拖延时日。

是时秦国来了个燕人蔡泽。此人相貌特别，身无分文，然而才华出众，在战乱不休的战国时代，学会了一套纵横家的辩术，希图得到诸侯的重用，以便出人头地，享受荣华富贵。然而游遍了天下各国，大大小小的诸侯都拜到了，却没有一个国君任用他。在赵国，被撵了出来，在魏国，连饭锅都给人抢去了。蔡泽呼天不应，叫地不灵，正处于穷愁潦倒之际，忽然听说秦相应侯范雎以前重用的两个人都出事了。蔡泽暗想，这可是我时来运转，出人头地的良机。他赶紧收拾行装，日夜兼程，向秦国进发。

他来到秦都咸阳，在拜见秦昭王之前先让人们替他大造舆论，宣称："燕国来的蔡泽是当今最能言善辩的谋士，他若见了秦王，秦王肯定会重用他而辞掉范雎。"此言很快传到了范雎耳中，范雎听了很是愤怒，心想："三皇五帝时代的事，诸子百家的学说，我已经记得滚瓜烂熟，众多的雄辩家也都被我驳得落花流水，小小的蔡泽岂能难住我，夺了我的相位。此子不自量力，口出狂言，我倒要看他有何能耐。"计议已定，范雎便派人把蔡泽叫来，要当面与他较量一番。

范雎召见蔡泽，本就心怀怒火，而蔡泽来后光作揖，不下拜，那副傲慢的样子更使他按捺不住心中的怒火，于是开口便质问对方："你扬言要取代我的相位，真有此事吗？"蔡泽不动声色地回答："有这事。"范雎说："那你就谈谈有什么根据？"蔡泽见对方出言不逊，也毫不客气地讥诮道："吁！您看问题怎么如此迟钝？春耕、夏锄、秋收、冬藏，四个季节完成了使命，便都自然离去。人这一生，身体康健，手足灵活，头脑清醒，耳不聋，眼不花，岂非人所愿乎！"范雎摸不清对方要说什么，只好顺口回答："是的。"蔡泽又说："秉性仁

义，遵道行德，理想得到实现，天下人受其恩惠而心里高兴，都爱戴他，愿尊奉他为国君，这难道不是干我们这一行的所希望的吗？"范雎又回答："是的。"蔡泽说："在尊贵的地位上，治理万物，各循其理，井然有序，各得其所。在寿命上，能享尽天年而不横死，天下永继其道，恪守他的事业，传之无穷。既有道德的美名，又有治国的实绩，恩泽广布，世世称赞，永不中断，天长地久，岂非上天对有道之人降下的符瑞和圣人所说的吉祥善事吗？"范雎沉思了一会儿，回答："是的。"

然后蔡泽把话题一转说："至于像秦国的公孙鞅、楚国的吴起、越国的大夫文种，他们的结局亦为人们所愿意的吗？"范雎洞察蔡泽是想用这三个人物的遭遇影射他，使他的辩论陷入困境，便故意不按蔡泽设的圈套回答，他说："那有什么不可以呢？公孙鞅效力秦孝公，竭尽忠诚，公而忘私，镇压奸邪，赏罚分明，披肝沥胆，不惧怕危险。他夺取了魏公子的军队，安定了秦国的江山，施大德于百姓，终于打败了周围的强敌，拓展了秦国的国土。吴起服事楚悼王，严禁以私害公，以谗蔽忠，听建议不取苟合者，决策时不取面谀者，行动不怕艰险，行义不避危险，为了使楚国称霸，任何灾难都不怕。大夫文种服事越王勾践，国君即使陷入险境，仍竭尽忠诚而不懈怠；国君即使濒临灭亡，仍竭尽其才而不离开。在成功面前不炫耀，在富贵面前不骄纵。像这三个人，实在是把义和忠都体现到极点了。所以君子为大义而死，视死如归，宁可光荣地死去，也不苟活。读书从政的人本来就有杀身以成仁的志气，只要义在其中，死无所恨，哪还有什么不可以的呢？"

蔡泽见范雎不中计，便继续向他进攻说："国君圣哲，大臣贤明，这是天下的福气；国君明智，大臣刚直，这是国家的福气；父亲仁慈，子女孝顺，丈夫诚实，妻子忠贞，此为家庭的福气。比干竭尽忠诚而不能挽救殷商的灭亡，伍子胥智勇过人而不能保住吴国的国运，申生恪守孝道，而晋国内乱犹生，这几个人都是忠臣孝子，而国家仍免不了混乱衰亡，这是什么道理呢？就是因为没有英明的国君和贤良的父亲听从臣子的建议，所以天下人以其君行为辱，非常怜悯他们的臣子。公孙鞅、吴起、大夫文种作为臣子是对的，而他们的国君是错的，因此天下人讥笑他们虽效力而无利于国，难道他们也希望有这种不遇世而死的结局吗？若大家都在被害以后博得忠孝的名声，那么微子也就谈不到仁人了，孔子也就够不上圣人了，管仲亦非伟大了。人们要建功立业，难道不想彻底实现吗？既保住了自己，又留下了美名，这是最好的；有了令人效法的美名，却身遭不幸，这是次一等的；名声被人们诟骂，但却保全了生命，这是最下等的。"

范雎见蔡泽说得合情合理，自然为之折服，室内出现了友好、融洽的气氛。

蔡泽略微停了一会儿，又接着说："公孙鞅、吴起、大夫文种，他们作为人臣，竭尽忠诚，建功立业，那自然是您所钦敬的了，而闳夭效命周文王，周公辅佐成王，难道不也是尽忠到家了吗？用君臣关系来评论，公孙鞅、吴起、大夫文种和闳夭、周公来比，孰人更令人仰慕呢？"范雎回答："公孙鞅、吴起、大夫文种不及他们。"蔡泽说："那么，您的国君在仁爱忠良，宽待老臣，对贤智与有道之人亲密无间，与功臣永不背信弃义此等方面，跟秦孝公、楚悼王、越王勾践比较，谁更好一些呢？"范雎回答："我不知道怎么说才好。"蔡泽说："如今秦国的国君在亲近忠臣方面不比秦孝公、楚悼王、赵王勾践，而先生您在献智谋、除危难、修国政、平祸乱、开荒种地、富国强兵以及提高国家和君主的地位，使国君名扬海内、功显万里，世世代代永留芳名等方面，能不能比得上公孙鞅、吴起和大夫文种呢？"范雎回答："比不上。"

蔡泽说："现在国君在亲近忠臣、不忘老臣方面不比秦孝公、楚悼王和勾践，而先生您在为秦国建功立业以及取得国君亲近和信任方面也不比公孙鞅、吴起和大夫文种，可是您却处于极尊贵的地位，享有很高的俸禄，个人的财富也超过了这三个人，至今仍不急流勇退，恐怕您遇到的灾难比他们三个人还要厉害，我暗中为您担忧啊！俗话说'太阳移到天中央就要往西坠，月亮到十五满盈时就要转亏'，事物

发展到极点，便趋于衰落，这是天地的规律。进退损益，都得根据形势的发展相应地进行变化，这是圣人遵守的原则。所以说：'国家治理有方则出仕，治理无方便退隐'。子曰：'龙飞天际，利于辅佐在上位的大人'，又说：'如果是不合道义的富贵，于我如浮云'。现在您以往的仇怨已经了结，有恩于您的已经报答，欲望都达到了，却不及时他图，我私下认为这是不可取的。翠鸟、鸿鹄、犀牛、大象，就其处境来说不是轻易就会死的，而它们之所以死了，就是因为容易受到诱饵的迷惑；凭着苏秦、智伯的智慧，并非不能避开屈辱和死亡的威胁，而他们之所以遭杀身之祸，就是因为利欲熏心，贪婪而不能节制。所以，圣人制定礼仪，节制欲望，取民之财有一定限度，用民之力不违背时节，并且适可而止。圣人的欲望不过分，行事不骄纵，不背于事理，这样统治地位也就代代相传，从不中断。从前齐桓公九次会盟诸侯，匡正天下，至会于蔡丘之时，有点志骄意满，于是九个国家都背离了他。吴王夫差的军队可以说天下无敌，他凭此优势，蔑视诸侯，侵凌齐、晋，因此被杀身灭国，夏育（周时卫国的勇士，能力举千钧）和太史（战国时齐人，其女为齐襄王后）叱咤一生，震骇三军，却为无名庸夫所杀，这都是因为他们处于高位时不能奉行道义，不能屈威谦下，生活不节俭造成的悲剧啊！

"公孙鞅替秦孝公制定法令，杜绝了产生奸邪的祸根，有功者必赏以爵位，有罪者必加以惩罚。统一度量衡，调节货币使用，废阡陌，开井田，使百姓统一习俗，休养生息，鼓励务农，开发土地，一家有两个以上成年男子，必须分室而居。除了耕田积谷，便是练习作战。因此只要兵戈一动，就能扩大领土，兵戈休止，国家便能富强。在公孙鞅的治理下，秦国天下无敌，称雄诸侯。但他在大功告成后，竟遭到车裂的酷刑。

"白起率领数万军队与楚作战，一战而取鄢、郢，火烧了夷陵；二战又吞并了南边的蜀郡和汉中。同时又越过了韩、魏，攻打强大的赵国，大败马服子赵括，使赵国40万军队，统统坑杀于长平之役。战场上杀声如雷，血流成河。接着秦军又包围了邯郸，使赵国受到灭国的威胁。白起为秦国建立帝业，发挥了奠基的作用。楚国和赵国本来都是天下的强国，秦的死对头，从此以后，楚国和赵国都被秦国所慑服，再也不敢与秦争锋了，这个有利形势都是白起造成的。他征服了70多座城市，立下功勋之后，秦王却赐给他宝剑，逼着他在杜邮自杀了。

"吴起为楚悼王制定法令，削弱大臣的权势，罢黜无能无用的官员，废冗员，杜私门，统一楚国的习俗，禁止游手好闲之辈，精选既能耕地又能作战的士兵。南征扬、越，北并陈、蔡，破坏了连横，拆散了合纵，使纵横之士缄其口。禁止结党营私，安定楚国的政事，声震天下，威慑诸侯。大功告成之后，吴起竟遭到肢解的刑罚。

"大夫文种替越王勾践出谋划策，消除了会稽被吴军包围的危险，在亡国中求生存，在屈辱中图再生，吸收流民，充实城邑，开荒种谷，率领四方的百姓，集中朝野的人力，辅弼勾践，报仇雪耻，终于打败了吴国，使越称霸。在大夫文种的功劳彰明天下之后，勾践却抛弃了他，杀掉了他。

"以上四人都是因为功成而不离去，才遭受如此的惨祸。这就是所说的能伸而不能屈，能进而不能退的惨痛下场。范蠡深知这个道理，功成之后，超脱宦海，经商致富，博得个陶朱公的美称，逍遥自在，得以颐养天年。

"您没有看到掷骰子的吗？有的人想押大注，取得全胜，有的人想小注分押，分胜者的果实，这都是您明了的事。现在您做秦国的相，为国君出谋划策，连屋都不出，连坐席都不用离开，就能制服诸侯，占有三川之地来扩充咸阳，攻下羊肠险要之地，堵住太行来往的通道，斩断范氏、中行氏的归路，使六国无法合纵，修千里栈道，直通蜀郡和汉中，使天下人都害怕秦国。秦国的目的完全实现了，您的功劳也达到了登峰造极的地步，这正是秦国分胜者果实的时候了，若是您还不及时退下来，那么等待您的只有公孙鞅、白起、吴起、大夫文种的下场了。我闻'用水来对照，能看见自己的面容；用人来对照，能知道自己的吉凶。'《书经》上说'在成功的下面，不能处得太久'。若临于前四子之祸，君又当何处？

第 六 章

帝王智囊，功成身退
——张良

　　张良，字子房，汉族，传为汉初城父人，也有说为阳翟人。张良是秦末汉初谋士、大臣，祖先五代相韩。秦灭韩后，他在博浪沙狙击秦始皇未成功。逃亡至下邳时遇黄石公，得《太公兵法》，深明韬略，足智多谋。秦末农民战争中，聚众归刘邦，为其主要"智囊"。成为汉王朝的开国元勋之一，"汉初三杰"（张良、韩信、萧何）之一。以出色的智谋，协助汉高祖刘邦在楚汉之争中最终夺得天下。

偶遇伯乐

张良，字子房，生于战国末期韩国城父 (今安徽亳县东南)，贵族之后，祖父张开地曾相韩昭侯、韩宣惠王、韩襄王；父张平继之又相韩僖王、韩桓惠王。

秦王政 (始皇) 十七年 (前 230)，秦灭韩。其时，张平已死，张良年少未仕，其家仍有童仆 300 余人，不失为高门大族。旧天堂的毁灭，使他像通常的贵族遗少一样，胸中燃烧着复仇的烈火。他试图行刺秦始皇，来为韩国报仇。然而，为泄一己私愤而横冲直撞，只落得事败身危，却丝毫无改于天下大势。这是历史的必然。但是，无论天道、人事，必然中又伴随着许许多多的偶然。张良于走投无路之时，在下邳巧遇黄石公，便是一种"偶然"给他的命运带来转机，使他的学业大有长进，为日后辅佐帝王打下基础。我们不妨录下这个富有传奇色彩的故事：

一日，张良闲步下邳桥头，见一老人失履桥下，回头呼叫张良："孺子，下取履 (鞋)。"张良强忍心中不满，替他取了上来。随后，老人又跷起脚来，命张良给他穿上。对待这个带有侮辱意味的举动，具有不同涵养的人会做出不同反应。起初，张良也曾受潜在的贵族意识驱使，凭着青年人的血气之勇，欲挥拳殴击老者。但是，终因他已久历人间沧桑，饱经漂泊生活的种种磨难，胸怀广远之志。他居然屈下身来，为老人穿上鞋。老人长笑而去，走出里许之地，又返回桥上，赞曰："孺子可教矣。"老人约他五日后的凌晨再在桥头相会。五天后，老者故意提前来到桥上，反而不高兴地责备张良："与老人约，为什么误期？五天后再来！"五日后，张良索性于午夜前去等候。他通

过考察。其至诚和隐忍精神感动了老者，于是老者慨然赠他一件无价之宝——《太公兵法》。这位老者就是传说中的奇人：隐身洞穴的高士黄石公，也称"圯上老人"。从此，张良日夜研习兵书，为造就栋梁之材迈出了重要一步。在这个过程中，机遇固然重要，天资也是不可轻视的，而"至诚"、"刻苦"则是必备因素。

10 年读书和游历，使张良广泛接触到社会的方方面面，成为他汲取智慧的源泉，而其所看到的变幻难测的世态人情，又帮助他深深领悟了《太公兵法》的精妙。在这颠沛流离的 10 年中，旧的贵族偏见有时还限制着他的视野。但是，统治阶级中的明智人物，一旦脱胎换骨，从旧的营垒中冲杀出来，却往往对世界看得特别清楚，其思想也锤炼得更为犀利。

公元前 210 年，秦朝历史上又发生了一个重大事件，一代杰出帝王秦始皇暴病而亡。二世胡亥窃位登基。从此，秦王朝的政局急转直下，各种社会矛盾错综复杂地交织在一起。仅历一年，即秦二世元年 (前 209) 七月，政治风波骤起，陈胜、吴广在大泽乡揭竿起义。在革命风暴的裹挟下，形形色色的人物纷纷出现，张良也凭借着这一广阔的社会舞台，得以大展其才。

秦二世二年 (前 208) 正月，景驹在留县自立为楚王，张良率众前往投靠。哪知，途中偶遇沛公刘邦统率千人略地下邳。两人一见倾心，遂称张良为厩将。张良数以《太公兵法》进说刘邦，刘邦每每心领神会，并能虚心采用其策。张良忍不住喟然兴叹："沛公似是天授英主，天成其聪颖！"

这次不期而遇，又是张良成就一生功业的转折点！在中国古代，虽然有所谓"君择臣，臣亦择君"的名言，但是，由于人们活动范围的狭小和眼光的短浅，选择是受到很大限制的。在相当程度上，一个人的成败要取决于际遇，或者说是"命运" (如果不把"命运"说作神秘主义的注解，便不应直斥为纯粹的唯心论，它可作为"际遇"的代名词)。正由于这种特殊的机遇，使他有幸投靠超凡的政治家刘邦，而不是刚愎自用的项羽，或者是徒有虚名的其他人物。从此，君臣相得，如鱼得水；一个是豁达大度、从谏如流，另一个则是智谋过人、屡出良谋。

强攻智取

秦二世二年（前208）六月，项梁拥立原楚怀王的孙子熊心为楚怀王。张良心存故国，忙对项梁提议说："君既已立楚王后人，而韩王诸公子中以横阳君成最贤，可立为王，借以多树党羽。"项梁依议，寻得韩成，立为韩王并任命张良为司徒。张良同韩王率兵千余人，西略韩地（指战国时的韩国地盘），在颍川（今河南中部）一带流动作战，时而攻取数城，时而又被秦兵夺回，迟迟未能开创大局面。

秦二世二年末，楚怀王命项羽、刘邦分兵西伐秦。刘邦取道颍川、南阳，准备从武关攻入关中。

秦二世三年（前207）四月，刘邦行至颍川，又同张良合兵一处，接连攻取10余城。刘邦命韩王成留守此地，自与张良率师南下。

同年六月，刘邦大破秦南阳军，逼使南阳太守退守宛城。此时，刘邦灭秦心切，企图绕道而过，直扑武关。张良仔细一想，刘邦当时实力弱小，不可进取京城临大敌！再说，眼前的南阳郡治宛城，本是秦朝统治的一个重要据点，也是沛公军脚下的一根钉子，欲拔除它，轻易可取；越而攻之，则贻害非浅，正犯了兵家的大忌。正确的用兵之道，只能是稳扎稳打，一方面与各地盟军合作，一方面在西进中逐步发展壮大自己的力量。据此，张良向刘邦献策说："沛公虽欲急入关，秦兵尚众，距（据）险。今不下宛，宛从后击，强秦在前，此危道也。"刘邦心有灵犀，一点即通，立刻偃旗息鼓而还，于破晓前赶至宛城，重重包围。沛公又采纳陈恢建议，以攻心为上，下令招抚南阳太

守，赦免宛城吏民。在大军压境的局面下，南阳太守有了活路，当然甘愿献城投降。刘邦如约封他个"殷侯"的爵衔，只是空头称号，无需封地付银，十分上算。因这一招棋得力，满盘随之皆活，全郡数十城群起效尤，迎风而降。南阳本是大郡，人口众多，财富丰饶。刘邦在此招兵买马，储草备粮，兵力很快发展到2万余人。

与此同时，北路正进行巨鹿大战，章邯所率秦军主力投降项羽。秦朝的军事支柱倾倒之后，兵力越发枯竭，四方救援不灵。这又造成南北呼应之势，为刘邦顺利进军扫除了障碍。兼之，刘邦所过严禁掳掠，秦民皆喜，自然是得道多助，师行迅速。是年八月，刘邦便攻破通往关中的重要门户：武关，挺进秦朝腹地。

秦朝南北两线的军事失利，迫使统治阶级内部的矛盾激化，狗撕猫咬日重一日。秦相赵高自知罪责难逃，干脆杀死了二世胡亥，拥立子婴为秦王。赵高又遣使与刘邦通谋，妄想里勾外连，分王关中。刘邦既已胜利在望，岂肯信此诈谋，再分给秦朝权臣一杯羹。他仍旧遵照张良部署，乘胜西进。

同年九月，刘邦麾军趋至峣关。倚山天险，是通往秦都咸阳的咽喉要塞，也是拱卫咸阳的最后一道关隘，秦派遣重兵扼守此地。刘邦赶到关前，便要驱动2万士卒强行仰攻。张良却连连摇头说："秦兵尚强，不可轻举妄动。"刘邦着急地询问应敌之策，张良想了一个逢强智取的方案："臣闻其将屠者子 (守将是屠夫的儿子)，贾竖易动认利 (商贾小人唯利是图，可用财宝打动)。愿沛公且留壁中 (暂且在壁垒中按兵不动)，使人先行，为5万人俱食 (增修5万人的炉灶和用具)，益为张旗帜诸山上 (在各山上多树军旗，虚张声势)，为疑兵。令郦食其持重宝 (收买) 秦将。"刘邦闻计非常高兴，立即调拨将士分头部署，并派能言善辩的谋臣郦食其、陆贾前往秦营，行施贿赂，伺机劝降。秦将见敌兵遍布山野，一时不明虚实，先已畏惧起来，且又贪恋金钱财帛，打算倒戈，许与刘邦合兵掩袭咸阳。

刘邦得知秦将中计，以其政治家的果决，当即投袂而起，欲与秦兵联合西进。张良却以谋略家的深沉，又向前进谏说："此独其将欲叛，恐怕其部下不服从。不如因其懈怠而击之。"刘邦欣然采纳，引兵绕过崤关，穿越黄山，大破秦军于蓝田。因出其不意，遂能首战告捷，一直推进到灞上 (今陕西西安市东)，威逼秦都咸阳。

汉元年 (前206) 十月，秦王子婴战守无方，不得不乘着白马、秦车，携带皇帝印玺符书，开城出降。偌大秦王朝，一旦走上下坡路，竟崩溃得如此迅速，这不能不为执政者引作前车之鉴。

刘邦在不足一年的时间里，竟然长驱直入，轻而易举夺取关中，推翻暴秦。这固然因为秦朝的腐朽和项羽等盟军转战河北诸地，牵制了秦军主力，打击了各郡县的地方武装，使刘邦在西进途中未遇强敌。但是，若无文臣武将的强攻智取，特别是张良的正确战略战术的指导。要想顺利地夺关斩将，取得如此神速的胜利是根本不可能的。

进谏刘邦

推翻暴秦，刘邦逐鹿中原初步告捷。尽管如此，胜利也极易冲昏庸夫俗子的头脑，连刘邦那样杰出的政治家也难免为之倾倒。他初入秦宫，就目迷五色，贪恋宫室、狗马、财宝和美女，有心追享富贵尊荣。对此，部下许多人很担心。武臣樊哙犯颜强谏，直斥他"要做富家翁"。可惜，这种简单的劝谏，无法说服刘邦。

张良深知，就很多人来说，度过安乐关甚至比度过生死关更难。生、死的含义是绝对的，而安乐意味着死亡，这却是不清楚的、容易被人忽略的。对于通常所说的"儿女情长，英雄志短"，人们虽然予以嘲讽，但又往往谅解多于反感。因此，要使刘邦放弃狗马声色，必须设法使之"心动"。所以，他巧妙地劝道："往日秦为无道，沛公才得以至此。倘欲为天下除残去暴，理应布衣素食。现今始入秦地，就要

坐享安乐，岂不是'助桀为虐'。俗话说：'忠言逆耳利于行，良药苦口利于病'。愿沛公听从樊哙等人的话。"张良表面看心平气和，但话中对古今成败的揭示以及"无道秦"、"助桀为虐"等苛刻字眼，却适足刺痛刘邦差点沉醉的心。这比气愤地斥责，要更加深刻、更易为人接受。这种紧打慢唱的手法，正是谋臣进谏的艺术。

然而，也切不可夸大辩士们的口舌之劳。要知道，此时此刻，文武同道，相辅相成，才是谏净成功的关键；而刘邦的明智也是不可忽视的内在因素。他终于封存秦朝宫宝、府库、财物，还军灞上，以待项羽等各路起义军。

其间，刘邦等人采取了一系列有深远政治影响的政策。他召集诸县父老豪杰，与之约法三章："杀人者死，伤人及盗抵罪。"并扬言："余悉除去秦法。诸吏人皆安诸如故。凡吾所以来，非有所侵暴，勿恐。"另外，又派人与秦吏一起巡行县、乡、邑，晓谕此意。结果，"秦人大喜，争持牛羊酒食献飨军士。沛公让不受，曰：'仓粟多，非乏，不欲费人'。人又益喜，唯恐沛公不为秦王。"这些安民措施，为沛公刘邦获取了民心，对于他日后经营关中，并以此做根据地与项羽争雄天下，打下了良好的政治基础。

转危为安

秦亡之后，天下权力如何在几股反秦势力之中分配，围绕这一问题，又引起了新的争夺。其时，最有实力者当首推项羽，其次是刘邦。所以，正确处理同项羽的关系，就成为刘邦的当务之急。

当初，刘、项的"共主"楚怀王曾经定下约定："先入关中者，王之。"刘邦虽然抢先入关灭秦，但他在摧毁秦王朝的军事力量方面，根本不可与项羽的战功相比。早在两路分兵时，怀王及其左右将校偏袒刘邦，故意使刘邦为其易，取道南路；而使项羽为其难，取道北路，遇秦主力。巨鹿大战缠住了项羽。影响了其前进的步伐，但却大大减轻了刘邦的军事压力。因此，刘邦想要称王关中，号令群雄，在政治上独居霸主地位，不可一世的项羽是绝不会接受的。更为重要的，是双方实力的对比相差很大。巨鹿战后，项羽收降、改编了秦朝的军队，后来项羽恐秦朝降卒军心不稳，入关后发生变故，于是把秦朝降卒 20 万人统统坑杀在新安 (在今河南渑池城南)，吸收了沿途的兵民，一时军威大振，兵力迅速发展到 40 余万 (号称百万)，而刘邦直至灭秦之后，所有兵力仅有 10 万 (号称 20 万)。论将才，项羽本人力可拔山，威风凛凛，其麾下又聚集着许多第一流人才：骁勇善战者有黥布、龙且、钟离昧等等；智略超群者有范增、陈平诸人，实在是猛将如云，谋士如鲫。刘邦虽然机警有余，可惜其勇武不足，他的手下周勃、灌婴、樊哙之辈，当时的声威也不及黥布、龙且、钟离昧等人。刘邦最大长处是知人善任和恢宏大度，这尽管是最重要的政治素质，但并不能靠它无条件地扭转乾坤，而只能慢慢地积蓄力量，逐渐改变力量对比。

秦斤权

在强弱不敌的形势下，刘邦一度误用下策。有人向他建议："关西之富，胜过天下十倍，而且地形险要。现在章邯投降项羽，项羽封之为雍王，令他称王于关中。章邯来，沛公恐不得占有此地。现应抓紧时机，派兵驻守函谷关，不要放诸侯军进来。然后征集关中士卒，壮大自己力量，以与项羽抗衡。"刘邦从其计，背着张良，擅自派兵扼守函谷关要塞。这样一来，就使楚汉原已存在的矛盾迅速表面化。

项羽率兵来到函谷关时，见关门紧闭。又见关上刘邦守军，不由

得十分生气，遂命英布督军强攻。十二月，项羽军击破函谷关，进驻新丰、鸿门（两地均在今陕西临潼东北）。紧接着秣马厉兵，欲与刘邦决一死战。

项羽的谋士范增对项羽说："昔日刘邦是个贪财好色之徒。这次入关以后，他却不贪财宝，不近女色，可见其志不小。务必速取之，勿使良机坐失。"

谁知项羽剑拔弩张要消灭刘邦之事，却惊动了项羽的叔父、张良的好朋友项伯。项伯欲报答张良的救命之恩，坐卧不安，便决定给张良通风报信。

当天夜里，项伯骑马偷入汉营。他找到了张良，把项羽的计划和范增的主张一五一十地告诉了张良，并劝张良赶快逃离刘邦，不要待在此处等死。

张良头脑冷静，足智多谋。他听了项伯的话，不动声色，平心静气地说："我奉韩王之命，送沛公（刘邦）入关，现在沛公有急，我偷走不合义理，理应告知。"项伯听了张良一番入情入理的话，更钦佩其为人，遂答应张良的要求。于是张良马上来到刘邦那里，把项伯的话告诉了他。刘邦听了大吃一惊。

张良问刘邦："您估计，您的士卒可以抵挡住项羽的大军吗？"

刘邦沉默了一会儿，说："实在不能。但是有何计？"

张良说："为今之计，只有靠项伯挽回。请您去告诉项伯，说您不敢背叛项羽。"

刘邦不愧是一代人杰，既善于随机应变，又能伸能屈。他问张良："你跟项伯有交情吗？"张良告知旧事。

刘邦又问："你跟项伯孰长？"

张良说："项伯比我大。"

刘邦说："那就把他请来，我以兄长待之。"

于是张良出来，去请项伯，劝他无论如何去见一见刘邦。项伯本来无此打算，只想把张良带走，难却情面，只好随张良一起去见刘邦。

刘邦见项伯到来，像见到老相识一样，设宴款待。他先尊项伯为兄长，与他结为婚姻之好，然后委婉陈词说："我入关以后，清查了户口，封存了府库，一点不敢私取，只等项将军的到来。我之所以派兵守函谷关，主要是为了不让盗贼乱兵出入，以防不测。我拿下咸阳以后，日日夜夜盼望项将军到来，以便移交，哪能谋反呢？还是请您把这些情况如实告诉项羽。"刘邦的一番巧舌诡辩，项伯竟信以为真，满口答应刘邦的要求，并对刘邦说："明日一早，您务必亲自去向项羽说明，表示歉意。"刘邦只好同意了。

项伯回营将刘邦之言尽禀项羽，并说："如果不是刘邦先攻入关中，你怎么能这么快就入关呢？人家现在立了大功，你不但不赏，反而要进攻人家，这是多么不义呀！你应该乘机好好笼络他才对。"项羽本来就是一个四肢发达，头脑简单之人，项伯的一番说辞，他听了觉得甚对。为进一步验证，他决定明日刘邦来营之后，当面责问，再做决定。

第二天清晨，刘邦带领张良、樊哙和百余骑兵来到鸿门，见面之后，刘邦开门见山，单刀直入，向项羽赔罪说："我和将军戮力攻秦，您横扫黄河以北，我转战黄河以南。未料我竟然能首先攻入关中，推翻暴虐的秦朝，在这里跟您重逢。我们兄弟相会，这本来是一件大喜事。不料如今竟有小人从中挑拨离间，使我们之间发生误会。"刘邦这话说得有理有节，依据先前怀王所定，刘邦进关也是名正言顺，并无非分之处，相反项羽倒有违约之嫌。这"小人"二字，自然转骂到项羽头上。项羽却并不具备一般政治家强词夺理的气质，又无随机应变的才干，一旦窘迫，竟露出底牌，脱口说道："这是沛公的左司马曹无伤对我讲的，说你欲王关中，令子婴为相。不然，我怎能如此。"

于是项羽请刘邦赴宴。席间，范增多次向项羽使眼色，并屡次举起佩带的玉玦向项羽示意，要他下决心杀掉刘邦。可是项羽毫无反应，依旧饮酒。张良对席间局面了然于胸，暗暗思考着应对之策。

范增见项羽无意杀掉刘邦，又不愿失去大好时机，就离开宴席，叫来大将项庄，授意他去舞剑助兴，伺机击杀沛公。于是项庄按范增的吩咐在宴席上舞起剑来。然而这个用意又被项伯看穿了，他也拔剑

起舞，并用身体时时掩护刘邦，使项庄无法下手。

张良见形势紧迫，便急忙辞席去找樊哙，对樊哙说："项庄舞剑，意在沛公。"命他速去救驾。樊哙一听事情如此紧急，便一手握剑，一手拿着盾牌，撞倒军门卫士，闯进帐内。但见他怒发冲冠，圆睁双眼，瞪着项羽。项羽见状大惊，慌忙问道："这是什么人？"

张良说："此为沛公的参乘樊哙。"

项羽不住口地称赞说："壮士！快赏酒！"

樊哙接过酒，站着一饮而尽。

项羽见樊哙如此豪爽，欣然说道："赏他一只猪腿！"

樊哙把盾牌放在地上，放上猪腿，用宝剑边切边吞。不一刻工夫，一只猪腿便到了樊哙的肚里。项羽愣住了，又问樊哙："壮士，还能喝酒吗？"

樊哙镇定自若，大声回答："我死都不怕，何畏喝酒！"

项羽大惊道："这话是什么意思？"

樊哙接着说道："昔日，楚怀王和诸侯有约在先：谁先攻入咸阳，谁就称王。现在沛公首先打败秦兵攻入咸阳，毫毛不敢有所取，封闭所有的宫室，驻军灞上，等着大王前来主持。沛公这样劳苦功高，你不但不封赏，反而听信谗言，要杀害有功之人，这不是重蹈秦朝灭亡的覆辙吗？我认为这太不对了！"

听了樊哙一番理直气壮的回答，项羽瞠目结舌，自觉理亏，没话回对，只是连声向樊哙让座。樊哙这才坐在张良身边。

刘邦见气氛有所缓和，知道此地不可久留，正好可借机脱身。便向项羽说道："大王，我去茅厕方便一下。"

项羽已有几分醉意，也不多想，便摆了摆手。刘邦立即离开了宴席。张良、樊哙跟着出来。樊哙对刘邦轻声说："马已备好，请沛公快点离开此地。"

刘邦说："不辞而别，这样合适吗？"

张良说："大行不顾细节，大礼不辞小让。如今人方为刀俎（菜刀和砧板），我为鱼肉，随时有被宰的危险，怎么还顾得上告辞。"

刘邦又说："我这一走，你怎么向项羽交待？"

张良说："您只管与樊哙脱身，我自有良策。"

于是，刘邦由樊哙等人护驾，抄小道，轻骑简从，向灞上狂奔而去，留下张良与项羽等人虚与委蛇。

张良推算刘邦一行已到了军营，乃从容返回大帐。项羽问道："沛公去哪儿了？"

张良从怀中取出白璧一双，玉斗一对呈上道："沛公已醉，怕失礼仪，不能辞行。他让我把白璧一双恭献大王，玉斗一对敬献亚父。他见您和您手下的人有意作对，所以一个人走了。这个时候已经回到军中。"

项羽接过白璧，边赏玩边说道："嗨！沛公也是，为何不辞而别！"

张良道："大王与沛公情同手足，只是大王部下有人与沛公有矛盾，想将沛公杀害，嫁祸大王。大王初定天下。正应宽厚待人，仁义天下，不应疑忌沛公。沛公若死，天下之人必讥笑大王，大王何必坐受恶名，譬如卞庄刺虎，一计两伤，沛公不好明言，只好脱身避祸，静待大王自悟。大王圣明，一旦醒悟自然理解，就不会怪罪沛公不辞而别。"

项羽本来多疑。听了张良言语，反疑范增，双眸凝视范增多时。范增因计未成，本已心中十分懊恼，再见项羽凝视自己，不禁怒气冲天，突然站起抓起张良敬献的那双玉斗，摔在地上，拔出宝剑，一剑击得粉碎。随后气愤地走出大帐。帐外，他仰天长叹："唉！竖子无知，不足与谋，日后取得江山者必是刘邦！我们就等着做他的俘虏吧！"

刘邦一回到灞上，马上命人将曹无伤押来。刘邦脸色铁青，大声说道："曹无伤，你可知罪？"

曹无伤见事情已经败露，非常恐惧，"扑通"一声跪倒在地，连连求饶："沛公饶命，沛公饶命！"

刘邦道："你怎敢出卖于我，我待你不薄，没想到你竟然吃里扒外陷害于我，你还有何话可说？"

曹无伤泣涕连声打自己脸求饶道："我不是人，我不是人，我对不起沛公，对不起众位弟兄！"

刘邦说道："你这个吃里扒外的东西，编造谎言，险些置我于死

地，若不杀你，天理难容！来人，将曹无伤推出帐外，枭首示众！"

曹无伤立刻被处死了。

几天以后，项羽带领人马向西进发，屠了咸阳城，杀了子婴，放火烧毁了秦朝的宫室，包括绵延300公里的阿房宫在内，大火三月不灭。并把秦宫的财物美女劫掠一空，富丽堂皇的咸阳城一下子变得满目苍凉，成为一片废墟。关中百姓目睹项羽的所作所为，愈加仇视项羽，拥护刘邦。

是时，韩生向项羽建议说，关中地区乃天府之国，左有崤山函谷之天险，右有陇蜀山脉之屏障，西有千里草原可以放牧，东有肥沃土地可以取粟。海内无事，可经黄河、渭水将关东物资源源输入；天下有变，可乘舟而下，兵击四方。如果在此建都，霸业可成。

但项羽见咸阳宫室被大火烧得破败不堪，又思念家乡，不同意在关中建都。他说："富贵不还乡，如衣锦夜行，谁能知道呢？"弄得韩生哭笑不得。后来韩生对人说："人们都说楚人是沐猴而冠，果真如此。"意思是说项羽徒具人形而没有人的思想。有人将韩生的话报告了项羽，项羽暴跳如雷，立刻命人把韩生烹死了。

项羽又派人去见楚怀王，要求更改以前的盟约。但是楚怀王不同意。项羽非常生气，下令把他迁往江南，建都郴县（今湖南郴县）。表面上仍尊称他为"义帝"，实际上却削除了他的权力。为了报复楚怀王，项羽还把怀王的土地分封给了诸侯。

智取西楚

公元前206年二月，项羽自立为西楚霸王，定都彭城（今江苏徐州市）。项羽和范增意欲限制刘邦的发展，以巴蜀也是汉中之地为借口，封刘邦为汉王，统领遥远的巴、蜀地区，建都南郑 (今陕西汉中)。为了牵制刘邦，阻止他东进的道路，又把关中一分为三：把秦朝降将章邯封为雍王，统领咸阳以西，建都废丘 (今陕西兴平东南)；封司马欣为塞王，统率咸阳以东，黄河以西，建都栎阳 (今陕西临潼东北)；封董翳为翟王，统领上郡 (今陕西北部地区)，建都高奴 (今陕西延安)。另封关东 14 诸侯，项羽自为西楚霸王。

刘邦见项羽违背盟约，愤愤不平，要出兵攻打项羽。萧何认为时机尚不成熟，乃谏阻道："巴蜀之地虽然险恶，但总比白白送死好！"

刘邦不以为然，反问道："怎么会是送死？"

萧何分析说："现在敌众我寡，项羽士气正旺，在此情况下作战，必败无疑，岂不自取灭亡。与其如此，大王为什么不暂屈于一人之下，而取信于万人之上，像昔日商汤、周武王那样。臣请大王暂居巴、蜀之地，养精蓄锐，招贤纳士，待时机成熟，再还师平定三秦，与项羽一争高下。"

武将周勃、灌婴、樊哙也纷纷前来劝解，张良也支持萧何的意见，刘邦才罢休，不再提进攻项羽之事。

为了表彰张良，汉王刘邦特赐给他黄金百镒 (20 两或 24 两为一镒)，珍珠二斗。张良一心为刘邦着想，把赏赐全部转赠给了项伯。刘邦闻之，又给张良许多财宝，让他去送给项伯，请项伯在项羽面前为刘邦请求汉中之地。项伯见利忘义，立即前去为刘邦说情，项羽果然答应。这样，汉王就将秦岭以南三郡连成一片，据为己有，定都南郑 (今陕西南郑东北)。

巴、蜀、汉中，土质肥沃、物产丰富，士民众多。然而，由于地理隔阻，交通闭塞，进出十分艰难，欲从此东进，有诸多不便。所以，历史上的有为之主，在实力雄厚时，一般不拘泥于此地。项羽封刘邦为汉王，正是想借此遏制他向东扩展。可是，巴、蜀、汉中也有地理的优势——易守难攻。如果军力不足以争霸天下，退居此地自保，渐渐积聚力量，倒是一方宝地。汉王刘邦当时正需扩张实力，所以刘邦、萧何、张良等人才决意西就封国。

是年四月，诸侯各回封地，刘邦分及 3 万人马，而投奔者无数。张良一心惦念着韩王成，不能跟随刘邦到南郑，但又很是牵挂。于是他决定先送刘邦，然后再去阳翟。他们经过杜县 (今陕西西安东南)，南入蚀中 (今西安南，即子午谷)。张良一直送至褒谷 (在今陕西褒城)。

褒谷又叫褒斜道，处崇山峻岭之中，山高谷深，山势陡峭，绵延数百里，中间有褒水流过，历来是自陕入川的南北通道和兵家必争之地。因悬崖绝壁，无路可行，人们就在半山腰的石壁上凌空搭建栈道，真可谓一夫当关，万夫莫开。刘邦见山高路险，劝张良不要再送。张良只好同意了。临分手时，张良指着山腰的栈道对刘邦说："您走后应烧之。这样既可以防备诸侯攻打巴蜀，又向项羽表了忠心，使其麻痹。"这就是一向传为美谈的"明烧栈道"的妙计。刘邦依照张良的嘱咐，果然放火烧掉了栈道。

张良回到韩国后才知道，因为张良辅佐了刘邦，引起项羽的忌恨，所以项羽不让韩王成到封国去，而是把他带到彭城。项羽到达彭城后，又把韩王成降为穰侯，没过多长时间便把他杀死了。

这时，由于项羽分封不公，加剧了诸侯之间的矛盾。田荣首先在齐国起兵反抗项羽。陈余没有被封为王，也对项羽不满，便跟田荣联合起来对付项羽。这年八月，汉王刘邦采纳了韩信的建议，乘机"暗渡陈仓"，出兵关中，打败了雍王章邯，塞王司马欣、翟王董翳也先后投降了刘邦。刘邦还出兵武关。项羽闻讯后甚恐，一方面出兵阳夏 (在今河南太康)，一方面封郑昌为韩王，以便对付刘邦。

张良生怕项羽去攻打刘邦，就给项羽写信说："汉王名不副实，所以他想得到关中；只要按当初的约定得到了关中，他决不敢再往东扩张。"张良还把田荣与陈余联合起来企图反抗的事告诉了项羽，转移了项羽对刘邦的注意力，使项羽放松了对刘邦的警惕，集中兵力去攻打田荣。

公元前 205 年十月，张良回到汉中，被刘邦封为成信侯。那个时候，刘邦已经收复关中，建都栎阳 (在今陕西临潼北)；田荣已经战败被杀，田荣的儿子田广立为齐王，继续对抗项羽。

项羽知道汉王刘邦已经向东推进，然而也无法脱身，便想先击败田广，平定齐地，然后再去打击刘邦。这也给了刘邦以可乘之机。

这年四月，刘邦统率 56 万大军经过洛阳到达外黄（在今河南兰考东南）。原来跟田荣联合、反对项羽的彭越，此时也率领 3 万人归属刘邦，刘邦封他为魏相国，转战梁地，自己亲率大军径直攻取彭城。

项羽听说以后，急忙率领 3 万精兵回师彭城。在军师范增的精心谋划下，项羽凭借 3 万精兵大败刘邦的数十万大军。汉军死伤 20 余万人，刘邦只率领数十名骑兵逃到下邑（今江苏砀山）。

这一仗不仅使刘邦的主力受到意料之外的重大损失，而且连先前投降刘邦的诸侯王也纷纷倒戈，又投靠了项羽。刘邦无法，便说："关东地区我不要了。谁能为我立功破楚，我就送给他。"张良说："九江王黥布，是楚国的猛将，他和项羽隔阂很深；彭越也跟齐国联合，在梁地跟楚军作战。此二人都可以利用。在汉王的将领中，只有韩信可以委以重任，独当一面。若赐此三子以关东，定败楚无疑。"刘邦听了，转忧为喜，一面派人去游说九江王黥布，一面又去联合彭越。后来，刘邦终于借助这三个人的力量最后打败了项羽。

公元前 205 年五月，刘邦移军荥阳，招集余部，萧何也从关中送来了补充的兵员和物资，汉军军威复振，把项羽拦阻在荥阳以东。刘邦还下令在荥阳和敖仓之间修建甬道，用于安全取用敖仓的粮食。

为了削弱项羽，刘邦派韩信渡过黄河，攻打安邑（在今山西夏县）。九月韩信生俘了魏王豹，接着又向燕、代进军，从侧翼声援刘邦，孤立项羽。公元前 204 年十月，韩信在井陉之战中击败赵军，俘虏了赵王歇。不久，九江王黥布归汉，刘邦命令他驻守成皋。

这时，项羽也加紧进攻刘邦，把荥阳重重围住，并断绝了汉军粮道。刘邦忧虑不安，便把谋士郦食其找来商议对策。郦食其认为，昔日商汤伐桀，武王伐纣，都曾把亡国国君的后代分封为王。秦始皇对六国诸侯，斩尽杀绝，使他们的后代无立锥之地，所以才招致失败。他建议刘邦重新分封六国的后裔，认为只要这样做，就可以获得百姓、诸侯的拥戴，最终称霸天下。刘邦听了，接连称好，并下令立即赶制

印信，让郦食其去执行这个使命。

是时张良来朝。刘邦正在吃饭，见张良来到，便向他谈起此事，并征求他的意见。

张良听后，非常惊讶，问刘邦："这是谁给您出的馊主意？如果这样做，您的事业就完了!"

刘邦连忙追问："为什么"？

张良走上前去，拿起筷子，比比划划，胸有成竹地进行了分析。他认为：以前商汤伐夏并封夏桀的子孙为王，周武王伐商并封殷纣的子孙为王，那是因为能够牢牢把他们控制住，现在刘邦能置项羽于死地吗？周武王伐纣以后，曾经表彰贤良，为圣人修建坟墓，发放矩桥的粮食和鹿台的钱财，以接济穷苦的百姓，如今汉军连粮草都无法保证，哪有条件那样做呢？再说周武王灭商以后，为了表示不复征战，让人们安居乐业，便马放南山，收起兵器。如今刘邦却面临着项羽的重重包围，胜败未卜，况且刘邦的部下离乡背井，征战天下，只不过是想得到尺土之封，如果把土地都分封给六国的后代，这些人没有了指望，就会丢开刘邦，各归其主，返回故里。这样，谁还跟刘邦去打天下呢？再说现在最强大的还是楚国。即使封六国之后为王，由于他们势单力薄，也会先后纷纷投奔项羽，谁还会归顺于刘邦呢？

张良的分析实在精辟。首先，他认识到古今时移势异，反对照搬"古圣先贤"的旧章法。

第二，他看到汤、武分封夏、商后人，是在政局安定之后，已能左右天下形势，现今是楚汉方争，胜负未分。

第三，昔日武王散钱、发粟，是用敌国积储治疗自身疮痍；现今汉王自己军费无着，何暇救济他人。

第四，昔日刀枪入库，马放南山，牛息桃林，是由于时势已转入和平年代；现今却正是狼烟四起，烽火连绵之际，决不可偃武修文。

至关重要的，是张良把封土赐爵用作奖赏军功，以激励天下士民追随汉王征战，作为维系将士之心的一条重要锁链。此外，张良意识到六国贵族腐化堕落，分封六国后代只能分散抗击项羽的力量，最终将被楚军各个击破；即使有强者复出，亦必拥兵独立，怎么能臣属于刘邦。张良此论，较之他当初请立韩王，无疑是思想上的飞跃，而且在中国古代政治思想发展史上占有重要的地位。

刘邦听了，恍然大悟，急忙放下碗筷，把含在嘴里的食物吐在几上，连声骂道："这小子差点败坏了老子的大事！"说罢，急忙命令把印信销毁。

起初陈胜起兵时，六国贵族也都想推翻秦朝，反秦的目标是一致的。陈胜分封六国的后代，暂时还能够起到联络党羽，孤立秦朝的作用。况且当时天下的土地并不归陈胜所有，所以陈胜把秦朝的土地分封给六国的后代，既有美名又有实惠。但是，刘邦却不一样。楚汉相争，楚强汉弱，胜负未卜，六国诸侯并非全都反对项羽，如果刘邦把自己攻占的土地分封给六国的后代，就等于削弱了自己，帮助了敌人。一样是分封六国之后，时势不同，效果也完全不同。秦朝灭亡之后，项羽分封诸侯，结果是众叛亲离，纷争迭起，这就是一个沉痛的教训。张良虽然是韩国贵族，但他从全局的角度考虑，对当时的形势有清楚的了解和客观的分析，表现了他的远见卓识和雄才大略。

公元前205年五月，项羽围困荥阳，楚、汉在荥阳、成皋、广武一带相持一年多。

为了麻痹项羽，诱使项羽退军，刘邦利用张良计谋，提出议和。条件是以荥阳为界，西归汉，东归楚。项羽准备议和。范增对项羽说："目前优势不在汉，大王要一鼓作气突破成皋防线，刘邦就难以对付了。彭城大捷是天赐良机，如不乘胜灭刘，将来后悔莫及。"项羽采纳了这一建议，猛攻汉军，一度攻下成皋，刘邦差点被活捉。刘邦一时失败，非常恐慌。他问计于张良、陈平，张良说："项王的骨鲠之臣不过范增、钟离昧几个人。项王外宽仁而内猜忌，信谗言，用亲信而不用人才。只要我们肯花本钱，设谋反间计，使楚国君臣相疑，范增、钟离昧几个智能人物失势，破楚擒项，在此一举。"

刘邦说道："此计甚好，依你之见，谁去施行合适？"

张良道："陈平熟悉楚营，此计施行非陈平莫属。"

刘邦非常高兴，乃命人从府库中取出数万两黄金、无数珍珠交给陈平去施行离间计。陈平原在项羽麾下做事，因长期不为重用，又见项羽刚愎自用，任人唯亲，才投奔刘邦。他对项羽相当了解，深知其为人。当天夜里，他用重金贿通楚军，让他们四处造谣说："钟离眜、范增等将军替项王卖命，功劳卓著，然而始终不能割地封王，他们准备与汉联为一气，共灭项氏，分其地为王。"由于流言纷纷，不久即传到项羽耳中，项羽果然对钟离眜、范增等人不太信任了。

就在项羽初生疑心之时，项羽有事遣使者来汉营。张良见此，灵机一动，于是心生一计。他把计策告诉刘邦，刘邦大加称赞。待楚使将至，刘邦老远就叫人捧出盛满牛、羊、猪三牲的食具，举过头顶，毕恭毕敬地打算款待使者，等使者走近，看仔细了，又假装吃惊的样子说："哎呀，忙活大半天，你们原来是项王派来的使者，我还以为是亚父的使者呢。"说着，就命人把盛宴抬了回去，换成非常粗劣的饮食招待使者。

使者办完公事，回到楚营，将受辱之事回报项羽，项羽更增加了对范增的猜忌和怀疑，渐渐猜疑范增不忠。范增提议抓紧时间攻下荥阳城，项羽因疑范增心怀鬼胎，偏不肯听。当范增得知项羽疑心自己与汉勾结时，知道自己已失去项王的宠信，既气愤又伤心，乃对项羽说："天下事大局已定了，君王您好自为之吧。我已经老了，请君王让我告假回归故里。"项羽竟薄情地答应了他。范增年事已高，走到半路，气结淤积，背生毒疮而死。时年74岁。不久，钟离眜也被削弱了兵权。自此，项羽身边既无谋臣，又无良将，以匹夫之勇，刚愎自用，连连中计，形势随之急转直下，最终落得众叛亲离，垓下被围，兵败自杀的结局。这是后话，暂且不提。

再说汉军这里，虽张良、陈平计谋连连得逞，但依然处境困难，未能摆脱困厄的局面，荥阳城依旧被楚军包围得水泄不通，如铁桶一般。城中粮食日渐不济，将士也疲惫不堪。见此，张良又献一计，他让刘邦诈降，趁夜派遣2000女子出城东门诱敌，自己则与刘邦等从西门突围而去。

公元前 203 年十月，刘邦胸部中楚军伏弩。刘邦"伤胸扪足"（伤了胸膛却去捂脚），并大声嚷道："敌人射中我的脚趾！"他边喊边退入营寨。

张良心下赞叹刘邦的机警，竟一举哄过楚军，也蒙住了汉军的眼睛。可是，刘邦伤势很重，久久卧床不起，一旦被士卒察觉，定会扰乱军心。倘若被楚军侦悉，也会助长敌军威风。想至此，张良便去面见刘邦，晓以利害，强让他起床，检阅军队，安定人心。项羽见刘邦照旧劳师，未敢乘机大举进攻。

楚、汉在荥阳、成皋一带相持日久，项羽因一时难取荥阳，便依范增之计，把在彭城大捷中俘获的刘邦之父、吕雉，及其一双儿女带到荥阳城下，对城楼上喊道："刘邦小儿听着，你再不投降，本王就烹了你父，煮了你妻！"

说罢，只见几名楚军将士马上架起油锅，生火架柴，又有两名士卒将太公、吕雉推到阵前。

刘邦闻讯与众臣登上城楼，举目一看，禁不住潸然泪下。张良一见，急忙劝慰道："大王勿伤悲。这乃是范增之计，太公不会被烹。"

刘邦急问其故，张良说道："项羽出于无奈，只是想以此来胁迫我军投降。此计如果不成功，他们果真要烹太公，楚军中有项伯，到那时定会出面阻拦。再者，对于项羽这样的人，若主公胆怯，就正中其怀，他会得寸进尺。我们只能以狠对狠，不能让他抓住我们的软肋。如此或许能救太公于虎口。"说罢，张良对刘邦耳语一番。刘邦乃强打精神，对项羽大声喊道："项羽小儿听着，我与你同事义帝，结盟约为兄弟，我父即你父，你要烹你父，请看在兄弟的情分上，分我一杯羹！"说罢，便扬长而去。

项羽听罢，气急败坏地说道："呸！你这个薄情寡义的无耻小人，来人！给我将太公、吕雉抛下油锅！"

四名士卒架起太公、吕雉，就要向油锅中抛。正如张良所料，正在危急之时，但见项伯挺身而出，大声喊道："且慢！"然后来到项羽跟前施礼道："大王，这使不得！"

"嗯！"项羽不喜道，"为何使不得？"

项伯道："大王，楚汉相争，与他们没有关系，今烹刘邦父、妻，楚汉会积怨更深，天下人也会唾骂大王，说咱们不仁不义，不忠不孝。而且臣闻刘邦从不顾亲眷家属，刚才大王也听见了，他还要分杯羹汤。对这样的人，即便杀了其父、妻，也无补于事，空留骂名而已。臣以为与其如此，不如暂且不杀他们，以待日后挟持刘邦。"

项羽听后，觉得很有道理。本来烹刘邦父、妻，自己就不大赞同，因为即使此计成功，刘邦归降了自己，让诸侯知道，堂堂西楚霸王，不凭武力，而是靠烹人家父、妻而获胜，这于自己脸上也不大光彩。乃下令："将刘邦父、妻押回营中，以待日后处置！"

再说此时韩信却是连连得胜，先后平定了赵、燕、代诸地。之后，他又尽取三齐土地。这时刘邦正驻军广武。韩信派人送信给刘邦，信中略说："齐人狡猾多诈，反复无常，又紧靠楚国，请封我为齐假(代理)王，以便镇服齐国。"

刘邦一听韩信所请，不禁勃然大怒，当着使者的面，破口大骂道："我久困于此，日夜指望你前来助我，你却要自立为王！"

当时，张良正坐在刘邦身边。他清醒地认识到，韩信的向背对楚汉战争的胜负有举足轻重的作用。如果他归顺刘邦，刘邦就会胜利；如果他投靠项羽，项羽就会消灭刘邦。要战胜项羽，就必须利用韩信。况且，韩信远在齐地自立为王，刘邦鞭长莫及，不可能阻止。作为一个政治谋略家，必须在瞬息万变的情况下因时制宜，迅速应变。张良听到刘邦骂出前面的话，连忙在案下轻轻踢他一脚，然后附耳说道："汉正失利，您能阻止韩信称王吗？莫如顺势立他为王，使其自守。否则，恐生不测。"机变的刘邦顿悟方才失言，于是改口骂道："大丈夫既定诸侯，就要做个真王，何必要做假王！"刘邦一向非常喜欢骂人，有此一骂本不足为奇；况且前后两语接得天衣无缝，竟然蒙混过去。

这年二月，刘邦遣张良持印出使齐，封韩信为齐王。一个顺水人情，居然笼住了韩信，为日后十面合围击败项羽，做了组织准备。

对于此权宜之计，东汉荀悦论得好："取非其有(指齐地本非刘邦所有) 以予于人，行虚惠而获实福。"意思是说，刘邦用本不属于自己的土地赏赐韩信，行施于己毫无损伤的恩惠与他人，从而得到实在的好处。

这时，持久战之后，楚汉战争的形势已经发生变化，实力对比越来越有利于刘邦，而不利于项羽，所以项羽也在拉拢韩信。他派武涉去离间韩信与刘邦的关系，劝韩信三分天下，独霸一方。韩信没有同意。接着，谋士蒯彻见武涉没能说服韩信，也劝说韩信鼎足而立，韩信又婉言拒绝。这说明，张良的远见卓识确实高人一筹。在当时的形势下，若不能稳住韩信，汉军的优势就很难保持，楚汉之争的结局便很难设想了。

因为韩信在黄河中下游稳住了阵脚，从东北方威胁项羽，彭越等人又不断从南方骚扰并削弱楚军，使项羽四面受敌，加上项羽孤立寡援，军粮缺乏，出于无奈，只得跟刘邦议和。双方约定以鸿沟为界，中分天下，鸿沟以西归汉，鸿沟以东属楚。

九月，为表示诚意和和解，项羽把以前俘虏的刘太公和吕后等人放回后，便撤军东归。

刘邦自反秦以来，转战数年，出生入死，鞍马劳顿，屡次幸免于难。现在楚汉已经议和，他也打算向西撤兵。张良却认为，这正是消灭项羽，夺取天下的良机，如果中途休战，就会半途而废。他指出：现在刘邦占据了大半个江山，各路诸侯皆已归附。如果不乘胜追击而纵敌，就会养虎遗患。刘邦接受了他的意见，更改以往的主张，撕毁和约，掉转马头，继续向东进攻。

公元前202年十月，刘邦追击项羽，至于固陵 (今河南太康南)。在此之前，刘邦已经和韩信、彭越约定，要在固陵会师，共同围攻项羽。可是韩信、彭越尚未如期到达。楚军趁汉军孤军深入，又把汉军杀得大败。刘邦只得坚壁自守，十分着急。

他问计于张良，张良分析说："现在楚兵将破，韩信、彭越却没有划定封地，他们自然不会前来助战；如果您能跟他们共分天下，他们就会立刻赶到。韩信虽说被封为齐王，但不是大王的本意，所以他

至今仍然将信将疑；彭越本来平定了梁地，应该受封，由于魏王豹当时还在，您只封他为相国。如今魏王豹已经死了，彭越也想封王，然而您又不曾封他。请您把陈（今河南淮阳）以东直至东海封给韩信；把睢阳（今河南商丘南）以北至谷城（今山东东阿南）封给彭越。韩信为楚人，他早就想得到家乡的土地。假如大王能把这些地方封给他们，让他们如愿以偿，他们必然会全力助战，这样楚军就不难打败了。"刘邦接受了张良的建议，韩信、彭越果然很快前来会师。

是年十二月，汉军在韩信指挥下把项羽围在垓下（在今安徽灵璧南）。项羽为了突破包围，在垓下发起了一次突围战。项羽亲率精兵向汉军猛冲。韩信假装败退，拉长战线，然后用骑兵从两翼截断楚军，分段围歼，打败了项羽的突围战。夜间，汉军四面大唱楚歌，迷惑项羽。项羽惊恐不解地说："莫非汉军把楚国都占领了吗？为何汉军中有这么多人唱楚歌？"其实这是韩信采用张良的攻心战，用思乡曲来瓦解楚军军心。"四面楚歌"果然奏效，楚军士兵无心再战，连项羽也心烦意乱，不停地喝闷酒。最终，楚军全军覆没，项羽虽带少数人冲出重围，然因无颜见江东父老，在乌江边自刎身亡。一场持续四年的楚汉战争最终以刘邦的胜利而告终。随后，刘邦改封齐王韩信为楚王，定都下邳；封彭越为梁王，定都定陶。公元前202年，刘邦即皇帝位，建立了汉朝。

五月，刘邦在洛阳南宫设宴招待群臣。在宴席中间，刘邦对大臣们说："我之所以夺取天下，项羽之所以失去天下，是什么原因呢？"王陵等人说："陛下派人去攻城略地，胜了就把这些地方赐给他，与天下同利。项羽却不然，他杀害功臣，嫉贤妒能，使部下离心离德，这就是项羽失败的原因。"刘邦不以为然地说："你们只知其一，不知其二。要说运筹帷幄之中，决胜千里之外，我不如子房；镇国抚邦，安抚百姓，筹办粮饷，供应充裕，我不如萧何；统率百万之军，战必胜，攻必取，我不如韩信。此三子都是人中豪杰，对他们，我都能量才使用，这才是我能取得天下的真正原因。而项羽竟连一个范增都不能容，因此他才败在我的手下。"

劝都关中

汉朝创建初期，建都问题至关重要。起初，汉高祖刘邦想长期定都洛阳，群臣也多持此见。

公元前202年五月，齐人娄敬到陇西戍边，途经洛阳。他晋见高祖，力劝建都关中。刘邦不能决断，便向群臣问计。当时刘邦的大臣大部分是山东六国之人，他们也都主张建都洛阳。理由是：洛阳东有成皋，西有崤山、渑池，背靠黄河，面向伊、洛，周围山河拱卫，地形险要。娄敬则从政治、经济、军事、历史诸方面分析了建都关中的优势。他分析道：其一，关中占形胜。四面阻险，进可以攻，退可以守；

其二，关中有地利。土地膏腴，河流、渠道纵横交错，利于农业生产；

其三，关中无后顾之忧。西、西南、西北三方没有形成统一的，强大的政治势力；

其四，关中得人和。在秦末诸侯中，刘邦最先进关，三章之法初施于此，早已赢得秦民之心。加上长年君临巴、蜀、汉中，已在关西一带形成势力，根深蒂固；

其五，关中经周、秦数百年经营，始终是全国的政治中心和经济重心，及至楚汉之争，战场较长时间局限在荥阳一带，曾波及洛阳，但关中地区影响较小，损失不大。

依据上述优势，再恃潼关、函谷关等天险，即扼住了东西交通的咽喉；以此定都，诚如娄敬所说："夫与人斗，不扼其亢（咽喉），拊（击）其背，未能战胜对方也。今陛下入关而都，居于秦朝之故地，便

可扼天下之咽喉从而牢牢地控制之。"

群臣之中，唯张良支持娄敬的建议。张良首先反驳了建都洛阳的主张，他认为："洛阳虽有成皋、崤山、渑池、黄河、洛水之险，但洛阳地域狭小，面积不大，而且土地瘠薄，容易四面受敌，不是用武之地。而关中左有崤山、函谷关，右有陇山、岷山，中间地域宽阔，沃野千里。再兼南有巴蜀之饶，北有畜牧之利，西、北、南三面有险可守，东面又便于控制诸侯。在天下平安无事时，可以从黄河和渭水运输全国的物资，供应京师。如果诸侯反叛，天下大乱，则可顺流而下，兵击四方，粮饷和物资也可源源不断地运达。实在是"金城千里，天府之国"。

张良的建都思想，表现了一个谋略家的宽阔胸怀和高瞻远瞩，他不考虑个人感情和私利，而是统观全局，为国家的长治久安着想。这在古代，是难能可贵的。

刘邦听了张良的一番分析，很以为然，遂"即日起驾，西都关中"。

首封雍齿

公元前 201 年，刘邦论功行赏。因为张良是谋臣，没有战功，刘邦让他从齐国选 3 万户作为封邑。张良赶快辞谢说："当初我在下邳起事时，跟陛下在留城相遇，此为天意成全我，把我交给陛下。以后陛下信任我，我的计策有时还很管用，所以把留地封给我，我就心满意足了，怎么敢要 3 万户。"刘邦再三劝封，张良坚决不肯接受，最后，刘邦只好接受了他的请求，封他为留侯。

当时，刘邦分封了 20 余名大臣，其他人日夜争名夺利，使刘邦左右为难，无法再封。张良则适得其反，不但不争功，而且封了他还不要，表现了他的高风亮节和超然物外。

一天，刘邦在洛阳南宫里，从复道望见将领们三三两两地坐在沙地上交头接耳，窃窃私议，就问张良他们在议论什么。张良故作惊讶地说："难道陛下还不知道吗？他们在谋反呢！"

刘邦大吃一惊，问道："天下方定，他们为什么又要反叛呢？"

张良回答说："陛下出身平民，这些人跟随陛下夺取天下，就是为了封官晋爵。今天陛下贵为天子，被封赏的人都是您的老朋友，仇人获罪。现在即使拿出整个天下也不够他们每人分一份。他们既担心得不到封赏，又害怕因为有什么过失被您杀掉，所以他们就纠合在一起预谋反叛。"

刘邦非常担忧地问："以卿之见，该怎么办？"

张良问："您平生最恨而又为大家所知道的人是谁呢？"

刘邦回答："雍齿和我以前有仇，曾经背叛过我，使我很难堪。我本想杀他，念他功劳不小，所以又不忍心这样做。"

张良说道："那您就赶快先封雍齿，大家见雍齿这样的人都被封了，也就都安心了。"

于是，刘邦召集群臣，大摆酒宴，当场将雍齿封为什方侯。

汉初三杰之留侯张良

果不出张良所料，宴毕，群臣议论说："像雍齿这样的人都能被封为侯，我们还用愁吗！"

一场政治风波，被张良略施小计，就轻而易举地平定了，而且结局皆大欢喜。

北宋史学家司马光评论这件事说，张良这样做，使刘邦避免了一

场因用人唯亲、徇私行赏而导致的政治危机，使群臣消除了"猜忌之心"。北宋政治家王安石也写诗说：

汉业存亡俯仰中，留侯于此每从容。

固陵始议韩彭地，复道方图雍齿封。

诗中肯定了张良在打败项羽、巩固汉朝的过程中所起的作用。

急流勇退

汉朝建立后，由于统治阶级内部争权夺利的斗争日益尖锐和激化，貌似妇人的张良又体弱多病，入关后身体越来越不好，所以他干脆"等功名于物外，置荣利于不顾"。杜门谢客，深居简出，采取明哲保身，功成身退的超然态度，成天在家颐养身体，修仙学道。他追随刘邦多年，明了其为人：只可与之共患难，而不可与之共荣华。他经常对人说："我家世代相韩，韩国被灭掉后，我不惜花费万金家财，为韩国报仇。刺杀秦始皇一事使天下震动。现在我以三寸不烂之舌辅佐皇帝，被封为万户侯，作为一个普通人，这已经是登峰造极了，臣下已心满意足了。我情愿屏弃人间之事，跟着仙人赤松子去游历天下。"

张良假托神道，实在用心良苦。对此，宋朝大史学家司马光评论说："夫人生之有死，犹如天有昼夜一样，是自然而然，不可抗拒的。自古及今，尚无一人能够超然这一规律而独存于世的。以子房之明辨达理，当然知道神仙之虚妄不实，然其明知如此，却要从赤松子游历天下，足见其聪明机智。人臣最难处理之事即为对功名态度。汉高祖所称道的三杰之中，淮阴侯韩信被诛，丞相萧何入狱，他们难道不是因为功高而不知停步吗？因此子房托于神仙，遗弃人间，超脱世外，把功名看作身外之物，置荣华富贵于不顾。所谓'明哲保身'者，正是张子房焉！"

公元前 197 年，皇室内部发生了戚夫人争宠夺嫡的事件。刘邦原先立了吕后的儿子刘盈为太子。后来吕后常常留守长安，而戚夫人则与刘邦形影不离，宠受有加。时间一长，戚夫人经常向刘邦哭诉，请求废掉刘盈，改立自己生的赵王如意为太子。另一方面，刘邦对太子刘盈也不怎么喜欢，经常说："如意类我"，太子刘盈"仁弱"，"不类我"。于是刘邦便想废掉刘盈，改立如意为太子。尽管许多大臣竭力谏争，但刘邦置若罔闻。

在吕后无计可施的时候，有人对她说，张良足智多谋，又很受信任，何不向他请教，问他有什么办法。吕后一听，顿悟，遂让她哥哥、建成侯吕释之去找张良。

张良虽然超脱世外，不想多管闲事，但又禁不住吕释之的苦苦哀求，无奈接见了他。

吕释之对张良说："您是陛下的谋臣，现在陛下要废掉太子，您怎么可以放手不管呢？"

张良说："以前陛下打天下的时候，经常处在困厄之中，所以才肯听我的话；现在天下平定，陛下从恩爱出发，想另立太子，这是他们骨肉之间的事情，纵有一百个张良也没有用处！"

吕释之执意要张良出谋划策。张良见实在推脱不过，就说："此事非言语所能动。现在有四个老人，很受皇上尊重，但因皇上对人傲慢无礼，所以他们宁愿躲在深山，也不愿意为朝廷出力。皇上很器重这四个人，若太子刘盈能设法把他们请来做自己的门客，常常带领他们出入朝廷，有意让皇上看见，让他知道'商山四皓'在辅佐太子。这样对巩固太子的地位是很有帮助的。"

吕后遵照张良的吩咐，派人带着太子的亲笔信和丰厚的礼物，把这四个老人接了过来。

公元前 196 年，黥布谋反，当时刘邦正在生病，就准备让太子刘盈率领军队前去平叛。这四个老人一眼就看穿了刘邦的真实意图，

于是向吕释之说："让太子率军去平叛，即使有了战功，地位也不会再高过太子。如果无功而返，就会因此遭祸，失去太子的地位。并且随同太子出征的这些将领，都是曾经和皇帝一起平定天下的猛将。现在让太子去统率他们，就好比让一只驯服的绵羊去统率一群恶狼，他们不会为太子效命的。因此也很难建立战功。"他们建议吕后赶快向刘邦哭诉求情，就说如果让太子去率领军队平叛，黥布知道后，定会无惧而西攻；皇上虽然有病，但是如果御驾亲征，将领们就不敢不尽力。

吕后果然去找刘邦，刘邦听了，非常不高兴地说："我早就知道这小子不堪重任，还是老子亲自出马吧！"

刘邦率军出发时，群臣都到灞上送行。张良也强支病体，勉强起来去送行。他对刘邦说："我本该跟随陛下前往，无奈病得太厉害了。楚人剽悍勇猛，请皇上勿与之争锋。"张良还建议，让太子刘盈为将军，监护关中的军队。刘邦同意了，就让张良辅佐太子。其时叔孙通是太子太傅，张良就做了太子少傅。

刘邦亲征前曾召集诸将商议。滕公夏侯婴推荐原楚国令尹薛公为刘邦出谋划策。薛公对刘邦说："黥布造反，有上、中、下三计。东取吴，西取楚，并齐取鲁，威胁燕赵，使山东诸侯都反对汉朝，这是上计。东取吴，西取楚，一路向西夺取以前韩、魏之地，据有敖仓之粟，堵塞成皋的关口，这是中计。东取吴，西取下蔡，与南越结盟，向南靠近长沙，这是下策。"薛公又对刘邦分析说，"若黥布取上计，天下就大乱；取中计，胜负难分；取下计则迅速失败。黥布有勇无谋，必取下计。陛下立刻亲征，阻止黥布施行上、中两计。"刘邦依照薛公之计率兵亲征，在气势上占了上风。

刘邦和黥布两军对垒，主帅披挂上马，刘邦和黥布在阵前对话。刘邦高声责骂："我封你为淮南王，你为何造反？"黥布直率地答道："我也想做皇帝啊！"黥布作为臣子而起兵造反，此言并不能鼓舞士气，倒是激怒了汉兵。刘邦一面斥骂，一面指挥进攻。虽然黥布奋力作战，仍然大败而归。果不出薛公所料，黥布率领100多残兵败将逃向长沙。

长沙王吴臣是黥布的内兄，黥布意欲投奔，结果被长沙王暗中派人杀害了。一代骁将黥布就这样陨落了。

刘邦平定黥布回来，病情更加沉重，更想废立太子。张良劝谏，刘邦不听，张良就称病不问。太傅叔孙通用晋国改立太子，导致晋国数十年的内乱，为天下所耻笑，以及秦始皇没有早立太子，结果赵高篡权，诈立胡亥，导致秦国灭亡的经验教训来劝阻刘邦。刘邦见群臣屡次力争，知他们都不愿改立赵王如意，只好对叔孙通说："算了！我不过是开个玩笑，哪能改立太子呢？"但他内心从未打消这种念头。

在一次宴会上，太子刘盈侍立一旁，那四个老人跟随在太子左右，年龄都在80以上，须眉皓白，衣冠甚伟。刘邦见了，感到惊异，一问才知道他们是东园公、角里先生、绮里季和夏黄公。刘邦大吃一惊，说："我叫你们，你们不来，总是躲着我。现在你们为什么愿意跟我儿子来往呢？"四人异口同声地说："皇上一向看不起儒生，经常骂不绝口，我们不愿受人侮辱，所以才远远地躲起来。今闻太子仁孝，尊敬贤者，善待儒生，天下谁都想为太子效力，所以我们自愿前来！"刘邦见太子羽翼已成，即使改立赵王如意，恐怕自己死后，帝位未必巩固，这才被迫改变了废嫡立庶的主张。

这场统治阶级内部的政治斗争，尽管轰动朝野，几反几复，但是因为张良的运筹帷幄，终于使吕后和太子刘盈获得了胜利，从而化解了一场可能发生的政治动乱，巩固了汉朝统治，在客观上也有利于时局的安定。

公元前195年（汉十二年）四月，刘邦崩于长乐宫中，太子刘盈继位。公元前189年（惠帝六年），张良去世，埋葬在谷城山下的黄石岗。

史载张良曾同韩信一同整理过汉时所有各类兵书；唐开元年间设置太公尚父庙，以留侯张良配祭；唐肃宗时又追谥姜太公为武成王，并挑选历代良将十人，称为"十哲"，张良也是其中之一。

纵观张良的一生，他之所以能成为千古良辅，被后世谋臣推崇备至，不仅在于他能运筹帷幄，决胜千里，辅佐刘邦创立西汉王朝，还在于他能因时制宜，适可进止，最后，既完成了预期的事业，又在那

充满悲剧的封建专制时代里自保,一言以蔽之:功成名就。在秦汉之际的谋臣中,他比陈平深谋远虑,比郦彻积极务实,比范增气度广阔。他与萧何、韩信并称汉初三杰,却未像萧何那样蒙受银铛入狱的羞辱,也未像韩信那样落得兔死狗烹的下场。他确有大家的风度,可谓是智慧的化身。

第 七 章

曹操奇佐，旷世奇才
——郭嘉

　　郭嘉，字奉孝，颍川阳翟人。三国争雄，英雄辈出。对于各路英雄来说，拥有高明的谋士至关重要。曹操的谋士就是郭嘉，郭嘉先在实力较强的袁绍军中出谋划策，后来发现袁绍难成大业，遂转投曹操，为曹操统一中国北方立下了功勋，史书上称他"才策谋略，世之奇士"。而曹操称赞他见识过人，是自己的"奇佐"。曹操就是因为郭嘉的早逝而开始走下坡路，并最终导致曹操统一中国的理想没能实现。

慧眼识主

郭嘉 (170~207)，字奉孝，颍川阳翟 (今河南禹县) 人。

郭嘉生活的东汉末年，天下动荡不宁，外戚宦官交替专权，朝政黑暗腐败。公元 184 年，爆发了声势浩大的黄巾起义。此后，东汉王朝虽竭尽全力镇压了农民起义，它自身却也名存实亡了。很快，地方豪强、州牧郡守竞相起兵，军阀混战和割据的闹剧便上演了。

郭嘉自幼身怀大志，见识深远。汉末天下乱象已萌，他便长期闭门苦读，终于掌握了广博的政治、军事和历史知识，形成了自己独特的政治见解。郭嘉 20 岁左右时，正是东汉末年天下大乱开始之时，他仍隐名匿迹，尚未显露锋芒。但暗中，他平时不与俗人应酬往来，却很注意结交英雄豪杰，以待风云变幻。所以，当时一般人都还不知道他的才能，只有那些和他相识而又志趣相投的英俊之士，对他的才华十分看重。

公元 189 年，首都洛阳又发生了惊天动地的大事变。大将军何进，以辅政的身份，准备杀尽乱政的宦官。不料，密谋泄露。宦官抢先动手，何进反而被杀。随之，凉州牧董卓带兵进京，专制朝政，胁迫大臣。又毒杀太后，擅自废立。第二年，关东州牧、郡守纷纷起兵，公推袁绍为盟主，以讨伐董卓。

大约正是在这个时候，为了显示自己的杰出才能，实现胸中的伟大抱负，郭嘉决定走出家门，投向纷纷攘攘的大千世界，寻觅明主，建功立业。时逢董卓作乱，郭嘉更是跃跃欲试，准备充分利用这个时机，大显身手。

当关东军兴起的时候，盟主袁绍的声势颇为浩大。袁家"四世三

公"，门生故吏遍布天下。袁绍本人也怀有逐鹿问鼎的野心，故起兵后曾问部下："助袁氏乎助董氏乎？"在关东军的攻击下，董卓决意迁都长安。洛阳一带的几百万人口，被强令迁徙，结果步骑驱蹙，更相蹈藉，饥饿寇掠，积尸盈路。宫庙官府和居家，悉遭火焚，200里内无复孑遗。

关东豪强兴兵，打着为国除奸的旗号。董卓西迁后，关东军却不见西进勤王的举动，反而互相攻击、杀掠。公元192年，董卓被王允和吕布合谋除掉。董卓部将李傕、郭汜、樊稠、张济等攻入长安，大战三辅，杀王允及长安百姓万余人。吕布败退出关，郭、李二人后来也为下属所杀。凉州军阀势力基本灭亡。

不几年，群雄割据的局面很快形成。其中以袁绍、曹操、公孙瓒、刘表、刘璋、袁术、孙策等人的势力为大。这样，要一展才智，郭嘉便只能在这些人中择主而事。

《三国演义》描写郭嘉的出场亮相，是在第十回。话说曹操正在大力求贤，荀彧向曹操推荐了程昱。"程昱谓荀彧曰：'某孤陋寡闻，不足当公之荐。公之乡人姓郭，名嘉，字奉孝，乃当今贤士，何不罗而致之？'彧猛省曰：'吾几忘却！'遂启操征聘郭嘉到兖州，共论天下之事。"实际上，这一段描写并不尽符合史实。

在关东军离散之后，袁绍首先夺取了冀州，并在各地网罗贤才。郭嘉听说袁绍能够礼贤下士，再则袁氏当时声势煊赫，盛名一时；他便前往投效，期望能一展宏图。然而，袁绍本人外宽而内忌，好贤而不能用。因此，郭嘉并未受到袁绍的重用。外表的强大和喧嚣的声势，没能掩盖得了袁绍内在致命的弱点。当时，郭嘉的两位同乡辛评、郭图也在袁绍处效力。郭嘉对他们说："智谋之士首要在于审择明主，只有那样，才能百举百全，而功名可立。如今，袁公只想学周公的礼贤下士，却根本就不懂得用人的道理。他只是招揽人才，却不予以重视；临事又好谋而不能决断。若想和他一道拯救天下的危难，建立霸王之业，实在是难啊！"于是，他毅然离开了袁绍，去另寻明主。

处于其时，像郭嘉这样的一介书生、文人谋士，虽有超人的才能，却没有尺土寸兵，只能投靠有政治地位和军事实力的人物，才能使其才华得以施展出来。这正如藤蔓不能直立，只有攀援大树才能升高一样。也有人把知识分子比作为毛，而毛只有附着于一张皮上才能生存。封建割据时代的皮，虽然有仁义道德等辨别好坏的标准，但这个标准弹性太大，又往往经过了一番粉饰装扮。有识之士，追随哪个集团，跟定什么人物，选择哪一张皮很多情况下往往由不得自己，而要靠命运的安排。

但"往往"却不等同绝对！

除了命运之外，就要看个人的努力了。因此，聪明的谋士要善于选择辅佐对象，所谓"良禽择木而栖"，这是他成功的首要条件。郭嘉曾说过："夫智者审于量主。"若主人是愚钝懦弱之辈、不堪造就之才，如后主刘禅之类人物，那么，即使辅佐他的人才智过人也无济于事，甚至还会因主人的失败而招致杀身之祸。如陈宫之佐吕布、田丰之随袁绍，俱是如此。只有辅佐的对象英武有为，谋士的才干得以发挥，才能建功立业。如后来周瑜之佐孙权，诸葛亮之辅刘备，都在历史上传为佳话。和郭嘉同郡的郭图，就因一味追随袁绍、袁谭父子，后因兵败被杀。类似的例子，在历史上可谓不可胜举，这既是士人的悲剧，也是时代的不幸。而作为谋略家的郭嘉，其高明之处，就在于他能准确地判定，袁绍不过是徒有虚名，难当国家兴亡之重任，其失败的命运难以避免，因而就绝不能选择他作为自己的事业之"主"。

当郭嘉离开袁绍的时候，正在发展势力的曹操却有人才不足之感。此前，颍川著名谋士戏志才在曹操帐下效力，非常受器重。不幸，戏志才早卒。曹操给高参荀彧写信说："自从戏志才去世后，几无可与之谋大事之人。汝、颍一带向来多出奇士，请问谁可继任戏志才之职？"荀彧便介绍推荐了郭嘉。曹操立刻召见，两人纵论天下大事，十分投机。言谈中，曹操觉察这个青年人具有卓越的见识和才能，不禁高兴地赞叹说："使孤成大业者，必此人也。"

会见完毕后，郭嘉也庆幸得遇雄才大略的明主，出来便喜不自胜地说："曹公才真是我想投奔的明主啊！"二人志投意合，相见恨晚。

曹操当即任命 29 岁的郭嘉为司空军祭酒。曹操于建安元年 (196) 十月任司空，于三年 (198) 正月，"初置军师祭酒"。郭嘉担任的司空军祭酒，即司空府下的军师祭酒，是参谋军事的官职。从此，郭嘉就做了曹操麾下的军事高参，为曹操呕心沥血地谋划军机。

当时的曹操，既取兖州，又迎汉献帝至许都，"挟天子以令诸侯"，取得了政治上的主动权。在建安元年，又采纳毛玠、枣祇等人建议，屯田许下，收获粮食百万斛，为解决军粮供应问题提供了良好的经验。当然，如果与袁绍相比，曹操占有的地盘狭小，兵马不足，实力尚弱。郭嘉能果断地弃"强大"的袁绍于不顾，而选择势弱的曹操作为自己安身立命之主，这充分表现了他深邃的眼光和决断才干。

屡出妙计

曹操自在兖豫二州建立根据地以来，屡次征伐，逐个击破群雄，解除后顾之忧，以便将来与袁绍放手一搏。

首先，193 年，曹操的父亲由华县回乡，被徐州牧陶谦所部军兵杀害。曹操闻讯怒不可遏，率军报仇，连拔 10 余城，陶谦败退至郯城。次年夏，他又二征徐州，在泗水活埋男女数万人。不久，陶谦忧病而死。进行这两次军事行动时，郭嘉尚未投奔曹操。但《三国演义》却描写郭嘉曾参与谋划其事，这是小说家言，自然不值一辩。

其次，攻灭吕布。吕布，字奉先，五原郡九原 (今内蒙古包头西北) 人。他原来是并州刺史丁原的部将，却卖主求荣，杀丁原投靠董卓；后来又杀董卓，依附王允。此人"刚而无礼，匹夫之勇"，是一个政治上反复无常的典型人物。他被李傕、郭汜驱逐出长安后，如同丧家之犬，四处奔走。他先依袁术，再投张扬，复奔袁绍。

当曹操讨伐徐州时，不料后院起火，兖州后方发生了叛乱。陈留太守张邈在陈宫劝说下，迎接吕布，企图趁机夺占兖州。幸亏荀彧、程昱等坚守鄄城、范县、东阿三城，使曹操尚可以进退有据。曹操闻讯后，引兵回救，在定陶、钜野两役，大败吕布，才安定局面。

吕布战败后，逃到徐州依附刘备，以后又袭取了刘备的下邳（今江苏邳县），自称徐州牧。刘备丧失根据地之后，便率众来投曹操。《三国演义》第十六回写道："操待以上宾之礼。玄德备诉吕布之事，操曰：'布乃无义之辈，吾与贤弟并力诛之。'玄德称谢。操设宴相待，至晚送出。荀彧入见曰：'刘备，英雄也。今不早图，后必为患。'操不答。彧出，郭嘉入。操曰：'荀彧劝我杀玄德，当如何？'嘉曰：'不可。主公兴义兵，为百姓除暴，惟仗信义以招俊杰，犹惧其不来也；今玄德素有英雄之名，以困穷而来投，若杀之，是害贤也。天下智谋之士，闻而自疑，将裹足不前，主公谁与定天下乎？夫除一人之患，以阻四海之望，安危之机，不可不察。'操大喜曰：'君言正合吾心。'次日，即表荐刘备领豫州牧。程昱谏曰：'刘备终不为人之下，不如早图之。'操曰：'方今正用英雄之时，不可杀一人而失天下之心。此郭奉孝与吾有同见也。'遂不听昱言……"此事《三国志·郭嘉传》裴松之注引《魏书》所记大略相同，在这一件小事上，反映出了权谋者的战略眼光，曹操与郭嘉同列，连荀彧与程昱这样出名的智囊人物都赶不上。

虽然暂时笼络住了刘备，但曹操的处境却不无困难。其时，北有袁绍、公孙瓒，南有袁术、刘表、孙策、刘璋、张鲁，西有马腾、韩遂、张扬，东有吕布；兖豫二州又处在四战之地，曹操集团实在是四面受敌。曹操与他的谋士们，日夜分析形势，研究如何才能击破中原群雄。他们意识到自己处于内线作战，又面临敌强我弱的不利态势；袁绍自然是最主要的敌人，而吕布却是最凶恶的敌人。如此，最终确定了"先弱后强，各个击破"的战略方针。

建安三年（198）秋，曹操决定东征吕布。对此，曹军内部曾有不同意见，一些将领认为刘表、张绣在后，远征吕布，只怕有危险。之

前,曹操询问荀彧和郭嘉的意见:"今欲讨不义,而力不敌,何如?"荀彧主张先打吕布,认为"不先取吕布,河北(指袁绍)亦未易图"。郭嘉也说:"袁绍正于北方围攻公孙瓒,可以乘此机会,东取吕布。如不先消灭吕布,一旦袁绍来犯,吕布再出兵援助他,那就为患大矣。"另一位谋士荀攸也认为:"吕布骁勇无比,又倚仗袁术帮助,如果任他纵横于淮水、泗水之间,一些豪杰一定会响应。现在乘他刚刚反叛之机,内部还众心不一,立刻前去攻打,必然能够成功。"

在众谋士的筹划下,这年秋,曹操亲率大军东讨。十月,攻下徐州,吕布退保下邳。曹军把下邳重重包围起来,曹操再写信劝吕布投降。吕布本有降意,但谋士陈宫劝说他死守下邳,又派人冲出包围去袁术那儿求救。

由于吕布率将士拼死守城,曹军猛攻了将近两个月,小小的下邳城竟坚不可摧。久攻不克之下,曹操心内焦急,加之军队连战不休,将士疲惫不堪,粮草给养又供应困难,便准备班师回许都,休整部队,再作考虑。

疲师远征本为兵家所忌,大军屯坚城之下,若久攻不克,尤为不利。现在,曹、吕两家都已疲惫不堪,谁能再坚持下去,谁就有获胜的希望。在这个关键时刻,听说曹操准备退兵,众谋士都非常焦急,荀攸力劝曹操万不可撤军。郭嘉紧接着说:"过去项羽一生大小七十余战,未曾败北,一朝失势于垓下,却身死国亡。其原因,就在于他倚仗自己的骁勇善战,却少谋略。如今,吕布同样有勇无谋,而且连吃败仗,锐气早已衰竭,勇力已尽。吕布的威力远不及项羽,而困败的窘状却有过之,若乘胜猛攻,则下邳一定可拔,吕布必将受擒。"曹操一听,二人言之有理,遂率军继续围城猛攻。

向曹操进言勿退兵很容易成功。可无奈下邳城内将士、百姓惧怕城破被屠,都拼命死守,如何破城便成为问题的焦点。一味死攻显然不是上策,此刻,谋士们便有了用武之地。经过实地勘察,荀攸、郭嘉又生一计:水攻。也就是挖决泗水、沂水,淹灌下邳城,以水代兵。曹操正在一筹莫展之际,得此妙计,自然大喜。立即令士卒引沂、泗河水，滚滚冲向下邳城。固若金汤的下邳城，却经不住水浪的冲击，顿时被泡在几尺深的大水中。城中军民见无生路，遂无心守城，纷纷逃散——各自逃命去了。

吕布的大将侯成、宋宪、魏续等人为了寻求生路，便发动兵变，绑了陈宫等投降曹操。吕布率残卒退守下邳城的白门楼，最后仍束手就擒。曹操在白门楼上召集文武官员，惩办吕布。吕布这时还嫌把他绑得太紧，曹操笑着说："缚虎不得不紧啊！"吕布又表示愿降，向他求饶。曹操深恶吕布之反复无常，立斩之。又挥泪杀了恩人陈宫，以礼收葬。至此，曹操便控制了黄河以南的大片地区。

最后，扫除黄河以南割据势力。建安元年（196），原董卓部将张绣随同叔父张济，由关中流窜到南阳一带。张济死后，张绣率部投靠刘表。南阳靠近许昌，对曹操好像芒刺在背。建安二年春，曹操先拿张绣开刀。张绣战败，举兵投降。不久又反悔，夜间偷袭曹营，曹军毫无防备，损兵折将，曹操的长子曹昂、侄子曹安民均战死。于是曹操只好退兵。

次年，曹操再次率军讨张绣，张绣求救于刘表。五月，曹军腹背受敌，不得不退兵。199年，张绣在谋士贾诩的劝说下，率士卒到许都向曹操投降，被封为扬武将军。

此前，建安二年，袁术在寿春称帝，这是公开反汉。曹操既然"奉天子以令不臣"，攻打袁术就师出有名了。九月，曹操讨伐袁术，迫使其向淮南逃走，不多时袁术病死。

曹军猛攻吕布时，河内的张扬曾出兵野王（今河南沁阳），帮助吕布。但不久，张扬被部将杨丑所杀。接着，眭固又杀了杨丑，投靠了袁绍。建安四年（199）四月，曹操派大将曹仁夺取射犬（今河南沁阳东北），杀了眭固，控制了河内郡。

曹操像

二年余，曹操逐个击败了袁术、张绣，消灭了吕布、眭固，改善了战略态势，逐步由弱转强，为全力对付袁绍创造了有利条件。郭嘉其间追随曹操，屡出妙计，充分发挥了他高级参谋的辅佐作用。

十败十胜

袁绍是曹操在北方最大的对手。官渡之战前，曹操一心想伐袁绍，但又担心自己的力量不足，心理上非常矛盾。因此，就想听听他手下谋士们的主张。

早先，曹操曾对荀彧说："袁绍不义，我想出兵讨伐，但实力又恐不敌，怎么是好？"荀彧以谋略家的眼光，从度胜、谋胜、武胜、德胜四个方面，论述了曹胜袁败的必然性。一席话，使曹操茅塞顿开，恍然大悟，下定了战胜袁绍的决心。

后来，曹操又以同样的问题征询郭嘉的意见。郭嘉做了更为深入的分析，他说："刘邦与项羽之间，力量相差甚大，明公你是知道的。然而刘邦的智谋却胜过项羽，所以项羽终为刘邦所败。"他劝曹操借鉴刘邦用智，以弱胜强的历史教训，树立以智取胜的信心。

接着，郭嘉分析了袁曹双方实力的对比情况，认为"绍有十败，公有十胜，虽兵强，无能为也"。也就是说，袁绍有 10 个方面不如曹操，所以袁绍的兵力虽强，终究要失败的。对袁绍而言，就是十败，对曹操来说，便是十胜。

这十败十胜是：

其一为"道胜"。"绍繁礼多仪，公体任自然。"这就是说曹操安定社会的措施，顺应自然规律；袁绍则扰乱天下，民不聊生，这就首先在"道"上取得了胜利。这是从总体上着眼，对曹、袁优劣的评价和估量。郭嘉以人性为第一要义，列为十胜之首，可以看出当时一些士人对人的天性的重视。在中国，天道自然的思想源于道家。到了东汉，作为王充的哲学命题，已指出自然界的运动，它的发生发展，是自然而然的，没有外在的支配力。人的天性，是自然的天性，理应顺乎自然。人本身具有自然力、生命力，是能动的、自由的自然存在物，各有其秉赋、能力、情欲等等，人的本质是自然的、自由的。所以，不应该用"繁礼"强加约束。性格束缚住了，天性的自然发展受到抑制，人的本质力量发挥不正常，封建时代的知识分子大都摆脱不了这种禁锢。东汉末年，群雄并起，儒家独尊局面受到冲击。在此情势下，顺应人的本性，反对繁文缛节，为一些士人所重，以期施展才能，曹操和郭嘉便属于此类知识分子。所谓"体任自然"，就是按自然规律办事，充分发挥人的内在秉赋，不要被人为的礼仪所束缚。

其二为"义胜"。"绍以逆动，公奉顺以率天下。"袁绍师出无名，曹操可以奉汉献帝之命以令天下，名正而言顺，这就在"义"上胜过了袁绍。东汉末年，皇权衰败，王纲不振，汉献帝不过是军阀手中的招牌和旗号而已。不过，话说回来，皇帝毕竟是封建政权的最高象征，是名义上的天下最高统治者。自春秋战国以来，意欲称霸天下的权臣枭雄，都懂得打着天子的旗号，对扩充势力的重要意义。建安元年(196)，曹操奉迎汉献帝立都许昌。从此，曹操常以朝廷天子的名义发号施令，堂而皇之，名正言顺地征讨异己，取得政治主动权。后来，诸葛亮在隆中与刘备讨论天下形势时，也说："曹操挟天子以令诸侯，不可与争锋。"可见，汉献帝这块招牌，在政治道义上还是起到一定作用的。

其三为"治胜"。"汉末政失于宽，绍以宽济宽，故不摄。公纠之以猛而上下知制。"东汉自桓、灵以来，治国的弊端是政令太松，为政过宽，纵容豪强大族兼并土地。袁绍本人出身高门士族，其高祖袁安官至司徒，"自安以下，四世居三公位，由是势倾天下"。他在自己的辖区内，非但没有纠正汉末弊政，反而对豪强大族更加放纵，任由他们凌压百姓。豪强们为所欲为，广营田地，下民贫弱，却要代出租赋，

以致卖妻鬻子，也不足应命。如袁绍谋士审配的宗族强大，竟招纳亡命，窝藏罪犯。因此，其统治区内阶级矛盾激化。正如曹操后来说的那样："欲望百姓亲附，甲兵强盛，岂可得耶!"

相反，曹操却纠之以猛，着重打击抑制豪强势力，"重豪强兼并之法"。所以，袁绍以宽济宽，曹操以猛纠宽，高下之别，昭然可见，这就是郭嘉所说的治胜。

其四为"度胜"。"绍外宽内忌，用人而疑之，所任唯亲戚子弟；公外易简而内机明，用人无疑，唯才所宜，不问远近。"历史上的袁绍确是个不善用人的军事集团首领，也是个不识贤愚、刚愎自用的代表。他表面上宽宏大量，实际上却心胸狭窄，气度太小，任人多疑，猜忌心强，而且所重用的多为亲戚子弟。而曹操则通达贤明，有才必重用，这就在器度上胜过了袁绍。

其五为"谋胜"。"绍多谋少决，失在后事；公策得辄行，应变无穷。"袁绍遇事多谋不能断，常常错失良机；而曹操处理大事非常果断，善于随机应变，这就在谋略和决策方面胜过了袁绍。

其六为"德胜"。"绍因累世之资，高议揖让以收名誉，士之好言饰外者多归之；公以至心待人，推诚而行，不为虚美，以俭率下，与有功者无所吝，士之忠正远见而有实者皆愿为用。"袁绍倚仗出身大族，沽名钓誉，跟从他的都有一些只务虚名而没有实际本领的人。而曹操以仁义和诚心待人，自己严谨俭朴，赏赐有功的人却慷慨大方，所以天下有才能而讲求实效的人都愿辅佐曹操，这就在德上胜过了袁绍。

其七为"仁胜"。"绍见人饥寒，恤念之形于颜色，其所不见，虑或不及也，所谓妇人之仁耳。公于目前小事，时有所忽，至于大事，与恩接，恩之所加，皆过其望，虽所不见，虑之所周，无不济也。"曹操很重视发展生产，恢复经济，安定社会，惠在下民。而袁绍放纵豪强，贪暴无比，民不堪命，却好在些许小事上假仁假义。曹操的仁，施实惠于民，与袁绍的妇人之仁相比，大得民心。

其八为"明胜"。"绍大臣争权，谗言惑乱；公御下以道，浸润不行。"袁绍出身官宦世家，听惯了阿谀奉承的话，偏爱身边谄媚之徒，言听计从，而不喜欢直言进谏之人，不愿采纳他们的意见。袁绍本人又浮躁而无大度，必然导致手下智者窝里互斗，大臣争权夺利，智谋反成了自身的瓦解剂。袁绍又听信谗言，为谗言所蒙蔽，结果正直的智者反遭陷害，卑鄙小人却横行无忌。曹操用人有方，谗言不行，内部团结，这就在"明"上超过了袁绍。

其九为"文胜"。"绍是非不可知；公所是进之以礼，所不是正之以法。"袁绍不辨是非，而曹操善于以礼和法治国，是是而非非，此即文胜。

其十为"武胜"。"绍好为虚势，不知兵要；公以少克众，用兵如神，军人恃之，敌人畏之。"袁绍不懂军机，却非常喜欢虚张声势；而曹操善于以少克众，用兵如神，具有杰出的军事才能，令敌人惊恐，这就在军事上胜过了袁绍。

郭嘉真是曹操智囊人物中之佼佼者，这一篇十胜的大道理可谓真知灼见。我们可以不管其多少有点言不由衷地褒一个贬一个的成分，看他从高处俯察这两个政治人物的比较论述，是切中要害。这里面的政治领导术、军事才干术、经营管理术、做人处世术等等，都是作为一种标准提出来的。首先郭嘉置人性于首位，反映出当时智谋之士对人的天性的重视。以下九条，首先要打出顺从民意的旗帜，提出宽严相济的政策，强调用人者信人，切忌胡乱猜疑，而且要唯才是用，不搞裙带关系。在策略上，要打有准备之仗，决不轻举盲动。要善于把握时机，决策果敢，不失时机，创造时机。要待人以诚，不讲排场，不作表面文章。从整体着眼，通盘考虑人事，避免顾此失彼，脱离群众。能顶住各种巧言令色之徒，去揭穿那些挑拨离间者的丑恶嘴脸。自己则正大光明，对风言风语能明辨来源，分清虚实。处理问题是非清楚，赏罚严明。不论干什么，能具有以弱胜强，以少胜多的胆识与本领。这位封建时代智谋人物的这一理论概括，其中精义，非常有继承或借鉴的价值。

同时，郭嘉从袁、曹双方的政治、经济、政策、军事实力、人心

向背，以及个人的气质和才能，做了全面而深刻的剖析，从而得出了曹操"十胜"的结论，这是具有科学预见性的判定。曹操的其他谋士，如荀彧和贾诩，也曾对官渡之战前的袁、曹对峙形势做过分析和预测，也都预见到了曹操必会击败袁绍的结局，这些都被后来的实践证明。荀彧曾预言曹操有"四胜"，即度胜、谋胜、武胜、德胜；贾诩预见曹操"明胜绍、勇胜绍、用人胜绍、决机胜绍"，可以说是英雄所见略同，都做了同样正确的判断，都对坚定曹操的信心，起了重要作用。只是郭嘉的分析最为详尽、细致、深入和准确。不是无端臆测，偶然的巧合，而是在详尽地了解了双方基本情况的基础上，根据事物发展的规律，进行演绎、推理、概括、分析，所得出的科学结论。郭嘉能够精确地、科学地预见曹操"十胜"，证明他的确是一位高明的谋士。

未卜先知

　　三国时期，吴国雄踞江东，立国时间最长。吴国的基业，就是由少年才俊孙策开创的。

　　孙策，字伯符，吴郡富春 (今浙江富阳) 人，东汉熹平四年 (175) 出生在当地一豪门大族。孙策的父亲孙坚，字文台，早年做过县令。黄巾大起义爆发后，孙坚率"乡里少年"和招募的壮丁 1000 多人，跟着右中郎将朱儁镇压起义军。由于作战有功，被提升为别部司马。后来，他又随车骑将军张温到凉州，进攻割据势力边章、韩遂，回京后，拜为议郎。汉灵帝中平四年 (187)，孙坚被朝廷委任为长沙太守。他先后镇压了长沙、零陵、桂阳三郡的农民起义，被封为乌桓侯。关东诸侯讨伐董卓时，孙坚也起兵北上，沿途征伐不断，实力渐增。他到鲁阳 (今河南鲁山) 会见袁术，袁术表奏他为破虏将军、豫州刺史。汉献

帝初平三年 (192)，袁术与刘表争夺荆州时，孙坚为先锋，连败刘表的大将黄祖。在进围襄阳时，被黄祖的手下暗箭射死。

孙坚死时，孙策正在寿春 (今安徽寿县)，年龄只有十七八岁。他年少才俊，喜交结各方豪杰，胸怀复仇之志。汉献帝兴平元年 (194) 十二月，他前往江都 (今江苏扬州)，求教于江淮名士张纮，询问当时世务。他问张纮："方今汉祚中微，天下扰攘……先君与袁氏共破董卓，功业未遂，卒为黄祖所害。策虽暗稚，窃有微志，欲从袁扬州求先君余兵，就舅氏于丹阳，收合流散，东据吴会，报仇雪耻，为朝廷外藩，君以为何如？"

张纮向他讲述对时局的意见：

"今君绍先侯之轨，有骁武之名，若投丹阳，收兵吴会，则荆、阳可一，仇敌可报。据长江，奋威德，诛除群秽，匡辅汉室，功业侔于桓、文，岂徒外藩而已哉。方今世乱多难，若功成事立，当与同好俱南济也。"

孙策接受张纮的意见，定下图取江东之计。兴平三年 (195)，孙坚旧部朱治见袁术政德不立，亦劝孙策取江东，创立基业。那时候，孙策的舅舅吴景进击樊能、张英，一年多也未攻克。孙策乘机向袁术献策：

"家有旧恩在东，愿助舅讨横江；横江拔，因投本土招募，可得 3 万兵，以佐明使君匡济汉室。"

袁术对此非常感兴趣，便任命他为折冲校尉，率兵渡江。孙策统率其父旧部程普、黄盖、韩当、朱治、吕范等及士兵千人、马数十匹东进。在寿春的宾客蒋钦、周泰、陈武等带领几百人也随策渡江，后周瑜也率兵迎接并助以资粮。到历阳 (今江苏和县) 时，已包罗部众五六千人。

孙策渡江后，在仅四年的时间里，驰骋疆场，东征西讨，次第削平江东割据势力，占有丹阳、吴郡、会稽、豫章、庐江、庐陵六郡，独霸江东，创建基业。其开国时间之迅速，大大超过曹操和刘备。时势造英雄，英雄亦造时势。孙策之所以成功，首先在于其战略决策英

明，"乱世务边"的决策充分显示了其远见卓识和勇决果断的过人之处。其次，孙策善于笼络人心，"善于用人，是以士民见者，莫不尽心，乐为致死"。再次是军纪严明，所至鸡犬菜茹，一无所犯，故民心向之。当然，孙策用兵，"猛锐神速，所向皆破，莫敢当其锋"，亦即他所具有的大将素质、卓越的指挥才能，也是个很大原因。他自渡江以来，攻必克，战必胜，人闻孙郎来，莫不望风而靡。袁术曾欣羡地感慨说："我如果有孙郎这样的儿子，纵然死去，也没有什么可怨恨的了。"

孙策渡江开拓江东的次年，拓地日广，实力强盛，羽毛丰满，遂想脱离袁术而独立。他听到袁术在寿春欲称帝，遂与之绝交。建安二年（197）正月，袁术称帝后，孙策遂采取北结曹操以抗袁术的政策，与曹操结好，曹操表封他为骑都尉，袭乌桓侯，领会稽太守。后曹操闻知孙策平定江南，深感忧虑，但因无力分兵与之争锋，便只好眼看着孙策"转战千里，尽有江东"而没有办法。曹操虽一再设法拉拢孙策，但孙策却不肯受他节制。

建安五年（200），曹操与袁绍在官渡对峙，后方空虚。孙策选择这个时机，确定了一个"阴袭许昌，迎汉帝"的计划。他部署好军队，临江待发。闻讯后，曹操集团的谋士将领"众闻皆惧"。因为孙策骁勇善战，又有著名谋士周瑜辅佐，这对曹操是个极大的威胁。然而郭嘉却有不同看法，认为孙策不会构成很大威胁，料定孙策此举，难以成行。众人对此大感不解。郭嘉解释并进而推测说："孙策刚刚吞并江东，所诛者尽为才俊。这些人手下都有一些敢死忠诚之士，他们一定会替他们的主人报仇。孙策为人浮躁而不警惕，纵使兵士众多，也如同独行旷野。如果遇到埋伏的刺客起而偷袭，孙策就只能一个人抵抗。在我看来，这个人必死于匹夫之手。"

众人听了郭嘉的预言，心中皆将信将疑。信的是他的分析很有道理，疑的是孙策是否真的"必死于匹夫之手"。但不久，这个似乎难以置信的预测，却为事实所证明。史载"策临江未济，果为许贡客所杀"。大家都对郭嘉的料事如神赞叹不已，深深为之折服。

原来，许贡担任吴郡太守时，曾上表汉帝，建议将孙策"召还京邑"，"若放于外必作世患"。孙策闻知大怒。遂率军南取钱塘（今浙江杭州附近），先使许贡无法与会稽王朗构成联盟，以相抗拒；然后再移兵北上，一举攻占吴郡，并绞杀了许贡。许贡死后，有三个门客，常想寻找机会，为他们的主人报仇，但一直没有找着机会。孙策平时极爱打猎，常轻装简从，外出射猎。手下多次向他进谏勿随意外出。孙策虽然认为这些意见很有道理，但却又总是改不掉自己的习惯。《三国演义》描写道：

"一日，孙策引军会猎于丹徒之西山，赶起一大鹿，策纵马上山逐之。正赶之间，只见树林之内有三个人持枪带弓而立。策勒马问曰：'汝等何人？'答曰：'乃韩当军士也。在此射鹿。'策方举辔欲行，一人拈枪望策左腿便刺。策大惊，急取佩剑从马上砍去，剑刃忽坠，止存剑把在手。一人早拈弓搭箭射来，正中孙策面颊。策就拔面上箭，取弓回射放箭之人，应弦而倒。那二人举枪向孙策乱搠，大叫曰：'我等是许贡家客，特来为主人报仇！'策别无器械，只以弓拒之，且拒且走。二人死战不退。策身被数枪，马亦带伤。正危急之时，程普引数人至。孙策大叫：'杀贼！'程普引众齐上，将许贡家客砍为肉泥。看孙策时，血流满面，被伤至重，乃以刀割袍，裹其伤处，救回吴会养病。"

是夜，孙策因伤重而卒，年仅26岁，由其弟孙权袭领部众。

孙策为郭嘉所言中，死在将袭许都之时，也许出于偶然。所以裴松之为《三国志》作注时说："嘉料孙策轻佻，必死于匹夫之手，诚为明于见事。然自非上智，无以知其死在何年也。今正以袭许年死，此盖事之偶合。"但是，他可以预测孙策"必死于匹夫之手"，则表明他对于各个政治军事集团有着深刻了解，对其意图能洞察秋毫，对其主要人物的性格特点也了如指掌。作为一个杰出的谋略家，郭嘉虽然身在曹营忙于军务，但对孙策统治下的江东各种势力的此消彼长和多种矛盾的发展趋势却是成竹在胸。尤为难得的是，他能够极为准确地分析、判断所掌握的材料，从而得出异乎寻常的精确预见。

大败袁绍

当曹操和袁绍两大集团崛起之后，他们均有图王之志，因此，双方剑拔弩张，兵戎相见，已是势所难免。

早在初平元年 (190)，袁绍就曾说过："我要南面据守黄河，北面控制燕代，再率河北将士，南向以争天下。"到建安四年 (199) 六月，袁绍消灭了公孙瓒后，占有青、冀、并、幽四州之地，军队增至数十万人，势力更加强盛。他召集将领和谋士们研究作战方案，经过激烈的争论，最后接受郭图、审配的意见，确定了"立即进攻，集中兵力，直捣许昌"的作战方针。遂选精兵 10 万，精骑万匹，胡骑 8000，南下谋攻许昌。

曹操手下众人对袁绍出兵仍存畏惧，经过曹操和荀彧等人的解释、鼓动后，方才团结一致，满怀信心去迎击敌人。当时，曹操调精兵 2 万，于 199 年八月进军黎阳，主动迎敌。

哪知，正当曹操部署对袁绍作战的时候，199 年十二月，原来依附曹操的刘备，杀徐州刺史车胄，自据徐、邳等，起兵反曹，与袁绍遥相呼应。是时，东海郡及附近的郡、县大多归附刘备，军队增至好几万人，声势颇为浩大。遇此意外，曹操意欲亲征迅速打败刘备，以防两面受敌。

另外，曹操很早就看出，将来与他争雄天下者必是刘备，所以他曾对刘备说过："天下英雄，唯使君与操耳。"以前刘备失败来投，他予以笼络。后来，刘备要领兵去击袁术，曹操也准其离去。当时，郭嘉就曾牵马劝谏："放备，变作矣！"并说，"纵不杀备，亦不当使之去。"又引古语："一日纵敌，万世之患"为证。曹操听后，大为懊悔，遂令许褚率兵追赶。结果，刘备如鱼入大海，鸟上青霄，一去再不复返，曹操"恨不用 (郭) 嘉之言"。如今，面对刘备的公然反叛，曹操必然非常重视。

但是，曹操帐下的将领对此却不理解。他们对曹操说："与您争天下的主要是袁绍。如今袁绍正率兵打过来，您却要放弃袁绍不打，而去东征刘备。万一袁绍从背后乘虚而入，那可怎么办？"

曹操解释说："刘备乃人中之杰，今不除之，必为后患。"

在这关键时刻，郭嘉赞同曹操意见，他说："袁绍生性迟疑，即便来攻，也不会迅速。刘备起兵不久，民心未附，力量又不大，迅速攻击，一定可以把他击败。这关系到生死存亡之机，千万不能失去啊！"于是，曹操下定决心，亲率精兵兼程东进，迅速攻破徐州、下邳，迫降了关羽。刘备全军溃败，妻子被俘，他只身逃往河北，投靠袁绍。

东征刘备，应该说是官渡大战的一个前奏曲。对曹操来说，与袁绍决战在即，如果不迅速扑灭刘备的反叛势力，任其在心腹地区星火燎原，势必就要陷入腹背受敌的困境。大战之前，先肃清次敌，以巩固后方，实属高明之举。曹操在这个问题上，决策无疑很对。问题在于，诸将的意见也不无道理。因为对袁绍而言，刘备起兵之时，也正是他乘机猛攻曹军的绝好时机。因此，曹操帐下将领的担心，便是问题的关键所在。

当诸将表示反对时，连曹操也有些迟疑不决，便"疑"而问郭嘉。郭嘉的一席话，使人茅塞顿开。他就袁绍、刘备两方做了分析，如果曹操东征，袁绍很可能先做壁上观，不会立刻进兵 (后来事实果是如此)，这当然最好。如果万一袁绍出兵，也"来必不速"，这是由其"性迟而多疑"所决定的，如此就给了曹操短暂的可资利用的宝贵时间。而关键在于，曹军要在这短短的时间里，能迅速平叛取得胜利。如果东征长期持续下去，难以击败刘备，那么东征也就不可取了。而这一点又取决于曹、刘双方的实力对比。郭嘉对比了双方的兵力、战斗力、士气、民心之后，断言"急击之必败"，也完全符合军事学的基本规

律。曹操听了他的分析，下定决心，终于获胜。反观袁绍一方，在曹操东征之时，谋士田丰建议袁绍："曹操与刘备正在交战，战事恐不能很快解决。公举兵袭击他的后方，可以一战而取得胜利。"田丰虽然错认曹操无法迅速击败刘备，然而曹操集团极为畏惧的却是乘虚出击。不料，袁绍竟借口他儿子有病，未采纳田丰的建议，按兵不动。田丰闻此，"以杖击地曰：'遭此难遇之时，乃以婴儿之病，失此机会！大势去矣，可痛惜哉！'跌足长叹而出。"

在这一件事上，可以看出，郭嘉抓住良机恰到好处。时刻把握事物在错综复杂中的运行情况与可能出现的各种变化，根据条件，不放过有利时机，这是谋士们不可缺少的智慧。时机往往只有一次，稍纵即逝，一去不返。人们常说的"机不可失，时不再来"，就是劝诫人们要善于抓住事物变化的枢纽，把握重要关系的环节，善于随机应变。这需要有慧眼！在时机出现时发现它，捕捉住它，决不放过。在这一点上，郭嘉与田丰无疑都具有这种慧眼。郭嘉称东征刘备是"存亡之机，不可失也"；田丰说是"难遇之时……失此机会。大势去矣……"由不同的方面阐述了同一思想：时机千载难逢，极为可贵；能否抓住它，关系巨大，影响深远。

发现时机固然重要，但最终还是要看能否把握住它。就这一点而言，郭嘉成功而田丰却失败了。此中深层根源在于，他们都是谋士，只有建议权而无决策权。他们都发现了时机，指明了抓住时机的方法，但最终的决策人——曹操和袁绍，却一个采纳一个弃而不顾，因此导致了截然不同的结果。当然，事物异趋，变异多多，这就为人们提供了多向选择的可能。要抓住时机，就必须预见到事物最终的唯一趋势，排除其他的可能性，这样自然会有冒险性，这也就更需要胆识和准确的预测判断能力。因此，预见性可说是谋略家们必备的才能。在这一方面，田丰与郭嘉相比，也不免稍逊一筹。郭嘉预见到东征刘备，必能速胜，其间袁绍极可能不会出兵；即使出兵，因行动迟缓，也无关大局，后来事实都一一验证了其准确性。田丰一误为断言曹操不能速胜刘备，二误为择主不明，虽有良谋，岂不知其主公的性格怎样，竟幻想袁绍会听纳自己的建议，这就难免要失败了。准确的预见性是建立在知己知彼之上，郭嘉对袁绍的了解与认识，似乎比田丰要深刻得多，这正是他成功的根源所在。

击败刘备后，曹操迅速调兵官渡。建安五年（200）二月，袁绍进军黎阳，派颜良围攻白马，以保障主力渡河。曹操采用声东击西的战法，将袁军引诱至延津，接着他率军急赴白马解围。未行10余里，便与颜良相遇。颜良一见，大惊失色，只好仓促迎战。曹操令张辽、关羽先攻颜良。关羽一眼望见了颜良的麾盖，策马如飞，直逼麾下，刺杀颜良于万军之中。袁军群龙无首，溃不成军，白马之围很快被解。

盛怒之下，袁绍下令全军渡河追击，命大将文丑率5000轻骑为先锋。

这时，曹操已率兵马向官渡撤退。到了延津南坡，他下令让一部分骑兵解鞍放马，不多时，战马乱奔，器械满地。很快，文丑追了上来，见状以为曹军已经逃遁，便命令士兵收拾"战利品"。岂料，曹操一声令下，早已埋伏好的600精骑，飞身上马，冲向袁军，势如破竹。袁军始料不及，一触即溃，大将文丑也成了刀下之鬼。

遭此惨败，袁绍不肯善罢甘休，令将士继续进军，一直追到官渡，才安营扎寨。这时，曹军早已布好阵势，坚守营垒。袁绍令士兵在曹营外面堆起土山，垒起高台，叫弓箭手在高台上居高临下向曹营放箭。曹军官兵只好用盾牌遮住身子，才能在营中行走。

曹操深虑此被动状态，急召众谋臣商议，最后设计出一种霹雳车。这种车上装有机钮，扳动机钮，十几斤重的石头就可飞出300多步。这样一来，袁军的高台被击垮，弓箭手被打得头破血流，死伤无数。袁绍又叫士兵在夜里偷偷挖地道，准备偷袭曹营。曹军发觉后，在兵营前挖了一道深深的长堑，切断了地道的出口。袁军的偷袭计划又失败了。

如此，两军对峙，均难有进展。

相持数日，曹军兵少粮缺，士卒疲乏。曹操曾想放弃官渡，退守许昌。谋士荀彧写信劝说："今军食虽少，未若楚、汉在荥阳、成皋

间也。是时刘、项莫肯先退，先退者势屈也。公以十分居一之众，画地而守之，扼其喉而不得进，已半年矣。情见势竭，必将有变，此用奇之时，不可失也。"于是，曹操决心加强防守，苦撑危局，静观其变，寻求战机。

果然，袁军内部不久出现矛盾。谋士许攸给袁绍献计，让他趁许都空虚，派一支人马绕过官渡，偷袭许都。袁绍不听，固执地说："我要当先取操！"偏巧，许攸家人犯法，已被收监。许攸闻讯，登时大怒，连夜投奔了曹操。曹操刚脱了靴子想睡，听说许攸来见，喜不自胜，跣足出迎。一见面，曹操抚掌笑说："君至，我大事有望。"

许攸向曹操提供了袁军屯粮乌巢，防备不严的情报，建议曹操出奇兵偷袭，烧其粮草。若是，"不出三日，绍必大败。"曹操闻之甚喜，并马上行动。他留曹洪、荀攸守大营，自己亲率精锐步骑5000人，打着袁军的旗帜，利用夜晚悄悄从小路赶到乌巢。半夜抵达后，曹军围住粮囤，四面放火，把1万车粮草烧为乌有。

粮草被烧的消息传到前线，袁军尽皆慌乱不堪，军心大乱。大将张郃、高览临阵倒戈，率部投降了曹操。曹军乘势猛攻，全线出击，袁军四处逃散。袁绍和他的儿子袁谭连盔甲都来不及穿戴，便率领800骑兵仓皇逃到河北。

官渡战败后，袁绍势力尚存，不料他本人却对胜败耿耿于怀，终于积郁成疾，于建安七年（202）呕血而死。其时，袁氏集团仍有很强的实力。袁绍的小儿子袁尚据邺城，统领袁绍旧部；袁谭、袁熙等仍然控制着黄河以北的大部分地区。

袁绍的几个儿子不能同心协力，各自扩充实力。袁绍在世时，为了争夺嗣位，他们就已经各自扩充实力，培植党羽，明争暗斗。谋士审配、逢纪拥戴袁绍喜欢的幼子袁尚；辛评、郭图却支持长子袁谭。袁绍死后，审配假传袁绍遗命，奉袁尚嗣位。袁谭自然心有怨言。袁尚也很疑忌他大哥，拨给的兵力也就很少了。他又让逢纪跟从袁谭，名为辅佐，实则监视。袁谭屡次要求增兵，袁尚与审配都不予理睬；愤怒之下，便杀了逢纪，如此一来，袁氏兄弟之间的矛盾，便迅速激化起来。

官渡之战后，曹操让军队先休整了一段时日，然后利用袁尚、袁谭之间矛盾冲突加剧的机会，渡过黄河，北上征讨。建安七年九月，曹军攻打屯兵黎阳的袁谭，谭无力抵抗，情急无奈，只好向袁尚告急求援。袁尚欲分兵助兄，又怕袁谭借兵不还；如果坐视不救，又怕黎阳有失于己不利，只好让审配守邺城，自己亲率大军救援黎阳。次年二月，两军大战于黎阳城下，结果，袁谭、袁尚、袁熙、高幹 (袁绍外甥) 大败，放弃黎阳，退保邺城。曹操占据了冀州的重要门户黎阳，为进一步消灭袁氏集团创造了有利的条件。

屡战屡捷之下，曹军诸将皆欲继续追击，一举取下邺城。郭嘉在大家的兴头上，却出人意外地提出了一个停止攻击、撤军，南征刘表的方案。众人迷惑，想当年下邳打吕布时，就是采用了郭嘉的急攻战术，在敌方人马疲惫的情况下，围攻两月，终于擒杀吕布；现在二袁已露败相，只要围住邺城，奋力强攻，破城指日可待，为什么要撤军呢？而今调头南下，远征刘表，岂不是给了二袁以喘息的机会。

对此，郭嘉自有他的独到见解，他很有把握地解释说："袁绍生前最喜爱这两个儿子，究竟立谁为嗣，一直没有定下来。有郭图、逢纪这些人做谋臣，肯定会兄弟内争不断，最终会相互分离，反目成仇。如果我们进攻太急，他们一定会团结一致对付我们；如果我们暂缓进攻，他们就会为争权夺利而自相残杀。所以，我们不如掉头向南，假装去荆州讨伐刘表，以待他们的变化。等到他们内部发生变乱后，我们再出兵击之，便能够一举平定河北了。"

郭嘉此计，可谓"鹬蚌相争，渔翁得利"之计。这是一个消灭二袁最有效也是事半而功倍的方案。因为，在当时形势下，乘胜进攻并消灭二袁，似乎是自然而然的事，而且大概也会取得成功。但是，"困兽犹斗"，"一人拼命，万夫莫当"。二袁占据的邺城，经过袁绍的多年经营，自然不可能被轻易攻破，何况袁军还有相当的实力，如果被逼急了，自然会拼命顽抗。强攻硬拼，必然要付出很大代价，这不是高明的战法。在当时，由于曹操大兵压境，对袁氏集团而言，内争

已退居次要地位，怎样外抗强敌，便是头等大事和主要矛盾。也就是说，袁、曹集团之间的矛盾，已冲淡或暂时压抑住了袁氏内部的矛盾。高明的智谋之士，常要利用敌人内部的矛盾，以取得胜利。如果敌方内部没有矛盾，也总是要想方设法给他制造矛盾。现在，袁氏内部矛盾重重，但却被压制住没有爆发。如欲使之爆发只需让其上升为主要矛盾即可。如何使之上升激化那就要改变主要矛盾，也就是说，暂时使曹、袁矛盾淡化。淡化的方法，便是曹操一方主动退出，停止进攻，从而改变形势，激化袁氏内部矛盾，巧妙地使之相互火并。郭嘉这一方案的归宿，就是要完成主要矛盾的转移，给二袁创造一个自相残杀的时机和环境。这样，曹军便能够以敌制敌，借敌人之手削弱敌人的实力，从而坐收渔人之利。这实在是一条不战而屈人之兵的奇谋妙计。

听了郭嘉的解析，众人连声称是，曹操欣然采纳。建安八年 (203) 八月，曹操下令南征刘表。这时，荆州的刘表刚稳定了长江以南的长沙、零陵、桂阳三郡，正密切注视着中原局势的变化。曹军回师南下，对刘表形成了强大的威慑，使他不敢轻易北上攻掠曹军辖地。

这就足够了！因为曹操所要的，便是一个给袁氏兄弟看而实质是佯攻的效果。曹操退军后，留下贾信守黎阳，曹洪守官渡，自己回许昌；接着再南下，装出进攻刘表的姿态。他虽然挥师南下，却是一步三回首，时刻注意着二袁的动静。当曹军开到西平 (今河南西平县西) 时，便接到袁谭派辛毗前来请求投降求救的消息。

事态正如郭嘉所料。曹军南撤后，胆战心惊的袁谭、袁尚真是大喜过望，紧接着，兄弟二人便开始了对冀州的争夺。袁谭以要追击曹军为借口，要袁尚给他的军队换些好的铠甲。袁尚不给。袁谭很生气，在郭图、辛评的挑唆下，领兵攻打袁尚，结果大败而归。袁谭带领败军逃到平原 (今山东平原南)，袁尚又领兵追踪而至，将平原团团围住，四面攻打。袁谭眼看城难守住，又一筹莫展，只好听从郭图的建议，派辛评的弟弟辛毗向曹操请求投降和火速增援。

曹操见二袁果然火并，心中非常高兴。但诸将对袁谭求降，尚存疑虑。谋士荀攸则认为：“现在天下正是多事之秋，群雄逐鹿，较智量力。而刘表坐保长江、汉水之间，无所作为。其无雄心大志，显而易见。袁氏据四州之地，带甲数十万。袁绍又经营多年，其势力盘根错节。若其二子团结一心，共守父业，便一时难以平定。如果二袁并而为一，专力对外，则更难对付。如今兄弟遘恶，势不两立，正是天赐良机，正应乘其内乱，迅速平定二袁，统一天下。机遇难得，不可失也。"曹操又问辛毗，袁谭请降是否有诈？已决定投效曹操的辛毗回答说："明公勿问真与诈也，只论其势可耳。袁氏连年丧败，兵革疲于外，谋臣诛于内；兄弟谗隙，国分为二；加之饥馑并臻，天灾人困，无问智愚，皆知土崩瓦解，此乃天灭袁氏之时也。现在明公提兵攻邺，袁尚不还救，则失巢穴；若还救，则谭蹑袭其后。以明公之威，击疲惫之众，如秋风之扫落叶也。不此之图，而伐荆州；荆州丰乐之地，国和民顺，未可摇动。况四方之患，莫大于河北。河北既平，则霸业成矣。愿明公详之。"曹操听后，很有同感地说："我攻吕布，表不为寇，官渡之役，不救袁绍，此自守之贼也，宜为后图。谭、尚狡猾，当乘其乱。纵谭挟诈，不终束手，使我破尚，编收其地，利自多矣。"于是应允袁谭的求降，立即出兵救援。为了进一步拉拢袁谭，当年十月，曹操赶到黎阳，还与袁谭结成儿女亲家。袁尚得知曹军北渡黄河，急忙放弃围攻平原，退回邺城。

建安九年（204）二月，袁尚又出兵攻袁谭，留下苏由、审配守邺城。曹操乘机出兵，进军至洹水，苏由率所部降操。曹军乃直捣邺城，审配坚守而不出。曹军在邺城奋力攻打，起土山、挖地道，用尽方法，却不易攻克。到了四月，曹操让曹洪率军继续围攻邺城，而自己统军扫清外围，先后击破尹楷、沮鹄，迫降韩范、梁岐。五月，曹军在邺城周围挖了一条长40里，深宽各2丈的壕沟，引漳水灌入沟中，将城围住。邺城被围困了4个月，城内给养不足，饿死大半。到了七月，袁尚率主力1万多人回撤，救援邺城。曹操手下将领都认为："这是归师，人自为战，最好避开他们。"曹操却说："袁尚如果从大道而来，自当避其锐气；如果沿西山而来，那就能擒获他们。"结果，袁尚军果然沿着西山而来，在滏水边扎营，遭到曹军的伏击，袁尚率溃兵

逃至祁山，再逃至中山。袁尚一路大败，最后率残部逃往幽州，依附次兄袁熙去了。八月，审配的侄子审荣防守城东门，一夜，他大开城门，迎接曹军入城，邺城遂破，审配亦被处死。

其间河北很多地方为袁谭所攻掠。攻占邺城后，曹操挥戈北进，进攻袁谭。袁谭初战不利，便退保南皮 (今河北南皮县东北)。建安十年 (205) 正月，曹军冒着严寒进击，一举攻克南皮，处死了袁谭、郭图。至此，冀、青二州皆为曹操占据。然后，曹操北上进击幽州的袁熙、袁尚。袁熙、袁尚已成惊弓之鸟，闻风逃奔辽西乌桓，幽州也就落入曹操之手。郭嘉精心谋划的巧平二袁之计，至此已经全部实现。

曹操攻占冀州后，郭嘉提出建议，要曹操召见当地的知名人士，任以为官，"以为省事掾属"。这一措施，极大地笼络了青、冀、幽、并等地名士的人心，有利于巩固曹操在北方的统治。这可以说是一个极有见地的深谋远虑。

建安十二年 (207) 二月，曹操在邺城大封功臣 20 余人，皆封为列侯。其中郭嘉由于在征讨袁氏兄弟的战斗中，出奇谋立大功，被封为洧阳亭侯。

北征乌桓

曹操平定河北后，首要问题便是征讨乌桓了。

乌桓亦作乌丸，是我国北方一个以游牧射猎为生的少数民族。东汉初年，他们居于今辽宁西部和河北东北部。东汉末年，乌桓的势力逐渐强大起来，尤以辽西单于蹋顿最为强悍。汉末，乌桓骑兵天下闻名，北方许多军事集团首领都曾依赖过他们。袁绍生前同三郡乌桓的关系就非常密切，击败公孙瓒后，他曾以汉献帝的名义，封蹋顿为乌桓单于。袁绍死后，三郡乌桓继续与袁氏相互勾结，狼狈为奸。建安十年（205），袁尚、袁熙逃入乌桓，妄想借助乌桓的力量与曹操抗衡。为此，蹋顿多次派兵袭扰汉郡，并同曹军直接冲突，企图帮助袁尚重整旗鼓，恢复旧土。为了清除袁氏残余势力，统一北方，曹操准备远征乌桓。

远征乌桓却并非轻而易取。当时，刘备正依附荆州的刘表，一直在劝说刘表讨伐曹操。如果刘表在曹军远征乌桓时，趁机起兵进攻后方空虚的许昌，那后果将非常严重。曹操对此也相当慎重，召集手下文臣武将广泛讨论。诸将均不赞同，他们认为："袁氏兄弟，只不过是亡命之人，根本不足为虑。夷狄贪而无亲，乌桓又岂能为袁尚所用。如果大军远征，深入乌桓地区，刘备必然劝说荆州的刘表趁机袭击许都。一旦发生变故，到那时后悔可就来不及了。"

众人反对之下，郭嘉却非常赞同此事。他对曹操说："主公虽然威震天下，但乌桓倚仗地处僻远，必然不做防备。乘他无备，突然出兵袭击，定可成功。况且袁绍生前有恩于河北官民和乌桓，现在袁尚、袁熙兄弟还在那里，他们的影响力不可小看。如今青、冀、幽、并四州的老百姓，虽然已经归附了我们，可那只是迫于威力，而我们却并没有给他们什么恩惠。若我们放弃北伐而进行南征，袁尚就会依靠乌桓的支持和帮助，召集袁氏在各地的死党，伺机反攻。乌桓一动，河北的汉人继之而起，就会使蹋顿产生入侵的野心，难保其不会有非分之想。到那时，只恐怕青州、冀州就不是我们的了。至于荆州的刘表，那只是一个坐而论道的空谈家，他自知自己的才能不如刘备，也难以控御住刘备。如重用刘备，他恐怕控制不住；如不重用刘备，刘备也绝对不肯真心实意为他出力。他们之间这种复杂而微妙的关系，决定了他们不会有什么大的作为。因此，纵使我们虚国远征，刘表也不会有什么大的举动，明公对此大可不必担忧！"

郭嘉对远征乌桓的必要性、可能性、把握性的精妙分析，坚定了曹操的信心。特别是荆州刘表不会构成威胁的预断，更使曹操集团文武大员们放下心来。建安十二年二月，曹军开始北征。

五月，大军到达易县（今河北雄县西北），郭嘉又提出了战胜乌桓的具体策略和战术。他觉察曹军行动迟缓，便马上对曹操说："兵贵神速！如今我们跋涉千里袭击敌人，而部队辎重过多，行动缓慢，恐难以获利。再说敌人一旦得知消息，必然会做准备。不如留下辎重，轻骑兼程前进，乘其不备，突然袭击。"曹操听后，立即采纳。曹军轻装前进，选择乌桓放松戒备的小道，悄然越过卢龙塞（今河北喜峰口），跨过白檀（今河北宽城），经平冈（今河北平泉），穿鲜卑庭，直逼柳城（今辽宁朝阳南）。

当曹军到达白狼堆时，因为已经离蹋顿的大本营柳城仅仅有200多里路了，乌桓就发现了。蹋顿和袁尚兄弟，以及辽西单于楼班、右北平单于乌延等，带领数万骑兵猛扑上来。

曹操登上了白狼山，双方兵马奋力拼杀。曹军虽装备轻简，人数不多，但准备充足。乌桓骑兵看似来势凶猛，士气旺盛，却终归是仓促应战，军心难免不稳。曹操令张辽为先锋，纵兵大击。敌军各部协调混乱，溃不成军，被打得落花流水。蹋顿单于被斩，乌桓及汉卒降者20多万人。

青瓷鸟兽樽

袁尚、袁熙兄弟和辽东单于速仆丸战败后，率数千骑兵投奔辽东公孙康去了。曹操的部将都要求当即发兵攻击。曹操却说："何须劳动兵马？我要让公孙康将袁氏兄弟的首级送来。"果然，不久，公孙康送来了袁尚、袁熙的首级。

原来，袁尚他们到辽东后，打算夺取公孙康的兵马。袁尚为人有勇力，对袁熙说："今天到后，公孙康定来相见，我们兄弟当场杀掉他，占据辽东，还可以东山再起。"哪知，公孙康也在算计他们："现在不杀袁熙、袁尚，如何向国家交代？"于是，他事先在马房埋伏下精勇士卒，然后派人去请二袁。袁尚兄弟一到，伏兵一齐出动，当场将二人擒获绑缚，放在寒冷的地上。到了这个时候，袁尚还耐不住冻，向公孙康要席子。袁熙长叹说："头颅方行万里，何席之有。"二袁被斩首，函送给曹操。这时，曹操基本上统一了北方。

郭嘉在远征乌桓的战争中，始则力排众议，纵论天下大势，见解深刻而独到，分析透彻，令人折服，促使曹操做出了远征的决定。出征之后，他又及时提出"兵贵神速"，"轻兵兼道以出，掩其不意"的战术方案，使这次远征很快取得了全面的胜利。末尾二袁被杀，《三国演义》归功于郭嘉，第三十三回写道："时操在易州，按兵不动。夏侯惇、张辽入禀曰：'如不下辽东，可回许都。——恐刘表生心。'操曰：'待二袁首级至，即便回兵。'众皆暗笑。忽报辽东公孙康遣人送袁熙、袁尚首级至，众皆大惊。使者呈上书信，操大笑曰：'不出奉孝之料！'……众官问曰：'何为不出奉孝之所料？'操遂出郭嘉书以示之。书略曰：

今闻袁熙、袁尚往投辽东，明公切不可加兵。公孙康久畏袁氏吞并，二袁往投必疑。若以兵击之，必并力迎敌，急不可下；若缓之，公孙康、袁氏必自相图，其势然也。众皆踊跃称善。"小说并称其时郭嘉已亡，故留遗书给曹操，是为"郭嘉遗计定辽东"。当然，这是小说作者的设计，正史并未明言这是郭嘉的计策。不过，一则此遗书的计策与前述郭嘉定计让袁尚、袁谭互相攻杀如出一辙；二则后来曹操向汉献帝上表称："……荡定乌丸，震威辽东，以枭袁尚……凶逆克殄，勋实由嘉。"因此，说这是郭嘉的遗计，也许也有可能。

总之，在此战中，郭嘉自始至终出奇谋立大功，为曹操在北方的崛起起着巨大作用。

天妒英才

在远征乌桓的进军途中，郭嘉已不服水土，卧病车上。等到他跟随曹操出征归来后，又因操劳过度，病情加重。曹操一再派从人询问病情，关怀备至。岂料，如此才华横溢，风华正茂的谋士，竟在建安十二年（207）底，一病不起，与世长辞了。

郭嘉死时，年仅38岁，恰逢英年有为之时，实在令人痛惜！他去世后，曹操亲自前往吊丧，内心深为惋惜，悲痛不已，忍不住发出"哀哉奉孝！痛哉奉孝！惜哉奉孝！"的悲叹。这也难怪，此时恰逢曹操北征乌桓胜利返回，踌躇满志，正欲挥兵南下，一举统一中国之时，他此时非常需要像郭嘉这样运筹帷幄决胜千里的智囊谋臣。而郭嘉在此时竟离他而去，这对曹操的雄心伟业不啻是一个沉重的打击。恰在郭嘉去世不久，曹操失去有力辅佐，遭遇了平生最大的政治失败和军事失败——赤壁之战。无怪曹操哀叹说："若郭奉孝在，不使孤至此！"

郭嘉死后，曹操沉痛地对荀攸等人说："诸君的年龄都和我差不多，唯独郭奉孝最小。战乱平定之后，我准备把身后的事业托付给他，不料他却在中年夭折，岂非命中注定的吗？"在写给荀彧的书信中，曹操又追念郭嘉说："郭奉孝年不满40，相与周旋11年，艰难险阻，大家都同甘共苦。因他智虑奕远，通达事理，欲托之以后事，岂料先我而去，情何以堪！奉孝是最了解我的人，天下真正相知的人本不多，因此更加痛惜。可是，这又有什么办法呢！"曹操不止一次地表示，欲将自己身后大事托交给郭嘉，可见他对郭嘉的重视和信赖。曹操又向汉献帝上书，请求给郭嘉追增封赏。表文说："已故军祭酒洧阳亭侯郭嘉，忠贞善良，智高德美，体通性达。每逢讨论大事，众说纷纭，他能一针见血，一语定音，处理恰当，动无遗策。自在军旅之间，随我一起东征西讨十有一年，擒吕布，取眭固，斩袁谭，平定河北，越险塞，扫荡乌丸，威震辽东，铲平袁尚，其功高盖世。正当要彰显其勋之时，他却不幸早亡。追念郭嘉之功勋，实在令人不可忘怀。应该增加其封邑，加上过去所封共 1000 户，以表彰死者，鼓励后人。"对郭嘉的忠诚与才干进行了热情的赞扬，对郭嘉的英年早逝表示深切的悼念。汉献帝阅过表文后，追谥郭嘉为贞侯。

在曹操的智囊团中，郭嘉是一位年轻而又活跃的人物。曹操说他"体通性达"。可谓知人。郭嘉的确性格开朗，豪放，甚至不拘小节。陈群就曾多次向曹操诉说郭嘉"不治行检"，但郭嘉却不为所动，"意自若"，曹操因此而更加看重他。郭嘉才华横溢，锋芒外露，又不拘小节，按理来说，应该会招人忌怨。但事实却相反！这主要是因为他很善于处理人际关系，与同僚能和睦相处，荣辱与共。尤其是同主帅曹操的关系，相当融洽，达到了"行同骑乘，坐共幄席"的程度，被曹操视为最能交心的知己。

与曹操这样广有权谋的人物共事，时刻存在着危险，"伴君如伴虎"并非虚言，很多名臣谋士被曹操处死。而郭嘉同曹操的关系之所以能达到几乎水乳交融的境界，一方面大概是郭嘉对于曹氏大业的重要性所决定；另一方面也是他通达圆和，善于处理人际关系的结果，这也是他作为杰出的谋略家所具有的另外一个侧面。曹操最念念不忘的是郭嘉的忠诚和才干。自从弃袁投曹以来，郭嘉一直对曹氏集团忠心耿耿，有目共睹。因此，曹操一直对他的忠贤、忠良铭记在心，说他为人"忠厚"，"必欲立功分，弃命定。事人心乃尔，何得使人忘之！"而郭嘉的智谋、才能，也令曹操非常欣赏。曹操称郭嘉"动无遗策"，"每有大议，临敌制变，臣策未决，嘉辄成之。平定天下，谋功为高"，又说郭嘉"其人见时事兵事，过绝于人"。能令曹操这位"非常之人，超世之杰"赞叹不绝，便可见郭嘉智谋实在卓绝不凡。郭嘉的忠与能，不但令曹操钦服，也给后人留下了深刻的印象。

郭嘉为曹操运筹帷幄 11 载，为曹氏集团发展壮大及统一北方的大业建立了杰出的功业，相应地也就为历史的发展与进步作出了重要贡献。郭嘉年轻有为，不但具有择贤去就之明智，而且可以纵览天下形势，知己知彼，有预见事态发展之神机。他不仅善于利用矛盾，"指挥"敌人，胸有奇谋妙策，而且高屋建瓴，目光深远，具有高超的战略意识。他不仅仅是东汉末年曹操麾下的"奇佐"高参，而且也以他在斗争中显露的高超艺术，在历史智慧宝库留下光辉的一笔。

《三国演义》中对郭嘉的赞也十分贴切。诗曰：

　　　　天生郭奉孝，豪杰冠群英；

　　　　腹内藏经史，胸中隐甲兵；

　　　　运谋如范蠡，决策似陈平。

　　　　可惜身先丧，中原梁栋倾。

第 八 章

君臣相得，始末不渝
——王猛

王猛，字景略，东晋北海郡剧县人，后移家魏郡。前秦丞相、大将军，著名政治家、军事家。辅佐苻坚扫平群雄，统一北方，被称作"功盖诸葛第一人"。晋愍帝建兴四年，经历了八王之乱的西晋王朝，在人民大起义和内迁各族上层分子割据争雄的连天烽火之中寿终正寝了。在此前后，中国北方开始陷入十六国纷争的泥淖，而南方立足未稳的东晋政权也处于风雨飘摇的险境。在这个时候，一代名臣——王猛横空出世了。

寒门将才

王猛，字景略，是前秦北海剧人 (北海，郡名，西汉景帝时设置北海郡，治所在剧，剧即今山东寿光县)。但王猛家于魏郡 (今河北魏县)。

王猛年少的时候，家境贫寒，稍稍长大一些，就贩卖畚箕谋生，南北往来，尝尽了生活的艰辛。洛阳，东汉时为京师，西晋时亦为京城，十六国时期，洛阳亦是经济繁荣，交通便利的通都大邑，四方商贾多至洛阳交易，因此王猛经常到洛阳做畚箕生意。

有一次，王猛贩了畚箕到洛阳，有一个人主动上前说要买他的畚箕，出的价钱远远高出一般畚箕的价格。王猛一见，感到非常惊愕，他卖畚箕多年，还没见过出如此价钱的呢。于是就同意卖给他。但那人却说身边没钱，并说家离此不远，请王猛跟他回去取钱。王猛很奇怪，买畚箕而不拿钱，这实在稀奇，但贪图他给的价格高，可以多得利钱，还是决定跟他去。王猛背上一大摞畚箕，跟在来人的后面，两人离开市场，奔上一条大路。

说也奇怪，王猛背上背那么多畚箕，并不觉得沉重吃力，而且行走起来，脚步觉得相当轻松。走了一会儿，并不觉得走了多远，忽然就到了一个深山中。山中一条小路，两旁是成排的松柏，沿着小路走，不一会儿就到了一个宽敞的大山洞中了。

王猛抬头一看，山洞大约有 5 丈见方，洞中明亮。洞的正中，摆着一张胡床，胡床上踞坐着一位老人，老人的胡须头发都雪白雪白的，老人两旁，侍立着 10 多个人，这些人个个宽袍大袖，都有点仙风道骨的气概。侍立的人中有一个人，见王猛进来，就上前将王猛背上的畚

箕取下，引他到老人面前。王猛到了老人面前，倒身下拜，口称："晚辈王猛拜见老人家。"老人微微抬一抬手，笑着说："王公为什么要拜我呢？"并请王猛坐，一侍立者拿一个木墩，放在胡床前，王猛谢过坐下。老人待王猛坐下以后，以 10 倍的价钱将畚箕全部买下，并嘱王猛好自为之，不久将有际遇。说完便命人拿着钱送王猛离开。王猛心中不明就里，很是纳闷，又不便细问，只好拜谢老人，然后便随一个侍立者走出洞外。那人送王猛到了山外，回转身形，将钱袋交与王猛，告辞回山，王猛接过钱袋，向前走了几步，回过头一看，送行的那人已经不见，而眼前的山原来是中岳嵩山。嵩山在洛阳东 200 余里，自己一日之中就到山中而且拜见了老人，现在出山，日头尚未中天，王猛心中又惊又喜，他知道，这是遇上神仙了，神仙称自己为王公，自己的前途看来是相当不错的了。王猛此后非常珍惜自己，等待着可以奋羽翼搏击的那一天。

王猛姿容瑰丽，风度高华，富有才智，他自少年就很喜欢读书，他读的书，经、史、子无所不包，尤其对兵书更是特别喜爱，孙子十三篇他曾仔细地研读，反复揣摩，颇有所会。

王猛为人谨密慎重，从不胡乱讲话，态度严肃坚毅，气象宏壮，志向远大，细微小事从不能干扰他的思虑，那些与他的精神气质不相契合的人，他都从不与之有任何关涉，所以那些市井浮华无根的士人都觉得他不合群而讥笑轻视他，觉得他是一个呆子。但王猛对这些浮薄庸俗之人的态度从不放在心上，他有自己的志向和目标，所以他悠然自得，我行我素，他在冷静地观察，缜密地思考，不断增益自己的能力和智慧。

王猛年轻时为寻求实现抱负的机会，曾经到当时燕国的国都邺城游历，很可惜，邺城虽为国都，但那些贪利躁进之徒，追声逐色之辈都不能认识这位学富五车，满腹经纶的奇人。道不同不相与谋。但邺城中有一个人，名叫徐统，有知人之鉴，他见了王猛之后，认为王猛是个奇人，另眼看待他，为了笼络他，徐统召王猛为功曹，他以为在穷困中的王猛肯定会应召而来。但王猛却另有想法，他知道，在邺城是没有机会实现自己远大的经世济民的抱负的，徐统虽说对自己有所认识，但也有限得很，于是王猛不应徐统之召，从邺城跑出来，到了关中的华阴山隐居起来。他在磨砺自己，他要寻找一个可以辅佐的君主，找一个真正的龙颜之主，施展自己的才智。他在华阴山中潜心读书，揣摩世事，他暂时收敛羽翼积蓄力量，等候那风云激荡可以展翅舒翼的时机。

这时的王猛，虽说时人未识，但在一个不小的士人圈子里，已经是小有名气了。

那时南北对峙，江南的东晋有个桓温，此人官为大司马，手握重兵。为了增加自己的威望和实力，晋永和十年 (354 年)，桓温搞了一次北伐，这次北伐较为顺利，很快就打入了关中。桓温大军进入关中以后，不几天就推进到长安附近。长安当时是前秦的都城，如果打入长安，那么东晋恢复北方的事业就有了基础，可是桓温却另有打算，他把军队屯扎在灞水以东，逗留不进。王猛在华阴山中听到这个消息，就决定前去见一见桓温，他早听说桓温在东晋名气很大，现在又领兵到了灞东，他想亲自与桓温谈谈，看他是不是一个可以成就大事业的人。

于是王猛披着一件粗毛织成的短衣前去谒见桓温。把守营门的军士看王猛的打扮，根本就没瞧起他，不肯放他入内。倒是有个士兵，一听王猛要见主帅桓大司马，再看看王猛风神高迈，气宇轩昂，他想起了桓温说的要等待关中豪杰的话，心想，也许此人就是一个地方的小豪杰，于是让王猛稍候，自己赶紧入大帐禀报。桓温一听王猛之名，虽说不上他到底如何，然而总算听过这个名字，就传令请见，于是士兵又回到营门，将王猛请了进来。

王猛进入桓温的大帐，看桓温据案而坐，并没下座迎接，他便长揖不拜，报了自己的姓名。桓温请他坐下，于是王猛就在一张胡床上坐下。待王猛坐下以后，桓温便问他道："现今我奉天子的命令 (桓温称东晋的偏安皇帝为天子)，率领精锐的大军 10 万，凭恃仁义讨伐逆贼，为百姓除去残暴阴贼，现在我已到了长安附近，然而三秦的豪杰

竟然没有前来见我的，这是为什么呢？"王猛听桓温如此发问，不慌不忙，拱了拱手，然后回答："将军不远千里而来，深入到了敌寇的腹地，长安近在咫尺，但您却不渡过灞水，百姓不知道将军怀有怎样的心思，所以他们都不来。"王猛一边说，一边坦然地看着桓温。桓温北伐，实际上并不想收复中原，匡复什么晋朝，他只想立功劳而收名誉，树立自己在东晋的权威，以便将来有机会，自己做一个偏安的皇帝，所以他并不想灭前秦。在他看来，如果灭了前秦，自己军队的实力无疑要受重大损失，收复了关中，别人就可以轻易地取代他了。如果不和前秦硬拼，可以保持实力，打到了长安附近，东晋朝廷不能不说这是大功，这样实力保存了，威权和官位也上去了，回到东晋以后，自己的欲望不就更有实现的可能吗？所以他逗留不进，要挟东晋给他更大的官，更多的封赏。

王猛的话虽然不多，但说到了关键所在，桓温愣了半天，没想出以什么话来回答他，只好打着哈哈，说些无关痛痒的闲话。王猛一看，就知桓温志不在前秦，而是另有所图，所以他也不再往下说，而与桓温泛泛地谈些世务。王猛在整个过程中神情自若，旁若无人，他一边与桓温谈论，一边在粗毛短衣里捉虱子，风度潇洒。王猛的神情举止，使桓温很感惊奇，他的话让桓温觉得，这个不到30岁的年轻人是个人物，虽不能深切认识王猛的真实才能智慧，但也觉得是非同一般，就决定请他回江南。于是他让王猛留在他军中一些时日。

过了几天，桓温决定领兵回到江南，临行之前，他送给王猛一套华丽的车子和马匹，并且拜他做督护，请他与自己一同回南方去。王猛明知桓温有异志，又未能更多地了解桓温的为人，并且他生在北方，出身贫苦，而江南又是几家大族把持，去南方前途如何很难预测，因而王猛一时拿不定主意，犹豫不决。王猛决定回华阴山去一趟，征询老师的意见，请老师指示。到了山里，老师问了问王猛见桓温的情况，王猛如实做了回答，并说桓温请自己去南方，请老师指教，去还是不去。王猛的老师看了看王猛，然后慢慢地说："一山不容二虎，你与桓温难道可以在世上并存吗？在这也能谋得富贵，为何非要到遥远的江南呢?"老师的话一下子就使王猛清醒了。是啊，两个杰出人物，都想出人头地，在一起岂不是要出矛盾，到了南方，如果不依附桓温，前途定然不妙，依附桓温，自己就永无出头之日，这不是太危险也太令人不愉快的事吗？于是，王猛决定留在关中等待并寻找时机，不随桓温到江南去了。第二天，王猛又去见桓温，把自己的想法说了。桓温虽然对王猛有些奇异的感觉，毕竟未能深入了解他，只把他看得比一般人稍好一些就是了，所以桓温也未勉强王猛，自己领兵退出函谷关，奔荆襄大路返回东晋去了。王猛依然留在关中。

君臣相得

人真是需要机遇。机遇来了，想挡都挡不住。王猛不久就遇上了一个千载难逢的好机会。

盘踞关中的前秦，是苻洪、苻健父子经营建立的，苻洪未称皇帝，而苻健称了帝。苻健称帝4年而病死，其子苻生继为皇帝。这个苻生，性格凶暴，沉湎于酒，临朝辄怒，惟行杀罚。自即位以后，先后杀大臣戚属数十家，近臣左右数百人。又不恤国政，以致猛兽食人，农桑俱废，而苻生晏然自乐。苻生倒行逆施，天怒人怨，他不但不稍有收敛，反而变本加厉。此种情形激怒了苻坚。

苻坚是苻洪小儿子苻雄的儿子，少有经世济民的大志，博学多才艺，倾心结交英雄豪杰，以图经纬天下。苻生即位，滥行杀戮，太原薛赞和略阳权翼劝苻坚行汤武之事。所谓汤武之事就是指商汤放夏桀、周武王伐殷纣的事，就是要苻坚废苻生而自立。苻坚见苻生滥杀无辜，说不上什么时候就要杀自己弟兄们，深以薛赞、权翼的话为然。如果要有所成就，必加准备，苻坚网罗了吕婆楼、强汪、梁平老、薛赞、

权翼等一帮人,他听说王猛之名,就派吕婆楼带厚礼专程召请,王猛施展才能的机会终于来到了,而历史也留下了一段君臣相知相得的佳话。

吕婆楼带领王猛来到了苻坚府上,苻坚已经在厅外迎候,王猛一见苻坚,便快步上前,深施一礼;苻坚一见王猛,也赶忙抢上一步,双手扶起。二人执手进入内室,寒暄过后,屏退众人,开始了谈话。

这次谈话是君臣二人以后相互了解、相互信任的开始。二人披肝沥胆,各谈心腹之事,他们惊奇地发现,对方是自己寻找已久的对象,他们谈及天下大事,好像上天安排的一样,异符同契,对相当多的问题都有惊人一致的看法。王猛知道,自己等待这么多年,终于等到了要等的人,一个可以辅佐的君王,一个又有大志又礼贤下士的君王,他很兴奋。苻坚也一样,知道自己终于找到了一个有远见卓识、深通谋略、志向远大的杰出人物,这个人物将帮助自己成就大业。两颗心那么贴近、那么融洽,这情形一点也不亚于刘玄德与诸葛亮。二人今日如鱼得水,相与为欢,只恨相识不早。从上午直到快日落,他们忘记了吃饭,谈啊谈啊,话语就像不尽的流水,互相滋润着心田。

自古君臣相得难,因此像周文王遇吕尚、齐桓公待管仲、刘备信任诸葛亮,便都成为千古佳话,传颂不绝。君臣相知相得,是封建时代人们希望出现的情景,可惜太少了,漫漫数千年,有几个这种情况呢?屈指可数!王猛与苻坚一见如故,信任不移,有始有终,真真可感可叹。从此王猛竭忠尽智,为苻坚谋划,苻坚推心置腹,信任异常,视王猛为自己的臂膀,国家的柱石栋梁。

王猛入苻坚府不久,苻生又想对苻坚兄弟杀戮,苻坚和他的庶兄苻法、

王猛

弟弟苻融，当然不甘心被苻生无故杀死，又想到祖父、父亲创业艰难，一个苻生胡作非为，必将断送社稷江山，于是苻坚在王猛、吕婆楼、强汪、梁平老、薛赞、权翼等人的鼓动和参谋下，在苻法、苻融，以及儿子苻宏的帮助下，断然采取行动，将苻生杀掉，自己做了前秦皇帝。

苻坚做了皇帝，以王猛为中书侍郎。当时始平大多是从枋头随苻洪西归的人，因此豪家大族横行不法，劫匪盗贼充斥地方，社会极不安定。苻坚要求一个安定的环境，以巩固政权，并使社会有所发展，始平密迩京师，诸豪强居功自傲，如不整肃，社会的安定不可能，激起民变，政权的巩固也谈不上，于是苻坚转任王猛为始平令，希望他能整顿法纪。

王猛受命，深知肩上的责任，因此他上任伊始，就首先申明法度，明示众人将以重法峻刑治理始平，敢有犯法者决不轻恕。同时，他仔细地廉察善恶，做到心中有数，在此基础之上，采取措施禁抑豪强。豪强多恃军功，纵横不法，残害黎民，他们虽久闻王猛大名，但他们并不相信王猛敢对他们怎么样，他们认为，自己对苻氏有大功，且多为戚属，王猛又能如何？所以他们依然我行我素，想吓王猛回去。

始平有一小吏，想试试王猛到底有什么能耐，故意犯法，王猛当庭将其鞭杀，一下子把始平那些旧日不法之吏震住了。豪强们一看，动真格的了，得把这股劲压下去，于是上书苻坚，讼吏之冤，劾奏王猛擅杀之罪。

苻坚本来就要王猛到始平整肃法纪，看王猛不畏豪强，很为赞赏，但众人上书又不能不做个样子，于是下令槛车征王猛到廷尉诏狱。所谓诏狱，是旧时代根据皇帝的命令特殊处理的案件。苻坚带了一班臣下，亲自讯问王猛。苻坚说："施行政治的体制，以德行化育为先，你到任未有几天，却杀了无数的人，为什么这么严酷呢？"王猛明白苻坚的意思，于是理直气壮地回答："臣听说，治理安宁的国家用礼义，治理动乱的国家用刑法。陛下不认为我没有才能，把一个政务繁杂的县邑交给我治理，我这样做，谨是为圣明君主翦除凶猾之辈。只不过

才杀了一个人，余下的凶猾尚以万数。陛下若是认为我不能穷治残暴，尽诛奸邪，从而肃清规矩法度，我怎么敢不甘心领受鼎镬之刑罚呢？怎么敢不以此来谢对陛下的辜负之罪呢？但说我实行酷法，这个罪名臣实在不敢领受。"苻坚待王猛说完，立即回过头去对跟来的群臣说："王景略本来就是管夷吾、子产一流人物啊！"然后，苻坚就把王猛放了出来。

王猛以他的智谋和忠诚，愈来愈得到苻坚的亲宠，苻坚要依靠他成就升平大业。不久，苻坚就迁王猛为尚书左丞、咸阳内史、京兆尹。未过几天，又任命王猛为吏部尚书、太子詹事；又迁为尚书左仆射、辅国将军、司隶校尉、加骑都尉，居禁中负责宿卫。时王猛年仅36岁，一年之中5次迁官，权势倾动朝野内外，宗室戚属和前秦的故旧大臣都因王猛被宠信非常嫉恨，总想方设法弄倒他。

特进樊世是氐族大豪，在苻健时对前秦王朝立有大功，平时就负气倨傲，见王猛如此被苻坚信任，非常不满。一次在大庭广众之中，樊世公开侮辱王猛，他说："我们这些人与先帝一起兴起了事业，现在却不能参与事权，你没有汗马功劳，凭什么敢专管大任，这不是我们耕种庄稼而你吃粮食吗？"王猛对这种行为非常气愤，他知道如不能将樊世制服，以后就别想有什么作为，于是他不客气地说："正想要你做宰杀牲畜的屠夫，哪里仅止让你耕种庄稼呢？"樊世听后，暴跳如雷，恨恨地说："一定要把你的脑袋挂在长安城门上，不能这样，我终究不能活在世上！"王猛知道，樊世这样的人说出话来就能做出事来，有这种想法的决不止樊世一个，他决定杀鸡给猴看，将豪强的气焰打下去。王猛没有理睬樊世的喊叫，他进入宫中，把樊世的话禀告给苻坚，苻坚一听，很生气，说："必须杀掉这个老氐，然后百僚才可以整肃，否则我们什么事也干不成了。"苻坚和王猛商量了一个办法，要除去樊世。

也是事有凑巧，不大工夫，樊世进来向苻坚陈说事情，樊世说完事情，苻坚根本没予理会，反而故意问王猛："我打算让杨璧娶公主，杨璧是个什么样的人？"王猛尚未答话，樊世就勃然大怒，厉声说：

"杨璧，他是我的女婿，婚姻早就定下来了，陛下怎么能让他娶公主呢？"这时王猛发话了，他一本正经，严肃地对樊世说："陛下占有四海，而你竟敢与陛下争婚，这不是有两个天子了吗？哪里还有君臣上下之分！"樊世明知他们这是拿自己开心，心中气忿已极，对符坚他不敢怎样，现在王猛这么一说，他就想出出气，于是把所有的怨气怒气一齐发作到王猛身上。王猛话音一落，樊世腾地一下子就从座位上站了起来，伸手就要打王猛，左右侍卫上前死死把他拉住。樊世没打到王猛，未得泄愤，就用污秽的言辞大骂。俗话说，相打无好手，相骂无好口。樊世这一骂，不但骂了王猛，还辞及符坚。符坚当时就大怒起来，喝令左右侍卫立刻将樊世拉到西马厩杀掉。

这一下子可麻烦了。俗话说，物伤其类，兔死狐悲。樊世被杀的消息传出，那些氐人哗然骚动，都来说王猛的坏话，要求把王猛赶出朝廷，符坚气极了，顺口骂人，并且把一部分氐人拉到殿庭中鞭挞。权翼一看，这样闹下去不行，就向符坚进言："陛下宏毅通达，宽仁大度，善于驾驭英豪，神明英武，卓荦不偶，记录人功，捐弃人过，很有汉高祖刘邦的风范。但是，陛下贵为天子，那些简慢率易的话，应该注意加以清除。"符坚听了，觉得权翼的话也甚有道理，于是转怒为喜，笑着说："这是朕的过错啊！"让侍卫把诸氐放出。这场风波平息了下去。

但诸宗戚旧臣不甘心，还有人要攻击王猛。尚书仇腾、丞相长史席宝屡次诋毁王猛，符坚非常生气，就把仇腾贬黜为甘松护军，逐出朝廷；让席宝以白衣领丞相长史的事务，夺去了官爵，从此以后，朝中公卿百僚没有再敢说王猛坏话的了。

但公卿百僚不敢说坏话，并不等于他们不敢在外边为非作歹，很多权贵豪强还照样横行无忌。

符健的妻弟强德，位居特进，倚仗是先皇帝的小舅子，纵酒豪横，成为京师百姓的大患。王猛为京兆尹，职责所在，将强德捕住，然后杀掉了，并将其尸在市上陈列。当时的御史中丞邓羌，性格耿直，不屈服于豪强的势力，他极力帮助王猛整肃法纪，与王猛同心协力。在

数十天之间，两人诛杀贵戚豪强 20 多人。这种雷厉风行的打击，给朝廷以莫大的震动，于是在朝廷百僚震肃，讲究礼法；在朝外，豪强屏气，不敢为非，一时之间，风俗大变，路不拾遗，治化大行。治乱世用重典，奸邪不除，国无威信，民不聊生，放纵坏人，就是残害好人，哪有坏人当道，肆意横行的社会能够发展，能够长久的。王猛的严刑峻法，见了功效，苻坚大为高兴，他赞叹道："我从今才知道天下是有法的，也才知道天子是尊贵的！"因此他愈加信任王猛，相信他会把国家治理得好。于是，苻坚拜王猛为尚书令、太子太傅，加散骑常侍。王猛上表表示不接受，苻坚坚决不允许，无奈，只好接受。不久，又迁转他为司徒、录尚书事，余如故。王猛这次拜表上辞，坚卧在家，宁肯不干也不受命，苻坚只好听他这一次，没有强迫他。

此后，王猛辅佐苻坚，内立法度，讲礼义，兴学校，课农桑，敦风俗，使境内治化大行；在外，王猛掠汉阳、克羌寇、降李俨、斩叛将苻柳，立下了很多战功，无论在内政或是在军事上，王猛都显示了杰出的才能，对于前秦政权的巩固和社会的安定发展，他作出了极其重大的贡献。

一统中原

东晋太和四年，是前秦苻坚建元六年 (369 年)，东晋大司马桓温率兵讨伐前燕慕容暐 (wěi)，晋军次于枋头。在晋军的攻击下，慕容暐的燕军屡屡败阵，形势非常危险。慕容暐无奈，只好派使者向当时势力较为强盛的前秦借兵，为了让苻坚派兵，他表示将武牢 (即虎牢，今河南荥阳汜水) 以西之地割给苻坚。苻坚当然不愿意桓温将慕容暐打败，那对他是不利的，他本就打算与慕容暐连横以抵抗东晋，现在慕容暐求救正是机会，何况还可以得大片土地呢？于是苻坚派苟池率领步骑2万，去救慕容暐。前秦和前燕的联军，将桓温的军队打败了，桓温被迫无奈，只好撤回江汉一带，苟池也率兵回返关中。

此时，在前燕朝廷，宗室慕容垂受到太后可足浑氏和慕容评的嫉恨，太后与慕容评阴谋杀害慕容垂，为了避害，慕容垂投奔了苻坚。慕容垂在前燕建有大功，威德素振，避害来奔，焉是久居人下的人。王猛对此有所顾虑，他对苻坚说："慕容垂，燕国的宗室戚属，世世代代雄踞东夏。他宽和仁爱，对下甚有恩惠，以恩义邀结士庶，很得人心，燕赵之间的人都有拥戴尊奉他为国主的想法。我观察他的才能谋略，权术智计变化无方，随机应制，无有穷尽；更兼他的几个儿子都明达勇毅，有干练的才艺，他是一个人杰啊！蛟龙猛兽，不是可以驯服的东西，不如乘机把他除掉，杜绝后患。"苻坚沉吟了半晌，对王猛说："我现在正以恩义招致天下的英雄，以建立传世的大功业，怎么能杀人呢？况且他刚刚前来，我已把至诚之意告诉了他，现在把他杀掉了，人们会怎样说我呢？"于是竟不杀慕容垂。王猛也没办法，只好暗中加以防范而已。人在建立功业时，要招揽英豪，但要招志同道合者，别有所图的枭雄是万万招不得的。苻坚只知一而不知二，想以小恩小惠笼络慕容垂，哪里能奏效呢？王猛见微知著，苻坚竟然不听，这就种下了祸根。王猛死后，慕容垂迅速扩张势力，反对苻坚，这是苻坚始料不及的。

且说桓温大军撤走以后，慕容暐就后悔了，他觉得不该把武牢以西的土地割给苻坚。慕容暐认为，即使不给苻坚土地，苻坚也不能把自己怎么样。人往往是这样的，危急时求助于人，危急过后就忘了当初的窘困，俗话说，好了疮疤忘了痛。于是慕容暐派来一个人，对苻坚说："不久以前答应的割地，是外交人员说了错话，不是国主的意思。有国有家的人，互相分灾救患，应该是事理之常有，哪有帮助别人就要好处的。武牢以西的土地不能割给您了。"苻坚一听，顿时大怒。他觉得慕容暐耍了自己，况且苻坚早想攻打前燕，一直没有机会和借口，于是决定攻打慕容暐。苻坚派王猛率领梁成、邓羌，领步骑3

万，以慕容垂为向导，首先攻打慕容晬筑防守的洛阳。慕容闻报，即派慕容臧领兵10万，从邺城出兵以解洛阳之围。王猛派梁成率领万人，卷起旗甲，轻装袭敌，在荥阳把慕容臧打得大败，退回邺城。洛阳城中的慕容筑闻知援兵不能前来，极其惧怕，就向王猛请求投降，于是王猛将队伍排开，接受了慕容筑的投降，进入洛阳城中做了安排。兵在精而不在多，将在谋而不在勇，王猛几乎没费什么事，轻易就取了洛阳，谋而后动，动则有功，确实是一个能谋善断的将才。王猛留下邓羌镇守洛阳，他自己则率师凯旋。

第二年，苻坚和王猛商议之后，决定大举讨伐慕容晬，把前燕吞并，以完成在中原的统一。于是，苻坚派王猛统率杨安、张蚝、邓羌等人，领精兵6万征慕容晬。苻坚亲自给王猛送行，直至灞东。苻坚拉着王猛的手说："现在我给你6万精兵，委你以平定鲜卑的重任，你便可从壶关、上党直出潞川，这是迅速取得胜利的关键，所谓迅雷不及掩耳，敌人是料不到的。我当亲自率领大队人马继你之后进发，让我们在邺城相见吧！我已敕令漕运相继启动，你只管考虑如何灭贼，不要考虑后方的事情好了。"王猛对苻坚的信任非常感动，他对苻坚说："臣庸凡劣下愚顽，又出身孤贫，在操持上也没有一毫介特之处，蒙受陛下的恩宠荣信，在朝内侍奉帷幄，出朝外总持戎旅，凭藉宗庙的威灵，禀受陛下的神机妙算，残败之胡不足平也。我希望不必烦劳陛下的车驾，使陛下蒙受霜露。我虽然不勇武，但愿战胜敌人不淹滞时序，虚耗时间。只请陛下赶快敕令有关部门，部署安置鲜卑人的处所就是了。"王猛的话表示了他消灭前燕慕容晬的决心和信心，苻坚听后非常高兴，他相信王猛一定可以完成平定前燕的重任。君臣二人依依难舍，执手话别。

王猛率队进发，先后拔上党、晋阳。此二城为前燕西部重镇，二城不存，邺城就失去了西部屏障，慕容晬十分着急，立即派太傅慕容评率众40万来救。慕容评人马虽众，但畏惧王猛，不敢前进，大军在潞川屯扎下来。王猛留毛当戍守晋阳，率师与慕容评相持。敌军人众，王猛军人少，为了扰乱敌军人心，增强自己的士气，王猛派游击郭庆率锐卒5000，夜晚从隐秘小路潜入慕容评大营之后，傍山放火，烧毁了慕容评的辎重，火光冲天，连数百里外的邺城都见到了。这把大火使慕容暐十分不安，派使者催促慕容评出战。慕容评其人，性格贪鄙，毫无远略，只因是慕容暐的宗族戚属，又曾助慕容奂(huàng)(祖父)、慕容俊(父)，晋位太傅，他领兵与王猛对垒之际，不思抚恤士卒，反而借机敛财，在军营中卖薪柴、鬻饮水，军中十分不满。王猛知慕容评有这等苟且之行，心中大喜，知道有可乘之机。慕容评被慕容暐责备，只好领兵求战，王猛在潞原上集众誓师，激昂慷慨。他说："我王景略受国家深恩厚德，担负重任，兼领内外，现在与诸君深入敌人内地，大家应该各自勉力向前，不可后退。愿大家在行列部伍中同心协力，以此报答皇帝的恩德和眷顾，争取立功受爵位在圣明君主的朝廷上，回家喝庆功酒在父母之室，这不是很荣耀的事情吗？"军中将士受王猛的鼓动，都各思立功，勇气倍增，于是打碎锅碗，弃掉粮袋，奋不顾身，大声呼喊着争先恐后向敌军扑去。

但打仗仅凭勇气并不能取胜，王猛见慕容评人多，心里感到不安。他想，如果把敌人的一部分先行击溃，那么敌方军中就自相混乱，取胜就容易了。于是他请邓羌领先取捷，邓羌向王猛要司隶校尉这个官位，王猛起初说，司隶校尉这个官我说了不算，但我一定安排你做安定太守，封你为万户侯。但邓羌不高兴，回到自己的营帐中躺下了。往往这种人，在需要他的时候，他便先提出种种条件，置国家与大众的利益于不顾，邓羌就是一个典型的例子。

两军交战，战斗十分激烈，一方要取胜以求爵赏，一方要取胜以保性命，战斗的惨烈可想而知。王猛骑马站在高处，眼见敌兵层层涌来，心中十分焦急，无奈，他只好骑马跑到邓羌帐中，许下司隶校尉这个职位。于是邓羌在帐中猛喝一顿酒，然后带领张蚝、徐成驰入慕容评军中，数次冲进冲出，旁若无人。邓羌等人在敌人军中冲突杀伐，使敌人军中大乱，鼓舞了前秦军士的斗志。双方战至日中，慕容评军大败，被斩杀俘获5万余人，慕容评引兵退走。王猛领兵在后猛追，不给敌军以喘息之机。乘胜追击溃逃的敌人，士气大振，而敌方则心惊胆战，兵无斗志。王猛在追击途中，又降敌和斩杀 10 余万人。慕容评狼狈不堪，逃回邺城，王猛则领兵团团围住邺城。

符坚得到王猛打败慕容评 40 万大军，已经兵围邺城的消息，十分兴奋，亲率 10 万大军星夜向邺城进发。到了邺城以后，见了王猛，少不得有一番慰问。符坚、王猛兵合一处，声势浩大，终于攻克邺城，慕容暐逃向高阳，半路被俘获，前燕灭亡。

符坚、王猛攻下邺城，俘获慕容暐，统一了关中和中原一带，这是前秦国势最盛的时期。自此以后，在数年之间，符坚和王猛君臣，致力于内政，薄赋敛，兴学校，齐风俗，崇礼义，关陇河洛一带，清平晏安，百姓丰乐，几乎达到了所谓的升平之世，是十六国时期北方少有的好时候。

鞠躬尽瘁

王猛率军征伐慕容暐，军纪严明，所经之处，师无私犯，俨然有王者之师的味道。邺中河、漳一带，在慕容暐治理时，社会状况极差，劫匪强盗公然横行，黎民百姓备受其害。王猛一到，盗贼劫匪都闻风而遁，少数胁从者改恶向善，不再为非作歹，远近郡县都很快安顺平静了，因此燕人安于王猛的治理，社会迅速安定，生活很快正常。鉴于王猛的功劳，特别是河北新平，急需一个具有大才能的人好好治理，符坚于是以王猛为使持节，都督关东六州诸军事、车骑大将军、开府仪同三司、冀州牧，晋封为清河郡侯，让王猛镇守邺城。同时，符坚念王猛久在军旅，赐给他美妾 5 人，上等妓女 12 人，中等妓女 38 人，马百匹，车十乘。对于官位，因为当时冀州新平，位不重则无以镇守，王猛接受了；其他的女人车马，王猛坚决不肯接受。王猛不是一个追求感官享乐的庸人俗夫，他追求的是建功立业，经世济民。

王猛既领冀州牧，留镇邺城，苻坚许其在关东六州便宜行事。所谓便宜行事，是封建时代君主给那些位高势大的权臣或者是亲信宠臣的一种特许权力，这种权力，允许受命者在一个特定的范围或一个地区内根据实际情况和需要独自进行处理，不必先征求皇帝或君主的同意，特别是在用人行政和应付突发事件上，受命者拥有先行处置之权。王猛在邺城，膺受此命，便根据冀州新定急需加以整治以建立正常秩序的需要，简选当地的一批英杰之士，把他们补做六州所属郡县的长吏，让他们根据当地的情况，安抚黎民，维护治安，尽快地把社会生活引上正轨。然后，王猛再把他们的姓名、履历申报朝廷的有关部门，给以正式的委任，发给委任状。这种委任状，旧时代称为官凭。王猛在冀州，尽心尽力，躬亲经营，经过数月的努力，官吏基本上补齐，局面基本稳定，一切都初具规模。我们看，王猛的计划是何等的周密，行动是多么快捷，他真是一个尽心国事，夙夜操劳的人。王猛不像有些人，尸位素餐，混沌度日，无所事事亦无所用心，终年不知他在干些什么；王猛也不像另一些人，碌碌无为，才具庸下，终日里东一头西一头，忙忙乎乎，结果却什么也干不出来；王猛更不像有些人，居功自傲，贪图享乐，迷恋声色，只知保住官位以图享受，全不思居位尽职。王猛居位则尽职，谋事则有成，凡事先考虑于心，动则致效，才智深美，为国干城。

冀州的事情有了眉目以后，王猛给苻坚上疏，要求允许辞去都督六州诸军事的重任，以便专任一州。奏疏中言辞恳切，确是衷心之语，不是说出来做样子的。王猛是个知进知退的人，他不像有些人不知己亦不知世，贪利冒进，钻营万方，官越大位越高越好，全不思自己的才具是不是称其职、称其位。王猛不是这种人，他是一个深知进退之理的智者。苻坚当然不会同意王猛的请求。任何一个君主，都想依靠那些既值得信任又具有才能的臣下。苻坚方倚王猛为栋梁，视王猛为长城，关东大事靠王猛料理，哪里会允许王猛辞位。为了表示自己的诚意，苻坚派侍中梁谠到邺城向王猛当面说明自己的意旨，谕令他继

续居职治事。无可奈何，王猛只好像以前一样处理各种繁杂的事务。

这一年，有大风从西南来，吹入长安城。没多久，天地阴晦暝暗，就像夜晚似的，天上的星星都现出来了，一颗硕大的红色星星出现在西南方天空中，诸军民人等都甚感惊奇。前秦太史公魏延向苻坚进言道："在占书上，说这种情况预示着西南方的国家当亡，明年一定会平定蜀汉。"苻坚一听，非常高兴，于是命令秦州、梁州两地暗中加以准备，一面先行进行人事安排。

苻坚首先想到的就是王猛，他让苻融为冀州牧，代替王猛，任命王猛为丞相、中书监、尚书令、太子太傅、司隶校尉，持节、常侍、将军、侯如故，再加上一个名号：都督中外诸军事。王猛上表坚决推辞，苻坚执意不允，在朝堂上，待大臣退朝以后，苻坚对王猛说，从前你是布衣，我才弱冠，当时正是世事扰乱、纷纭不定的时候，我一见你，就知你为奇伟瑰异之士，把你比做卧龙；你也对我另眼相看，终于捐弃了《考盘》古诗要人隐遁的素志，这难道不证明了我们俩精神相契合如同符契吗？我们两人，真是君臣遇合，千载难有啊！虽然古时有傅岩入殷高宗之梦、姜太公警周文王的梦兆，但我们今天与古时相比，也不见有什么不同。自从你辅政以来，几乎将近二纪（一纪即一星纪，12年)，在内总理各种事务，在外领兵荡平群凶，天下正在走向安定，天、地、人的常道开始有了秩序。我现在正想在上逍遥从容，让你劳心尽智于下，弘道济世的大事，除了你还有谁能担当起来呢？苻坚的话十分恳切，使王猛非常感动。苻坚不允许王猛辞事，王猛感于苻坚的信任，只好继续处理事务，经略四方。

如此，又过了数年。苻坚眼见在王猛的尽心治理下，国家兴盛，百姓安乐，心里十分高兴，于是又授王猛为司徒、王猛上疏，力辞司徒之职，言辞恳切，苻坚竟无论如何不许，王猛无奈，只得受命。当是时，军国内外万机之务，无论事情大小，全归王猛掌握，苻坚真是垂拱而治，逍遥于上。

王猛手握大权，却从不为私，而是尽心国事，夙夜操劳。王猛管理政务力求公正平允，他流放那些尸位素餐者，简拔幽滞，显扬贤才，外修兵革，内崇儒学，劝百姓致力于农桑，派官员督促检查，教黎民以礼义廉耻，使他们知道进退；无罪不滥加刑罚，无才不加以委任，各种庶事都能得到妥善的处理。在王猛精心竭力的治理下，当时的前秦可说是兵强国富，以致将要及于升平之世。这成就，在十六国时期是绝无仅有的。王猛真是一个谋略盖世，才能卓绝的人物啊！苻坚曾经从容地对王猛说："卿夙夜不懈，忧心劳力，致力于天下万机，我就好像周文王得到姜太公一样，将优游以卒岁！"唯苻坚能识王猛，唯王猛能尽心于苻坚，君臣相得如此，在历史上也是极突出的。对于苻坚的信任恩宠，王猛心中自是有数，他对苻坚说："没想到陛下这样清楚地知道臣的过错，臣怎么能够赶得上古人呢？"这是王猛的谦逊，说实在的，古人未必如此。傅岩、太公远矣，汉高祖虽以萧何、张良为功劳第一，但信任恩宠不及苻坚对王猛远甚。萧何在关中，刘邦故赐良田甲第，而萧何不得不遣子弟随刘邦征讨，比之苻坚让王猛总理万机，潜言不入，相去何可以道理计。所以苻坚说："以我看，太公怎么能超过您呢？"君臣如此，何愁大事不济！苻坚对王猛，不是做表面文章，他经常对太子苻宏、长乐公苻丕说："你们事王公，就好像事我一样。"可见苻坚对王猛的敬重纯是出自内心。

王猛行事素来雷厉风行，从不拖泥带水。广平人麻思因丧乱流落，寄居在关中，母亲亡故，麻思要归乡安葬，请求允许返还冀州。王猛对麻思说："便可急速打点行装上路，今晚已经发出符令，发遣你回冀州。"当时冀州为前燕之地，前秦与前燕分属敌国，没有符令，任何人都不能随意出函谷关。所以王猛要给麻思发个符令，以便他不受阻挠。麻思听从了王猛的话，立即打点上路，他刚出函谷关，沿途郡县已经被符令管摄住了，这命令传达如此迅捷快速。王猛行事，向来如此，令行禁止，任何事情都没有淹留迟滞的，不像有些人，只管发号施令，干与不干再也不问，下边的人竟然敢于留中不发，拖延不办，可王猛政令畅达，无怪乎他能把国家治理好。王猛性格刚正严明，清廉整肃，对于善恶的区分尤其严格，所行务趋善道，所诛逐必为邪恶，因此朝中正人多而小人寡，政务才能平允，天下才能安定。但人无完

人，金无足赤，王猛亦小有过失。因他严于善恶之分，所以对于过去一饭之恩惠，不能去心，对于过去有人对自己的一点小怨恨，亦铭记不忘，他握重权以后，没有一样不加以报答和报复的，有恩惠者倍加报德，有仇怨的则报以仇怨，时人对他的议论在这点上颇有微辞。似乎王猛太计较了，气度不够宽宏，然而细想一想，这也确乎是善恶所由分之处。君子恤人于贫困，小人下石于危难，君子理当被报德，小人亦应得警戒，无原则的所谓大度，从另一面说，正是见恶而不除，养恶而至于患，崇风俗者不当如此。恶人不受报，天下谁人尚为善；善人不见德，天下谁人不为恶。善恶关乎人心，报德报怨，都有来由，此亦劝善之一法，治世之一端，不可轻加訾议的。

王猛被封为司徒后不久，就身罹疾患，苻坚对此非常着急。他自己亲自到南北郊天地之所，到祖宗的庙里，到社稷神坛，向皇天后土、神宗、神灵祈求，让王猛的病快些好起来。同时，分别派遣内侍之臣代表他到河、岳诸祭祀神灵的地方进行祭祷，请河岳诸神对王猛加以佑护。但王猛因长期劳累，病势不见减轻，药石既已无力，神灵也不能有为。苻坚见祈祷无效，又对境内的犯人进行大赦，凡是死罪以下的犯人，都得到赦免，但王猛的病仍不见起色。王猛在疾病中，仍不忘国事，他给苻坚上表，感谢苻坚为他祈求神灵的恩典，同时言及时政，对内外大事都提出了中肯的意见。这使苻坚非常感动。苻坚览表时泪流满面，涕泗交迸，左右臣下无不悲恸的。他们都被王猛尽忠国事的精神和行为感动了，他们也被苻坚王猛之间那种至诚的关系感动了。

王猛积劳成疾，久治不愈，不久就病得越发严重。苻坚此时亲自前去探病，并询问他对以后国家的事情有什么想法，王猛伏枕，勉力说道："晋朝虽然处于僻远陋小的吴越，但是正朔相承，不可掉以轻心。亲近仁人，善结邻邦，这是国家之宝啊。臣没于地以后，希望不要图谋晋国。鲜卑、羌虏，是我们国家的仇敌，终究要成为祸患，应该逐渐地加以清除，以便利社稷国家。"人之将死，其言也善。因为这时的话往往是将长时间思索的问题提出来了。苻坚握住王猛的手，流着泪点头答应了王猛的请求。王猛说完话，看着苻坚，鼓起最后一点力量，紧紧地握住了苻坚的手，他看苻坚点头了，放下了心上的石头，撒手而去，终年仅51岁。

一看王猛合上了双眼，没有了呼吸，苻坚顿时痛哭失声。几十年风风雨雨，几十年朝夕相处，几十年相知相得，一旦撒手而去，再也不能披肝沥胆，激昂慷慨地纵论天下大事，再也不能得到如此知心的朋友，苻坚能不痛心吗？苻坚与王猛，分为君臣，义兼师友，这种情谊不是一般的情谊。左右群臣一看苻坚痛哭失声，想起王猛公而忘私的作为，想起他对国家的贡献，想起他夙夜操劳，使国家如此富强昌盛，都痛感失去这么一个人对国家是极重大的损失，犹如大厦折梁一般，因此群臣也都痛哭失声，一时间，王猛的府第一片哀声。人活着时，人们可能不觉得什么，一旦失去，就觉得去了主心骨似的，这样的人才是真正有价值的人；人活着，大家觉得不错，死去却并不觉得少了什么，这样的人其实只是一个俗人，顶多是个老好人。王猛是个有价值的人，他赢得了人们衷心的眼泪，也就是赢得了人们衷心的景仰与爱戴。

王猛入殓的时候，苻坚亲自去看了3次，他对太子苻宏感叹说："这是上天不想让我统一天下吧！为什么这么快就把我的景略夺走了？"赠王猛为侍中、丞相，其他的官爵都照生前一样保留。赠给东园温明秘器，帛3000匹，谷万石，派谒者仆射监护丧事，葬礼完全遵照西汉宣帝时大将军霍光的规格办。谥王猛曰武侯。朝野官民巷哭三日。

苻坚对王猛的情感是真诚的，丧葬之礼也是非常隆重的。王猛可算不虚此生。生前位居万人之上，手握大权，得君主无比宠信，死后备极哀荣，流芳百世。

感情的真挚不能表示对问题认识的透彻，王猛在世时，苻坚有依靠，王猛死后，苻坚失去了谋臣，就开始犯错误了。王猛死后不久，苻坚就开始了南征北讨，他忘记了王猛临终的忠告，信任鲜卑人慕容垂和羌人姚苌，使他们得以扩大势力；同时他妄自尊大，发动了对东晋的战争，只有骄傲之心而无谋敌之策，在淝水被打得大败。以后前

秦内部动乱，慕容垂重占冀州，建立后燕；姚苌逼死苻坚，建立后秦，前秦国灭。

　　苻坚得王猛，国家以兴；苻坚失王猛，国家以灭，王猛一身系国家兴亡，王猛实在是个不可多得的人才！王猛与苻坚，其相知相得，诚为佳话，能保持始终，更为难得，这在封建时代实在是值得赞扬的。可惜，苻坚后来忘记了王猛的忠言，终使身亡国灭，这不免令人愈加思念王猛。

第 九 章

助明开国，智谋超群
——刘基

　　刘基，字伯温，谥曰文成，汉族，青田县南田乡人。元末明初军事家、政治家及诗人，通经史、晓天文、精兵法。他辅佐朱元璋完成帝业、开创明朝并尽力保持国家的安定，因而驰名天下，被后人比作为诸葛武侯。朱元璋多次称刘基为："吾之子房也。"蔡元培称他："时势造英雄，帷幄奇谋，功冠有明一代。"学者奥野纯评价他："际会风云，平定海宇，既辟一代之规模，又阐一代之文章，盖诚意伯刘公一人而已矣。"

仕途不顺

刘基的祖先，是青田县的豪门大族。曾祖父刘濠，学识渊博，也非常有谋略。他曾在宋朝做过翰林掌书。宋朝灭亡后，当地人曾组织反元起义，遭到失败，失败后幸存人员四散隐藏。刘濠非常同情反元起义。后来，元朝廷派遣使者携带名册前去查抄起义人员。使者半路宿于刘家。刘濠把情况弄清楚后，故意殷勤接待，待其酩酊大醉，便反锁房门，放火烧了房子，名册尽毁。起义幸存者得以保护。

刘基在这样的家庭长大，受到很好影响。他从小就好学敏求，博览群书，而且对古人论及天文、地理、用兵打仗的书籍总是爱不释手。刻苦的研读使刘基受益匪浅，广泛的涉猎不仅开阔了他的胸襟，更促使他立志大展宏图，建功立业。

刘基 14 岁时，即已才华出众。他父亲为他请了几位老师，都因为学问不深无法满足刘基的求知欲而辞职。最后江南饱学名儒郑复初应聘，也认为刘基不是一般人。

一次，郑复初与学生们讨论孔子如何周游列国，宣传道化，刘基突然站起来说："孔子虽然道德高尚，但身为鲁国人，国败而难保，饱学而无为，岂不是一介无用的书生，大丈夫不应如此！"郑复初大惊失色，事后对刘基的父亲说："这可不是一个一般的孩子，日后定为国家的栋梁！"

果然，元至顺四年 (1333)，年仅 23 岁的刘基进士及第，衣锦还乡，被任命为江西高安县丞、江浙儒学副提举等官。

少年得志的刘基，颇想为元朝效力尽忠，做一番轰轰烈烈的事业。时值元朝末期，官场腐败，吏治贪乱，整个社会统治已是独木难支，

摇摇欲坠。但刘基并没有感到风雨飘摇，大厦将倾。他一方面以身作则，为政清廉，另一方面与那些贪官污吏作斗争。然而，上任不久，即因受人嫉恨被排挤到别处，碰了个鼻青脸肿。又不久，因上书弹劾监察御史失职开罪了上司，被排挤回家。

官场初挫并未能使刘基丧失信心。他反而认为自己之所以出仕碰壁，一则因自己学识未够，社会经验更是不足，涉世未深，不了解官场中之险恶；二则更因元朝政府积重难返，过于腐败，正直之人很难立足，更不用想有所作为了。因此，在回乡隐居的日子里，他如饥似渴地钻研《周易》八卦、兵书战策，并广交宾朋，扩大自己的影响，随时打算东山再起。他知道，有了梧桐树，不愁没凤凰。果然，随着岁月的流逝，刘基的名声日盛，甚至有人认为他的才干足可以与诸葛亮相比，很多江南名士于是纷纷登门求教。刘基觉得，自己出头的日子已经不远了。

适值元朝末年，社会矛盾空前激化，各地农民起义连绵不断。栾城 (今河北栾城) 韩山童与颍州 (今安徽阜阳) 刘福通起兵汝颍，罗田 (今湖北罗田) 徐寿辉起兵蕲黄，定远 (今安徽定远) 郭子兴起兵濠州，泰州 (今江苏东台) 张士诚举事高邮……起义队伍如火如荼，一浪高过一浪。而在江浙一带，黄岩人方国珍因被诬告通寇，一气之下，便杀死仇家，率兄弟三人聚集海盗数千人骚扰江浙，元朝廷几次派兵都未能剿灭，连江浙行省左丞孛帖木儿都被其活捉。朝廷无计可施，只得以高官厚禄诱降方国珍。但方国珍本性难移，几降几叛，弄得人心惶惶。江浙行省见方国珍如此，终于想到了刘基，任命他为元帅府都事。

隐居多年的刘基觉得又有了机会。他一到任就力主用武力严剿方国珍，认为方氏兄弟首先作乱，不顾朝廷恩恤，"不诛无以惩后"，并且定下了剿除方案。方国珍早已听说刘基的才干，甚恐，急忙派人以大量金银财宝向他行贿，刘基不肯接受。方国珍又使人从海上至北京，贿赂京中权贵，以致元朝廷决定对方国珍进行招抚，并授以官职。刘基蒙在鼓里，正布置出兵呢，朝廷竟然令下，说他擅作威福，夺去兵权不算，还把他羁留在绍兴。刘基一怒之下，于是辞官回青田老家。

至正十六年（1356），元朝行省重新复议以都事之职起用刘基，让他招抚安山起义军吴成七等。刘基自己招兵买马，组成部队，用软硬兼施的方法：投降政府的，予以宽大处理，甚至委以官职，抗命不服者当即擒捕诛杀，从而瓦解了这支义军。

至正十七年（1357），浙东山区爆发农民起义，行省又招来刘基剿捕，与江浙行省枢密院判官石抹宜孙守处州。经略使李国凤上疏称赞刘基的才干，请求予以重用。而执政权贵因怕得罪方国珍，只让他做总管府判，不让他指挥军队。刘基施展不开才能，只得再次弃官回乡。青田富户深怕方国珍扰害，纷纷投靠刘基，组织起地主武装，修筑堡寨，保卫自家产业。方国珍的军队，不敢进犯。

刘基的才能在元朝并没有能够很好地发挥，在隐居青田的日子里，刘基遵奉孔子"邦有道，则仕；邦无道，则可卷而怀之"的古训，日日以读书为事，静待明主。凡天文兵法，四书五经，诗词文章，无不涉猎。并爱作诗撰文，抒发自己怀才不遇，报国无门的胸怀。他在《感怀》诗中写道：

"昊天厌秦德，瑞气生芒砀，

修身俟天命，万石全其名。"

诗中以"秦"喻"元"，既有对时局的正确分析，又表达了自己的情怀。

在和张德平的诗中写道：

"贾谊奏书哀自哭，屈原心事苦谁论？"

在《感兴三首》中写道：

"乾坤处处旌旗满，肉食何人问采薇？"

刘基哀叹各地农民起义风起云涌，虽已搅乱地主阶级的安宁生活，但那些麻木不仁、贪生怕死的高级官僚，却仍然醉生梦死，无所作为。而像贾谊、屈原一类忧国忧民的志士，朝廷却不理解他们的心情。埋怨朝廷不问采薇，不能任用像他这样满腹经纶，身怀绝技隐居民间的"草茅"之人。

刘基污蔑农民军为贼寇，又不满政府军纪律败坏，无所作为。在

《忧怀》诗中写道：

群盗纵横半九洲，干戈满目几时休？

官曹各有营生计，将帅何曾为国谋？

猛虎封狼安荐食，农夫田父苦诛求。

抑强扶弱须天讨，可怪无人借箸筹！

在《次韵和石抹公春晴》诗中写道：

赤眉青犊终何在，白马黄巾莫漫狂。

将帅如林须发踪，太平功业望萧张。

在《次韵和孟伯真感兴》中，他对跟随朱元璋起义的红巾军，直斥为盗贼，诗云：

五载江淮百战场，乾坤举目总堪伤。

已闻盗贼多于蚁，无奈官军暴似狼。

……

在《闻高邮纳款漫成口号》中写道：

闻道高邮已撤围，却愁淮甸未全归。

圣朝雅重怀柔策，诸将当知虏掠非。

……

诗内所说江淮、淮甸，都是指朱元璋的，圣朝则是指元朝廷。刘基斥责那些镇压农民起义的"官军暴似狼"，那些领兵的将军只管"虏掠"，不问"虏掠"引起的恶果。从这些诗中，我们能够清楚地看到在刘基依附朱元璋之前，他的立场、思想和感情都是站在元朝那一边的。然而从中亦可看出刘基对元政府的腐败和官员的无能已有所认识。他在《卖柑者言》中，就寓意深刻地指责元朝官吏是"金玉其外，败絮其中"，"盗起而不知御，民困而不知救，吏奸而不知禁，法斁而不知理，坐靡廪粟而不知耻。"

大规模反元农民起义的广泛影响，二十多年仕途的屡遭贬抑，使胸怀正义并深谙军事的壮年刘基，对元朝的异族统治渐渐有所觉悟，开始发生动摇。他钦羡古代的杰出军事家诸葛亮、祖逖、岳飞等的为人，在苦闷中撰写了《吊诸葛武侯赋》、《吊祖豫州赋》、《吊岳将军赋》，字里行间表达了他对这些民族英雄的景仰，以及对蒙古贵族统治的反感，这为他之后投靠朱元璋做了思想上的准备。

《郁离子》一书，是用寓言的形式表现了他渊博的学识和富有创造性的思想，寓意深刻。"郁离子"既是书名，又是作者自称，内容涉及面很广，从个人、家庭到社会、国家；从政治、经济到军事、外交；从思想、伦理到神仙鬼怪，几乎包罗万象，既是前一段从政经验的总结，又为日后立国治乱打下了深厚的理论基础。

《百战奇略》这部军事著作，也是这一时期的重要著作。可惜此书后来被朱元璋密封朝中，未能面世，现在所看到的，只是民间流传的抄本。

宋神宗元丰年间，曾将古代重要兵书集成《武经》，以《孙子》、《吴子》、《六韬》、《司马法》、《三略》、《尉缭子》、《李卫公问对》七部兵书，作为用兵不可不读之书。《百战奇略》便是刘基读《武经》的笔记，同时还收集了从先秦到五代1600多年间散见于史籍中的重要军事资料。尤为难得的是，在书中刘基根据自己的军事实践和体会，提出了一些很有价值的见解。

《百战奇略》一书继承了我国古代军事辩证法思想的精华并有新发展。一方面，反对穷兵黩武，从治国的角度谈治军，以政治家的头脑谈军事，认为好战必亡。另一方面，他又非常强调战略战术，主张安不忘危，治不忘乱，居安思危，"内修文德，外严武备"。刘基在战略上还主张"善战者省敌"，认为"省敌者昌，益敌者亡"，反对到处树敌，主张分化瓦解敌军，以敌制敌。

书中还有众多此类辩证军事思想，即使从标题上就可看出来：信战与教战、攻战与守战、进战与退战、缓战与速战、分战与合战、饥战与饱战……处处从相反或对立的方面来阐明用兵原则，提出了有信有教、恩威并施、严明赏罚的治兵之道及一系列辨明形势、灵活机动的作战方略。

史学家笔下的刘基，还是一位奇人、神人。他深通《易》学，能以天象预测人事，能料事均合，呼风唤雨，当时就有青田诸葛孔明

之称。

元至正十九年 (1359)，朱元璋统率的一支红巾军，先后占领了诸暨、衢州和处州，随后又次第拔除了东南一带元军的一些孤立据点，元朝在浙东的军事力量已被清扫，浙东地区大部获得平定。雄心勃勃的朱元璋，极力搜求各地知识分子、知名人士，希望他们出来辅助自己的事业，帮自己扩充地盘，稳定社会秩序。刘基在浙东很是有名，自然被列入邀请之列。但因为刘基思想上反对红巾起义军，视起义军为"盗寇"，而自己又势力衰弱，无力与朱元璋相抗衡，所以当朱元璋几次派人请他出山，他都是好言推托。当胡大海攻下处州，再次厚币礼聘时，刘基仍是婉言谢绝，不肯依附。后来，处州总制孙炎写了一封几千字的长信，反复申明利害，讲明对他们不算旧账，只要他肯出山，不但可以保全身家性命，还可做官办事，一齐治理天下。与此同时，刘基的亲朋好友也写信催促，劝他应聘。

在严峻的形势面前，元至正二十年 (1360) 三月，刘基终于决定去应天府——今日南京，观察朱元璋对自己的真实态度。此时，他已经年近 50 了。离开青田时，他还不十分相信，拒绝了率军前去的建议。他把部队交给自己的弟弟刘陛和得力家人统率，要他们好生保卫家乡，提防方国珍的进攻。

智谋超群

刘基到应天不久，就受到朱元璋的接见。朱元璋用上宾之礼接待了他，又命有司修礼贤馆让他入住。刘基见朱元璋诚心诚意，自认为遇到了明主，马上呈上时务 18 策，分析内外形势，详陈灭元兴邦、扫除僭乱的大计方针。朱元璋听后十分高兴，当即把他留在身边参与机密谋划，尊称他为"老先生"、"汉之张良"。

刘基长期以来的愿望终于实现，他的政治军事才干也得以施展。于是他运筹帷幄，出谋划策，帮助朱元璋征东平西，走南闯北，逐鹿中原，干出了一番震天动地的事业，成了朱元璋智囊团的中心人物和忠心耿耿的谋士。甚至在他晚年将要告老还乡之前，还不忘朱元璋帝业的巩固。公元1371年，朱元璋雄心勃勃，既定中都，又锐意要灭扩廓军。刘基临归青田前，还上了最后一道奏章说："凤阳虽帝乡，但不是建都地。王保保不可轻视。"但朱元璋没有认真考虑他的奏文，仓促发兵西征，结果大败而归。扩廓最终逃入西北沙漠，成为边疆祸患。事后朱元璋大悔。

刘基初到应天，在军事战略上为朱元璋做了两件大事。这个时期正是朱元璋的政治、军事势力发展壮大至关重要的时刻。朱元璋起兵后，利用刘福通在北方抗击元军之际，挥兵南进，一路下滁州，取太平，占建康，攻江浙，军事力量大增。但在政治上，他依然尊奉小明王韩林儿，称为宋王，

刘基

受他的封爵，用龙凤年号。至正二十一年 (1361) 元旦，朱元璋在南京中书省设御座，遥拜小明王，行正旦庆贺礼，文武百官齐拜，只有刘基不拜。朱元璋问其缘故，刘基说："他只不过是个牧童而已，奉之何为？"刘基认为，在群雄四起之际，要成大业就必须摆脱别人的牵制，完全独立。朱元璋听后甚是感动，后来终于废掉了小明王韩林儿。

那个时候，另外有两股劲敌。一是陈友谅，据湖广，扼长江上游；一是张士诚，称霸苏杭，占富庶之地。二者对朱元璋形成夹击之势，威胁很大。朱元璋决定主动出击，打破腹背受敌的局面。有人主张先打张士诚，他们认为张士诚力量薄弱，距离很近，容易取胜，且江南地区物产丰富，攻占后有利军需。朱元璋问刘基的意见，刘基却主张首先攻灭陈友谅。他说："主公据有金陵，形势险要，地理条件很好，

但东南有张士诚，西北有陈友谅，两人屡次为害于您。必须扫除二寇，以绝后顾之忧，才能北定中原。张士诚志向狭小，只图保其地盘，不会有什么作为，暂时可以不必管他；陈友谅则不同，他野心大，欲望高，是个最危险的敌人，拥有精兵巨舰，据我上游，无时无刻不想灭掉我们。面对这种形势，在战略上我们不能两面作战，应当集中力量首先歼灭陈友谅。陈友谅消灭之后，张士诚势孤力单，一举可定。接着再北取中原，霸业可成。"

朱元璋听后，觉得还是刘基想得全面，于是摒弃众议，采纳他的计策。抓住劲敌，各个击破，防止腹背受敌，成为朱元璋开创帝业的战略方针。

刘基不但为朱元璋制定了总的战略目标，而且在平定陈友谅的几次大的军事行动上，为朱元璋统一中国作出了更大的贡献。

至正二十年（1360）闰五月，陈友谅攻下朱元璋的太平城后，杀死朱元璋养子朱文逊及守将花云，在采石五通庙行殿称帝。建国号汉，改元大义，并自命不凡，凯旋江州。随后又约张士诚同攻应天，张士诚未允，陈友谅便自集舟师，自江州顺长江引兵东下，直指应天。一路浩浩荡荡，声势浩大。消息传来，应天震动。朱元璋慌忙召集群臣商讨对策。有的说陈友谅骁勇善战，锐不可当，今占有江、楚，控扼长江上游，地险而兵强，才剽势盛，与之争锋，如同以卵击石，自取灭亡，不如就此将应天城献给他，归附在他的旗下；有的认为陈友谅新得太平城，气焰正盛，莫若先退出建康，钟山有王气，可以据守在那里，待其气衰，再与之决战；有的说陈友谅不过一沔阳渔家，刀笔小吏，要与他在建康决一死战，万一一战不胜，即使逃走也不迟。

朱元璋觉得都不甚妙，但一时又不得要领。他环视了一下全场，见刘基双目炯炯，沉默不言。朱元璋见状，知道这位军师一定又有妙计在胸了。他连忙召刘基进入内室，问他为何一言不发。刘基愤愤地说："先立斩主张投降及逃钟山的人，才可以树立正气，消灭陈贼。"朱元璋说："先生有何具体计策？"刘基答道："陈友谅这次是以骄兵来战，劳师远袭。而我们则有了上次失守太平城的教训，并且是以逸待劳。天道以后举者胜，我们哪里害怕打不赢他吗？现在我们的当务之急是敞开府库，心怀至诚，以稳固士民之心。古代兵法说，日行300里，奔袭敌人，即使不交战也会溃败。为什么劳士疲军！我们可先放弃几个地方，移走兵饷，装成逃跑的模样，再派人假装投降，引诱陈友谅全速奔袭，我们却于中途设下埋伏，派兵截断他的后路，叫他首尾难顾。后援不至，夺敌之心；设伏围攻，乱其部署；以逸待劳，挫其锐气，怎么会有战而不胜的道理！然后我们乘胜追击，陈友谅必然拼力逃命，我们不仅能收复失地，还可以占领他的属地。陈友谅遭此惨败，进一步制服他就容易了。帝王之业，在此一举，天赐良机，岂能错过！"

此言正合朱元璋心意。然后他们密谋，先命胡大海出捣信州，牵制陈友谅后路；命常遇春、冯国胜、华高、徐达等将领各处埋伏，打算截击。一切部署停当，朱元璋先请陈友谅的老朋友康茂才给其写一封密信，假称与陈友谅里应外合，请他速速来攻城。

陈友谅收到信后，不禁一阵暗喜："这下胜券在握了。"他急于取胜，占领建康这块风水宝地，于是马上发兵进攻。

朱元璋这边也在积极准备：先在石灰山侧埋伏奇兵3万人，并拆掉江东木桥，易以铁石，设置水障，只等他中计。时日既到，陈友谅果然如约，引着战船径直驶入一条狭窄河道。到达江东桥时，看见桥下都是大石块，没有了原来的木桥。他甚为惊异，连忙用暗语联络，并无一人答应。这时，陈友谅方知中计，但想撤退为时已晚。

朱元璋的军队见陈友谅已到达江东桥，黄旗一举，伏兵见此信号，跳跃四起，水陆夹攻。不一会儿，陈友谅全军就被杀得大败，他自己独自跳上另一小船逃走了。朱元璋指挥大军乘胜追击，太平城失而复得，取得了保卫建康的大捷。

胜利后论功行赏，朱元璋欲将最高级别的"克胜奖"奖给刘基。刘基认为自己只图怀才有遇、学有所用，不图眼前的名利，故坚辞不受。至此，刘基声名大振，人们都说他是诸葛孔明再世。

智取江州

陈友谅退居江州之后，不甘失败，便派部将以优势兵力攻占了朱元璋属地重镇安庆。安庆是朱元璋西部边境的门户，朱元璋想乘胜一鼓作气，再次讨伐陈友谅，但心中犹豫不决，只好去征求军师刘基的意见。刘基分析了目前的形势，认为此时军队士气正旺，加之这次出征为收复失地，出师有名，如果可以做好战前发动，完全可以战胜陈友谅，歼灭其有生力量。有了这位"诸葛孔明"的支持，朱元璋决计再次伐陈。

依照刘基的计策，朱元璋在临发兵前宣谕众将士："陈友谅杀主僭号，侵犯我疆土，戮杀我将士。观其所为，不灭不足以平民愤，不灭不足以慰我国魂。"朱元璋的一席话，众将士听了，情绪昂扬，誓死要与陈友谅决战。然后，整装西进。朱元璋与刘基共乘龙骧巨船，率师乘风溯长江而上。沿途，将士们斗志旺盛，精神抖擞，长江上万舟竞发，旌旗蔽天，甚是壮观。

但胜利并非唾手可得。陈友谅属将张定边骁勇善战，而且长于谋略，加上安庆城池坚固，地势险要，易守难攻，朱元璋手下将士奋勇攻打，激战一天，却未有进展。

晚上，朱元璋很是烦闷，将刘基召来商量对策。刘基对朱元璋说："我们大军远道而来，本拟一举攻克安庆，然而激战一天，却未得寸土，将士已生倦意；而且张定边骁勇善战，安庆城固，再打必然更费时日。陈友谅知我在此鏖兵，一定会派人前来决战，以报上次失利之仇，如此，内外夹攻，我军必败。"

朱元璋听罢，不禁长叹说："难道别无他法，只好放弃安庆吗？

假如门户一开，猛虎人室，之后哪里会有安宁之日！"

刘基摆摆手，对朱元璋说："主公勿忧，暂时放弃安庆，并非就不要了。《武经》云：我欲战，敌却深沟高垒，不得与我战，则攻其所必救。安庆弹丸之地，城池固若金汤，足以久劳我师。陈友谅不敢出兵迎战，正由于心存恐惧。我们如果放弃安庆，迅速西上，直逼江州，捣其老巢，陈友谅必定撤离安庆而救江州。那么，安庆还能跑到哪里去，不是顺手可以攻克吗？如此一举两得，何乐而不为？"

朱元璋听罢，抚掌称妙，完全听从了刘基的计策，连夜出兵西去，却在营地乱设篝火旗帜，缚活羊于战鼓上，敲击有声，迷惑敌人。

暗夜沉沉，迷雾深重。朱元璋除留少量兵力在安庆迷惑敌人外，其余均偃旗息鼓，沿江西进，长驱直入，逼近江州。当陈友谅的江州守军还在梦中时，他们已发起攻城战。江州守军认为神兵自天而降，忙于应战。陈友谅匆忙发兵，却不能挽救败局。江州全线崩溃，陈友谅最后只得携妻子逃出，乘夜幕奔往武昌。江州守军投降，很快为朱元璋所攻取。陈友谅在逃跑的过程中，抓到了几个朱元璋的兵士，得知此举皆刘基所谋，他仰天长叹道："我部众就缺像刘伯温这样的谋士，将来亡我者，必伯温也。难道天意在朱元璋，故遣伯温助之！"

刘基不但在军事上表现出卓越的谋略，而且在政治上、外交上也很灵活，做到战取与招抚并重，一切从实际出发，采取机动灵活的办法。

陈友谅的江西省丞相胡廷瑞守卫南昌，素闻朱元璋部队的声威，更惧怕刘基的神机妙算，遂派遣部将郑仁杰到朱元璋的军门前通报，请求和谈。朱元璋把他请到密室商议，大部分条件已谈妥，只是在"不解散其部下所属部队"这一条上，朱元璋还很迟疑，面有难色，恐怕他们日后纵兵滋事。而刘基认为这正是分化瓦解敌军、恩威并重的良机。看到朱元璋不想答应的样子，刘基很着急，忙从后踢朱元璋坐的太师椅，听到"咚咚"的踢椅声，朱元璋清楚了刘基的意思，便答应了他们的要求，并写信慰问胡廷瑞军，称赞他们的明智之举。不久，胡廷瑞公开宣布投降，在他附近的余干、建昌、吉安和南康等路府州

县，也都相继望风投诚，全都听从朱元璋的号令。

十月，那起初久攻不克的孤城安庆，也很快被朱元璋部队攻下。

鏖战鄱阳

至正二十三年 (1363) 二月，朱元璋决定亲征，解救为张士诚的部将吕珍包围的安丰 (今安徽寿县南)。从全局出发，刘基意识到此举与原定先取陈后破张的方针相违，所以力劝朱元璋勿出兵。他说："万一陈友谅乘虚来攻，便会无路进退。再者，如救得小明王韩林儿出来，怎样安置他呢？是继续让他当明王，还是把他禁闭起来或是把他杀掉，要是关起来或者杀掉，那如今救他干什么，还不如借张士诚之手杀了他。要是让他继续当明王，岂不是自讨没趣，平白找个顶头上司来管制自己，朱元璋则认为若安丰失守，应天也会失去屏障，救安丰即是保应天。所以还是亲自统兵去了。

不出刘基所料，当朱元璋出兵支援安丰时，陈友谅果然乘虚进犯，调动了数百艘战舰，五六十万军队，倾巢出动围困洪都 (今江西南昌市)，很快攻下吉安、临江、无为州等地。南昌被围 80 余日，激战数十昼夜，情势非常危急。朱元璋闻之，方知刘基的话是正确的，自责说："不听先生之言，才有今日之失。"刘基宽慰他说："现在醒悟还来得及。"朱元璋立即亲率 20 万大军救援，命刘基在应天留守。

陈友谅听说朱元璋来援，怕腹背受敌，随即撤围，在鄱阳湖摆下阵势准备迎战。双方大战于鄱阳湖之上，刚开始，朱元璋屡战屡败，几处险境。无可奈何，只好又命徐达去应天接替刘基。

刘基星夜赶来，便与朱元璋研究破敌战术。两人都主张用火攻，但朱元璋生怕风向不定，船多难烧净尽，弄不好还有可能烧及自身。

据刘基观察天象，黄昏时分将起东风。他们随即准备了七艘小船，上载草人迷惑敌方，并把蘸满油渍的芦苇、硫磺火药等物放置船上，迅速开进湖中，待接近敌船，即抛出铁钩搭住敌船，乘势放起火来。刹那间烈焰腾空，大船多被燃着。战斗进行得十分激烈，一天几十次接火，喊杀声、涛声、燃烧声混在一起，煞是雄壮。激战中双方都有很多损伤，只是陈友谅始料不及，损失甚是惨重。

朱元璋正在指挥船上发号施令，忽然，侍坐在身旁的刘基，一跃而起，大呼道："难星过，请主公急速换乘别船！"平时十分镇定的朱元璋也惊起回顾，只见刘基双手挥舞，坚持说："火速换船！"朱元璋不及多想，就被刘基和几个贴身卫士拉着换乘另一只船。坐都没有坐稳，只听"轰隆"一声，指挥船被陈友谅的大炮击中，顿时粉碎，沉入湖中。此时朱元璋才缓过神来，明白了是怎么回事，禁不住地称赞刘基的神机妙算。

原来，刘基见朱元璋一心求胜，顾不得指挥船的隐蔽，穿行兵阵之中，然而这一切都被陈友谅的军队发现。他想陈友谅必定会集中所有的炮火首先把朱元璋的指挥船击沉，恰好这时天象异常，出现所谓的"难星"，刘基便趁机催着朱元璋换船，躲过了这场事关胜负成败的祸事。

这边的陈友谅见朱元璋的坐船已被击沉，以为朱元璋必死无疑。全军欢声一片，举杯庆功。正在狂喜中，又看到朱元璋指挥战船进攻，不禁大惊失色，以为有神仙庇佑，顿时，陈友谅军阵势大乱。朱元璋军队的战船乘机旋绕汉军巨船，时出时没，势如游龙，弄得陈友谅手足无措。朱元璋的将士见状，一时勇气百倍，呼声惊天动地。同时，湖面上波涛大起，阴云密布，给朱军进攻创造了良好条件。朱元璋的军队虽是小船，但移动自如，正好采用火攻，陈友谅的巨船却处处挨打，有的被击沉，有的燃起了熊熊大火。

双方在鄱阳湖中激烈地战斗了三天，仍未决出胜负。后来，刘基又建议朱元璋将主力军队移往湖口，扼住敌军退路，用关门打狗的办法，以致陈军补充给养的后路全被切断。给养断绝，将士疲乏，内争不已，陈军败局已定，大部被俘和投降。陈友谅也在露面观望时被流矢射中身亡。朱元璋的军队，在付出了很大伤亡代价，几经险境之后，终于彻底打败了这一强敌。

回到应天，朱元璋对自己的这次决策曾表示悔悟，向刘基说："我实在不当有安丰之行！如果陈友谅乘虚直捣应天，那我便进无所成，退无所守，大势去矣！幸而他不攻应天而围南昌，南昌又坚守了三个月，致使我有足够时间集中兵力。陈友谅出此下策，不亡何待。"

在平定陈友谅的几个主要战役中，刘基胸有成竹，运筹帷幄，每奏奇效，特别是鄱阳湖一战，奠定了平汉兴明的霸业。刘基在鄱阳湖一役中的战略战术思想，很值得后人研究借鉴。

智取吴国

刘基在战略上为朱元璋制定了先灭陈友谅，后平张士诚的方针，为朱元璋获取了夺取天下的主动权。当西边平汉战火渐渐平息之后，朱元璋立即集中兵力，掉转矛头，挥戈东进，进攻张士诚所建的吴国。

当时张士诚据有浙西，北连两淮，凭恃武力，屡屡侵占朱元璋的势力范围。刘基认为这是一股不义之师，他们起事的目的，不是为了救民于水火之中，而是争名夺利，劫民掠商，而我们的军队就要与之不同，不要掳掠，不妄杀戮，不毁庐舍，做仁义之师，如此就能赢得民心。作为一名著名的政治家，刘基首先提出了以上的建议，使朱元璋军队在军事纪律上就高于张士诚一筹。在平定张士诚的过程中，刘基的军事才能也得以施展。

至正二十三年 (1363)，张士诚围攻建德城，守军统帅李文忠闻讯非常生气，要同他拼死决战。恰好刘基在建德，他详细向李文忠解释了他在《百战奇略》中提到的"以饱待饥"的战术："大凡远道而来的敌人，给养不济。敌饥我饱，我们可坚壁不战，断其粮源，截其粮道，与敌持久对峙；敌方必定要发生粮食危机，将士不饱则军易生乱。因此，敌军一定会主动撤退，我方即密派骑兵半路伏击，后面再纵兵追杀。这样大获全胜是必然的了。"据此，他推断："三日后张士诚必定会因粮源不济而撤走，他逃我追，就可以一举擒获。"

李文忠虽然并不完全相信，但见他说得在理，就按他说的去做了，坚壁清野，依城固守，并乘夜色派出小股伏兵。

三日后，刘基从容率众将士，登城观望。观察了一会儿，刘基自信地说："张贼已经逃走了。"众将领看到张士诚的军营里，战阵中旗帜猎猎，一如往日，而且传来了一阵阵威严洪亮的战鼓声，都大为生疑，不敢轻意发兵。

刘基再次催促，李文忠才下令出击。直到张士诚的军营一看，果然如刘基所料，军营里空空荡荡，张士诚的主力尽皆撤走，留下摇旗摇鼓的，只是一些老弱士兵。李文忠急忙传令追赶，即时快马奔腾，一齐飞驰，一直到东阳才赶上张士诚的部队。一番鏖战，疲乏饥饿的张士诚军被击溃，被俘者无数。

浙东台州人方国珍，元至正八年起兵抗元，占有沿海庆元、温、台各州县，元兵屡讨不克。刘基与他打交道，可说由来已久。元至正十三年，刘基为元朝浙东行省都事，因其维护统治阶级利益的本性，他建议："方氏首乱，数降数叛，乖戾多变，不可赦免，应该捕获归案，依法斩之。"但因为方国珍贿赂了一批元朝官僚，朝议不听刘基的话，接受方国珍的投降，而刘基则被扣上"越权言事"、"擅权"的罪名，弃置不予重用。方国珍被授予元官后，仍然拥兵自重，不受元朝调遣，却利用官军的名义，大肆搜刮民财，掠夺国库，壮大自己的力量，扩大自己的地盘。

方国珍虽然与刘基有这一层"姻缘"，而且他亦是一位倾慕贤能的人，他对刘基仍然很看重，不计前仇。刘基的母亲死后举行葬礼，方国珍还派人送来吊唁信。此时，刘基认为歼灭陈友谅、张士诚乃当务之急，暂时可利用方国珍，不可"捕而斩之"。

因此，刘基写了一封长信，向方国珍说明朱元璋的威德和当前的军事形势，希望他察识时务，以图大业。又投书朱元璋，讲明暂时利用方国珍的意义，请他派人去招降方国珍。

方国珍收到刘基的信后，与其弟说："现在元运将终，群雄并起。唯独朱元璋的军队号令严明，所向披靡，现在又东下婺州，恐怕难于与他争锋，何况与我为敌的，东有张士诚，南有陈友谅。我们不如按照刘基所劝告的，暂时依附朱氏，借为声援，静观其变。"这时，又恰好遇上朱元璋派来的使者刘辰诏谕方国珍。方在他们的共同劝说下，决定归顺朱元璋，愿意合力攻伐张士诚，并献上黄金 50 斤，白金 100 斤，金织文绮等物。

成功招降方国珍，集中表现了刘基军事政治战略方针的灵活性、深刻性以及实用性。它为朱元璋略定汉、吴，既消除了一股反对势力，又能牵制住陈友谅、张士诚，取得了军事战略上的又一胜利。

小人中伤

元至正二十四年 (1364) 正月，在李善长、徐达等人的劝进声中，朱元璋即位为吴王，任命李善长为左相国，徐达为右相国，刘基为太史令。刘基精通天文知识，就任太史令后，曾以元代《授时历》为基础修订历法，制定了《大统历》，由吴王晋升皇帝的当年奏可颁行，成为明朝一代历法，因这年为戊申年，所以被称为《戊申大统历》。

至正二十八年 (1368)，朱元璋称帝，正式建立明朝，改元洪武，定都南京。李善长、徐达由相国改任左右丞相，刘基被任命为御史中丞兼太史令。在朱元璋登基大典上，太史令刘基代替大明皇帝宣读祝文；在册封勋臣时，刘基奉册宝宣布皇帝命令。

　　龙凤年间，朱元璋军队不断增多，编制极不统一，将校称呼也很混乱。朱元璋称吴王后曾下令按指挥、千户、百户、总旗、小旗统编军队，战斗力大为增强。洪武元年 (1368) 在此基础上刘基又"奏立军卫法"，即在重要的军事要地设卫，次要的地方设所，"自京师达于郡县皆立卫所"，大约每 5600 人为一卫，长官称指挥使；1120 人为一千户所，长官称千户；千户所下设百户所，设总旗、小旗。以都指挥使司为地方上的最高军事机构；以大都督府为中央最高军事机构。因此加强和巩固了明朝封建皇权的统治。

　　经过几十年群雄角逐的战乱，生灵涂炭，国家凋敝，百姓困顿，争待休养生息。为了迅速安抚民众，朱元璋又向刘基询问为政治平之道。刘基说："霜雪之后，必有阳春。如今国威已经树立，宜渐渐济之以宽大。因为生民之道，在于仁爱，在于以仁心行仁政。宋元以来，法制名存实亡，宽纵日久。现今应当首先整顿纪纲，颁示法典，然后仁政才可付诸实施。"刘基用传统的儒家"仁政"思想作为治世的根本。他认为治世安民应该德政刑法并用，而以德治为主。首先反对暴虐凶残，对百姓要有仁爱之心；同时认为德政需有严明的法纪为保障，使用刑法的目的是不用刑法。有法必依，执法务严，使人有所畏惧，以确立必要的封建统治秩序。

　　他在理论上如此阐述，又在实践中如此实施。

　　他帮助朱元璋审理开释了一批积年未决的冤案，给这些人平反昭雪。一次，朱元璋由于晚上做了一个梦而要借梦杀人，刘基问明原因后说："刑，威令也，其法止于杀，而生人之道存焉。皇上晚上的那个梦，是国家将得士得众的征兆，应该停刑以待。"刘基借说梦而制止朱元璋滥杀无辜。但也真巧，三日后，海宁宣布归降朱元璋。朱元璋闻讯后大喜，认为刘基的招数真灵验。从此以后，朱元璋将重大囚犯都交由刘基审理，刘基尽量从宽处理，以笼络、安定民心。

　　另一方面，他请求振肃法纪，立法定制，既制止纵罪，又严禁乱捕滥杀。朱元璋下令实施他的提议。很快，刘基拟定明律令，成了明

朝后来立法的基本依据。洪武三十年所颁布的《大明律》就是在它的基础上修订完善的。

洪武元年 (1368) 夏历四月，在北伐中原获得占领山东、河南的胜利之后，朱元璋由应天 (南京) 去汴梁 (开封)，大会北伐诸将，研究战局和部署攻取元大都的步骤，留刘基和李善长做南京留守。刘基这时的官职是御史中丞，是御史台的佐贰长官，带着监察御史纠劾各级官吏中的违法违禁行为。刘基认为宋、元两朝末期，由于纲纪不严以致丢失天下，因此，要求各御史官对违禁行为，要仔细查处，不管犯禁的人权势多大、官职多高。那些宿卫朝廷的宦侍近臣如果犯法，他总是先报告皇太子然后绳之以法。他的严格执法令众臣属谨小慎微。恰

刘基故居

在这时，李善长的亲信，中书省都事李彬犯法当斩，李善长出面为他求情通融，刘基铁面无私，冒着风险，没有理睬李善长的说情。由于事关重大，刘基按照正常规定向朱元璋做了书面报告，等批准后马上就把李彬杀了。

但是，这件事却引来了李善长的嫉恨。李善长原是朱元璋举事不久收用的幕府书记，朱元璋称吴王时的左相国，称帝后的左丞相，在朝廷中一直位列第一。杀李彬后，李善长蓄意报复。闰七月，当朱元璋从开封回到南京时，李善长便极力中伤刘基。这年天旱，说刘基在祈雨坛下杀李彬，是对上天的大不敬，以致天怒，祈雨不灵，另外一些对刘基心存怨恨的人也纷纷落井下石，说刘基的坏话。朱元璋按迷信说法察纠天旱原因。问到刘基时，他对朱元璋说："长期征战，将士死亡众多，他们的妻子家属或别葬，或寡居，没有什么抚恤和照顾，几万人阴气郁结，怨气冲天，此其一；大批工匠死后骨骸暴露野外，

无人掩埋，此其二；江浙官吏投降的人都编入军户，让他们一家人世代充军，住在固定的卫所，足干和气，此其三。有此三条，人怨天怒，以致不雨，恳请陛下善为处理。"朱元璋采纳了刘基的意见，采取了一些应急措施。但是十几天过去了，天仍然没有下雨，朱元璋生气了。在此情况下，刘基感到十分尴尬，正好他的妻子在这时去世，刘基便以处理妻丧为借口告老还乡了。

刘基遭害

刘基在告老还乡前，曾给朱元璋提了两条建议。当时，大将徐达已占领元都大都 (今北京)，朱元璋打算以他的故乡凤阳做中都，同时也正谋划集中兵力消灭元军统帅扩廓帖木儿。刘基说："凤阳虽是陛下的故乡，但这里地理条件不好，不宜在此建都；元军虽败，但王保保 (即扩廓帖木儿) 仍然是元军的一个潜在势力，对他用兵应该采取慎态度，因为他用兵灵活，轻视则易受挫。"刘基走后三个月，朱元璋深感刘基言之在理，又想到过去的岁月里刘基的赤胆忠心，便亲自下令表彰刘基的功勋，召刘基回南京。

朱元璋深恶李善长之专权，意欲废其相位，询问刘基相位人选。刘基对朱元璋说："善长是对建国有大功的元勋，德高望重，深得众将爱戴，他能调和诸将，因而不宜更换。"

朱元璋说："他几次要谋害你，你为何还替他说话？我看还是你来当丞相吧。"

刘基知道在李善长等淮西集团当权的状况下，他是站不住脚的，所以，连连辞谢说："换顶梁柱须要用大木，如用捆起的若干细木代替，要不了多久，就会被房子压垮的。"

朱元璋又问杨宪、汪广洋和胡惟庸等人如何？虽然刘基与杨宪交情很好，却没有因此说好话。他评论说："杨宪虽有相才，但器量不够，当宰相者要'持心如水，以义理为权衡'，万万不可意气用事。"至于汪广洋，刘基说他心胸狭窄怕比杨宪还厉害。他评论胡惟庸，说胡若为相，好比驾车，他非但驾不好车，甚至会弄坏辕木。

品来论去，朱元璋最后说只好由刘基任相了。但刘基却一再说明自己的缺点，说他嫉恶如仇、性格偏激、脾气急躁，受不惯繁文缛节，深恐辜负了皇上的恩典。并说目前这几个人，实在没有很合适的丞相人选，但天下之大，何患无才，只要下功夫寻找，就一定能找到合适的人选。

朱元璋最终还是觉得刘基过于苛责、求全，没有听从他的劝告，任用了杨宪、汪广洋、胡帷庸为相，结果正如刘基所料，都出了问题。刘基品评相材，不以恶己者为恶，不以亲己者为好，唯才是举，深谋远虑，洞明一切，可算得上奇才伟识。

刘基的治国理论与实践，从为民为君的角度出发，"仁"与"法"相辅相成，重视选拔、识别人才，取得了洪武早年较为清明的政治局面。

洪武三年（1370），刘基任弘文馆学士，历史上弘文馆是藏有众多文献图书的地方，弘文馆学士掌管校正图籍，教授皇家贵族子弟经史。在朱元璋给刘基的诰命中，朱元璋回顾刘基建国前的业绩时说："朕亲临浙右之初，你等响应朕之正义之举，及至朕归京师，你等即亲来辅佐。当此之时，括苍（处州）之民尚未完全归顺，及至先生一至，浙东形势便彻底平定下来。"言之下意，希望刘基能够在弘文馆中进一步发挥政治影响。

同年十一月，统一中国北方之后，朱元璋论功行赏，大封功臣。刘基被封为诚意伯，授开国翊运守正文臣、资政大夫、上护军。给予刘基极高的荣誉。

洪武四年（1371）的一天，青田山区的一座秀丽翠峰上，树木撑天，孤松傲立，百鸟争鸣，流水淙淙。在野草丛生的小路上走来一位虬髯飘发、身材修长、双目明烁的长者，望着林间飞来飞去、自由自在的小鸟，他不禁神清气爽，心旷神怡。于是他高声吟诵起陶渊明的《归去来辞》：

> 云无心以出岫，鸟倦飞而知还；
>
> 景翳翳以将入，抚孤松而盘桓。
>
> 归去来兮，请息交以绝游。

他，就是大名鼎鼎的刘基。不久前，他辞别朱元璋，告老还乡。

他难道官场失意了？不是。朱元璋将他所立下的汗马功劳记在心上，有功必赏，自明朝建国以来，他累官至御史中丞兼太史令，太子赞善大夫，弘文馆学士，开国翊运守正文臣，资政大夫，上护军等。1370年又封诚意伯，俸禄240石，官位可谓显赫。尤为重要的是，朱元璋在开国之初定处州税粮，依照宋制每亩加五合，朱元璋为了叫刘伯温故乡世世代代将他的事迹传为美谈，特别下令，青田不加税粮，使刘基的恩惠施及乡邻，应该算是很荣耀了吧。

那么，他为什么要归隐山林？除了因坚斩李彬开罪于李善长之外，其根本原因还在于他对人生真谛、历史真理、人世沧桑的深刻认识。他知道因为自己的个性，自己的才能在一定时期、一定范围内才可得到发挥，换个时期，换个环境，就不一定适应。"狡兔死，走狗烹"，历史上这样的事例还少吗？但也有很多功成身退的先例。范蠡泛舟四海，张良急流勇退，他们都能够寿终，避免了文种、商鞅、李斯、韩信等人的悲剧。慷慨有大节、睿智有哲学头脑的刘基对这些历史往事当然非常熟悉，自然也明白其中的道理。因此，他的退隐乡里也是一定的。

人们往往在失去某一样东西时，才觉察它的分量和价值。朱元璋在刘基归隐的当年冬天，就开始感觉到刘基对自己是多么重要。于是，他力排众议，亲笔书写诏文，细细叙述刘基的功勋，召刘基赴京，并赏赐大批钱财、物资，追赠刘基祖父、父亲为永嘉郡公，还要再给刘基加爵进官。哪里知道刘基完全看破了红尘，亦知在淮西集团占绝对优势的大明王朝之中，自己也难有所作为，因而坚决拒绝，坚持归隐。

刘基回到家乡,每天除游山玩水,怡情悦性,吟诗作文,抒发感受外,还喜欢与乡人饮酒弈棋,评品字画,与儿童谈天说地,嬉笑玩耍,完全忘记了自己的身份,把自己放在普通百姓的位置。享受着逍遥出世,超然物外,屏除世间荣辱,超脱尘世的情致。

有时,他与樵夫渔父聊天,谈论山中的趣事,水中的雅兴。有时他又与野老桑农一同散步,大谈养生之道。但从来不讲自己以前的功名与战绩,也不喜欢别人提及。如果哪位不识趣的人想阿谀几句,肯定要遭到他的冷遇,甚至被拒之门外。因此,认识他的人都亲切地叫他"伯温兄",而不呼其职位名,不认识他的人还以为他不过是一位不闻世事的普通隐士。

青田县令早已仰慕刘基的才学,听说他回乡了,曾数次求见,刘基或干脆不见他,或婉言谢绝,对县令提供的种种照拂也不接受。他韬晦埋名的事迹在下面这个故事中更显得有些传奇色彩。

一日,一位农夫装扮的人,花了很大工夫才打听到刘基的住处,千辛万苦求见。刘基正在用一个粗糙的木盆洗脚,听说后,以为与往常一样,是位过路的或干活的山里人,很高兴地应允,忙叫人把这位乡下人请进茅舍。乡下人自称并不认识刘基,只是与他随便说说话。两人谈得很投机。刘基还将他留下,做了一顿黍子饭给他吃。吃完之后,这位乡下人说:"请刘学士恕小臣欺瞒之罪,实际上,小臣就是青田知县,久仰先生的学识和为人,特来拜谒。"刘基听罢,惊讶不已,忙起身说道:"请恕小民不敬之罪,基告辞了。"说罢,便自己先离茅舍,飘然而去,剩下县令一人,独自站了半天,感慨万分。此后,这位县令再也没能见到刘基的踪影。

刘基坚决与达官贵人断绝往来,行踪不定,举动异常,表现了一种狂放文人的风格。其实,这也是他那"性刚嫉恶,与物多忤"个性的异化表现。他企图用这种不正常的、极端的行动来全身避祸,抵御济世思想的诱惑,使个性生命得以发展。然而他终究是一个饱读诗书,受儒家"兼济"思想影响很深的士子,他愈想与世无争,世间烦恼却自己找上门来。

事情是这样的，自从刘基归隐不久，胡惟庸便当上中书省参知政事，他记恨刘基以前对他的评价，便寻机在朱元璋面前诽谤刘基。

原来，在刘基老家青田附近有一块地方名为淡洋。这里水陆两便，山河湖泊相连，易守难攻。以前它属于一块三不管地带，常有土匪出没，盐盗聚乱。方国珍就是靠这块地方起事，拥兵自强，对抗朝廷，祸国殃民的。刘基耳闻目睹这些事实，心里很着急，在他任官朝廷时，就上书请求在这里设立巡检司，镇守节制。那些杀人放火，奸淫盗窃之徒也稍有收敛，不再敢恣意妄为了。

刘基回家隐居后，恰碰上茗洋逃军叛乱，危及朝廷安全。这伙叛军骚扰百姓，无恶不作，但是地方官吏企图隐瞒这件事，不让朝廷知道。刘基毕竟是位有血性、疾恶如仇的人，虽然自己未出面，然而还是让儿子刘琏不经过中书省，直接向皇帝上奏章，报告了此事。

胡惟庸闻讯，他欣喜若狂，认为报复刘基的机会来了。他精心策划，指使党羽刑部尚书吴云弹劾刘基，诬陷他与百姓争夺淡洋，只由于淡洋依山傍水，风水极佳，有"王气"，刘基想辟之以为墓地，图谋不轨。由于百姓不肯让给他，他就指派巡检司，借官军的名义逐赶百姓，以致激起民变。弹劾奏文绘声绘色，让人看了不能不信。吴云将其呈上朝廷后，胡惟庸借公报私，请求皇上予以重罚，并请逮捕刘基的儿子。明太祖看过奏文后，觉得刘基也太过分了，颇为所动。若按常规，肯定是满门抄斩，诛灭九族，只是念刘基为开国元勋，功勋卓著，不忍重罚，只是象征性地做了处置。取消其俸禄，并移文传达给刘基，使他知道这件事。

刘基接到太祖的移文后，如五雷轰顶，惊惧万分！思来想去，知道定是有人暗中陷害，当今之计，唯有面见太祖，说明原委，澄清是非，方可免此大祸。于是他整理行装，即刻向南京进发。到了南京，发现形势对自己甚为不利，朝廷内外，皆为胡惟庸党羽，没有人会替自己说话。故而原定为自己申明原委的打算也只好取消了，以免届时"众怒难犯"，引起太祖更大的不快。于是他改变主意，以退为进，主动向太祖请罪，要求惩办。朱元璋见其态度诚恳，也未深究，此事遂

予了结。

经过此番打击后，刘基知道再去过陶渊明式的隐居生活已不可能，为了避免再受诬陷，他干脆住在南京，连家也不敢回了。未过几日，刘基便病倒了。

未几，太祖又提升胡惟庸为相，病中的刘基，在京师听说这件事后，痛心疾首，沉痛地说："胡惟庸为相，定会出大祸，国家必然会大乱，生灵又将遭受祸殃。假使我的话不应验，那是因为苍生民众有天大的洪福；如果我的话应验了，这些芸芸众生怎么办呢？"胡惟庸闻此，更加把刘基视为眼中钉。决心再找机会陷害刘基，置之死地而后快。而刘基此时，由于悲愤交加，病情日益加重，终致卧床不起。洪武八年三月，明太祖见刘基病情恶化，气息奄奄，甚为怜惜，亲自制表文赐给刘基，并特派使者护送刘基回乡。回家后，刘基之病不但未能好转，反而病得更重了，只过了一个月，他就带着无限的忧怆、满腔怨恨，离开了人间，终年65岁。一代谋略大师，远见卓识的刘基就这样凄凉地长眠在故乡的山峰上。

刘基的死，首先与胡惟庸的谗言陷害有关。史料记载，刘基在京病重时，胡惟庸曾假惺惺地派医生给他诊治，医生给他开了一些药，服后，腹中就有小拳头大的石头似的积物。刘基本是一宽宏大度之人，万万想不到胡惟庸会采取如此卑鄙的手段毒害他，真是以君子之心度小人之腹。

其次与明太祖的多疑本性有关。他对这样一位忠心耿耿的功臣也不信任，对于胡惟庸党羽的弹劾奏文，不去调查核实，就妄下结论，这岂能不使刘基伤心。这一切无不证明刘基当初请求归隐是有远见的，只是他还隐得不彻底，终究还是逃不脱"走狗烹"的可悲下场。

刘基自始至终对明王朝忠心效命。在临终前将自己用心血凝成的著作和预测时势、人事的奏章呈献给明太祖，表现了一位既激愤又疏淡，既充满激情又富有柔情的正直谋士的情怀，表明了我们的主人公既有飘逸旷达的性格，又有一颗放不下尘世的心肠，此为典型儒家气质。病榻上的刘基，已是骨瘦如柴、奄奄一息了。他把大儿子刘琏叫到身边，从枕头下颤颤悠悠地拿出一本发黄的小册子，递给他说："这是一本关于天象人事的书，它凝聚着为父多年的军事实践和从政经验。你要将它交给朝廷，并叫皇上不要让后人学习。"它就是至今也使人觉得神秘莫测的《天文书》。后来，太祖下令此书与《百战奇略》一样，属机密文献，秘而不宣，终致失传，实在是历史上一大损失。

他又将一份奏章交给次子刘璟，嘱咐道："为政之道，宽猛如循环，要有松有紧，有纵有收。澄清天下之时，应该号令严明，有罪必斩，以法治军；坐天下之时，特别是现在，正处在休养生息的关键时期，必须修明德政，减省刑罚，实施仁义，祈天永命。各形胜要害之地，要与京师声势相连。我原来想作一份遗表，说明上述观点，只因胡惟庸把持朝廷，作了也没有多大作用，反而会贻害于你们。但我肯定他终究要出事，他事发后，皇上必定会念及我，那时他向你们问起，就可献上此奏章。"两个儿子含着泪，默默地答应了父亲的要求。

再说，自从杨宪、汪广洋先后因罪罢官之后，胡惟庸独揽中书省，独断专行，滥用生杀黜陟的权力，逞淫威，结朋党，营私利。凡是内外各司上报皇上的奏章，胡惟庸先取来阅看，有利于自己的上呈皇上，不利于自己的则全部扣留，隐匿不予上报，同时寻机报复打击那些向皇上揭露自己恶行的官员。一时间，血案迭起，人怨沸腾，闹得朝廷乌烟瘴气。

朱元璋也慢慢觉察不大对劲，胡惟庸举止反常。于是联想起以前刘基对他说过的药石积腹之事。当时太祖还没放在心上，认为刘基是多疑，现在回想起来觉得问题严重，有人在药中做了手脚的可能性很大，于是下令追查刘基的死因。胡惟庸知道事情终会败露，自忖道："皇上草菅勋旧功臣，岂会饶恕我。事发是死，起兵反叛也是死，不如先下手为强，或许还有一线生机，不要坐以待毙。"于是勾结他的一帮党羽，并联络倭寇、元兵，密谋暗室藏兵，来个措手不及，杀害太祖，推翻明王朝。不料事情败露，被太祖以谋反罪诛杀，牵连的人不可计数。刘基的预言应验了。

胡案平息后，朱元璋果然想到了刘基。刘基的两个儿子遵照父亲

的遗言，向朝廷呈上《天文书》和密奏。太祖接过这些遗物，就像看到了这位老臣那颗赤诚的心，不由得老泪纵横。他对刘基的儿子说："刘伯温在这里时，满朝都是胡党，唯有他一个不从，吃他们蛊(毒药)了。"

洪武十三年(1380)，朱元璋颁布诰命，令刘基子孙世袭诚意伯爵禄。刘基虽然没有正式当过朝廷丞相，然而他德才兼备、功勋卓著，赢得了后人的怀念和尊敬，明武宗称他"渡江策士无双，开国文臣第一。"

刘基作为一个地主阶级的知识分子，年轻时即学识渊博，"通古今之变"。开始时效力元朝，后因不满元朝腐朽统治，从而走向反抗，投入到农民起义的大军之中。他随朱元璋南征北战，为大明帝国的创立运筹帷幄，出谋划策，作出了卓越的贡献。刘基为官清正，一贯反对贪官污吏，主张廉洁奉公。他性格倔强，不畏强御，不阿权贵，在政治集团的派系斗争中他努力超脱，试图洁身自好，超然物外，可惜像他这样智虑过人的人，居然也难逃奸佞小人的陷害，面对诬陷无计可施，终致抱恨而终，深刻反映了封建社会统治集团内部相互倾轧的残酷。

第 十 章

辅佐清室，功勋卓著
——范文程

范文程，字宪斗，号辉岳，辽东沈阳卫人。清朝初年大臣，是北宋名相范仲淹第十七世孙。范文程他针对清朝重满族轻汉族和任人唯亲大搞宗派的弊政，建议朝廷各部院大臣都要推荐人才"不论满汉新旧，不拘资格，不避恩怨，取真正才守之人"去充当各级官吏。范文程一生历清四世而佐其三主，为清开创江山立下了不朽之功，他对清功绩可与汉之张良、明之刘伯温相提并论。

命运多舛

范文程，字宪斗，生于明万历二十五年 (1597)。其先世于明初自江西贬往沈阳，"居抚顺所"。他的曾祖范钦，明嘉靖时曾任兵部尚书，祖父范沈曾任明沈阳卫指挥同知。范文程自幼好学，才智过人，于明万历四十三年 (1615) 在沈阳县学考取了生员 (秀才)，时年仅 18 岁。正当范文程踌躇满志，决心在仕进道路上有所作为的时候，灾难降临到他的头上。万历四十六年 (1618)，后金政权首领努尔哈赤带兵南下，攻克抚顺等地，大肆掳掠，并将所得人畜 30 万分别赏赐给有功官兵，21 岁的范文程身在被掳之列，从而沦身为奴。

后金是我国东北部女真族 (满族前身) 建立的一个少数民族政权。女真人是我国境内一个十分古老的少数民族，其先祖是春秋战国时代的肃慎人；两汉、三国时被称为"挹娄"；北魏时叫"勿吉"；隋、唐则为"靺鞨"；唐昭宗天复三年 (903) 之后，正式改称"女真"。我国历史上唐代的"渤海国"以及与北宋对峙的"金"，就是女真族相继建立的少数民族政权。

进入明代以后，居住在长白山以北、东滨大海及黑龙江流域广大地区的女真族分为海西、建州和野人三大部。由于明朝统治的日渐腐朽，官府对女真人的压迫日益加深，女真族与明廷的矛盾也日趋激化。明中后期，懦弱无能的统治者回天无力，只好采取"分而治之"，利用其内部争斗，压制女真族日益高涨的反抗情绪。当时，明朝有个"镇辽"武将叫李成梁，千方百计地激化海西女真和建州女真的矛盾。他首先利用海西女真哈达部酋长王台杀了原建州右卫都督王杲，为了斩草除根，李成梁进而又于万历十年 (1582) 派兵支援图伦城主尼堪外兰

攻打王杲之子阿台。阿台之妻是努尔哈赤的堂妹，努尔哈赤的祖父叫场和父亲塔失赶至阿台所在的古埒城外，让尼堪外兰暂停进攻，由他二人前去劝降。由于劝降未成，明军与尼堪外兰联手破城后血腥屠杀，入城劝降的二人也在乱军之中被误杀，故而努尔哈赤非常仇恨明朝。

万历十一年 (1583)，25 岁的努尔哈赤终于以父亲遗留下来的 13 副铠甲举兵了。他首先攻克了图伦城，城主尼堪外兰仓皇出逃，努尔哈赤率兵穷追不舍，沿途征服了一个个女真族部落，他最终杀了仇人，并统一了女真各部。

万历四十三年 (1615)，雄心勃勃的努尔哈赤在实力日益壮大的基础上，终于宣布建立"大金"（史称"后金"）政权，建元"天命"。58 岁的努尔哈赤因此登上了可汗宝座。后金政权建立后不久，努尔哈赤便以"明无故生事，杀其父、祖"等所谓"七大恨"誓师，向明朝开战。

天命三年 (1618)，努尔哈赤率精兵强将 2 万余人鼓行而西，以迅雷不及掩耳之势，攻取了东州、马根单两城。随后，他又派"商队"50 人先发，以重兵潜随其后，乘夜雨初晴之际，突至抚顺城下，一举拿下了抚顺，于是便出现了前文所述的包括范文程在内的明朝人畜 30 万被掳的一幕。次年，又经萨尔浒一战，沉重打击了明朝"边兵"，双方实力对比改变。

努尔哈赤在短短数年之间，便攻占了辽河以东的全部地区，矛头直指辽西。由于蓟辽经略孙承宗、宁前兵备道袁崇焕等几位仁人志士的苦心经营，才确保了关外四年左右的平安。但明廷奸臣魏忠贤专权，却革了孙承宗的职，还撤除了许多要塞和据点，使御敌防线大为削弱。

天命十年 (1626) 初，努尔哈赤亲自统率 13 万大军乘虚长驱直入，"南至海岸，北越广宁，大路前后如流，首尾不见，旌旗剑戟如林"，浩浩荡荡，直逼宁远城下。此时，袁崇焕身边只有 2 万人马，孤立无援，处境维艰。但在他的感召下，宁远全民皆兵，严阵以待。

二月二十日，努尔哈赤指挥八旗精锐以裹铁车牌、勾梯等攻城器械蜂拥而上，袁崇焕命发红夷大炮猛烈轰击。后金兵在铁皮车的掩护下，一直到城墙底下挖起城来，明军一面扔棉油火把焚烧后金军，一面组织敢死队缒城出击，无数次杀退敌人的进攻。

21 日，后金军又乘夜袭击，仍难以得手。至 26 日，不得不撤围而去。

努尔哈赤自 25 岁起兵以来，历时 43 载，自命"战无不胜，攻无不克"，没想到受挫于袁氏，自此积郁生疾，未到一年便去世了。

努尔哈赤死后，他的第八个儿子皇太极于天命十一年（1626）即了汗位，改元天聪。皇太极登基后，开展各项改革，范文程一生中的转机也就随之而来。

一展才华

皇太极即位后的第八天，便让所辖汉民"分屯别居，编为民户，选汉官之清正者统之"，从而使庄园百分之四十奴隶身份的汉民壮丁恢复了民籍。不仅如此，皇太极还更新观念，抛掉了其父对汉族知识分子的偏见，多次选拔和荐举汉族与蒙古族官员加以"量才录用"，赢得了不少汉族与蒙古族有识之士的支持，心甘情愿"实心齐力报答皇恩"。

天聪三年（1629），皇太极设立文馆，要求文馆"以历代帝王得失为鉴，并以记躬之得失"。这就不由得使人联想到一代明君唐太宗关于"以铜为镜，可以正衣冠；以古为镜，可以知兴替；以人为镜，可以知得失"的名训。皇太极设文馆，实在是为了知兴替、明得失。

文馆设立后，便急需有用之才供职其中。所以在同年八月，皇太极又颁布了一道上谕："自古国家文武并用，以武功戡祸乱，以文教佐太平。朕今欲振兴文治，于生员中考取其艺文通明者，优奖之，以

昭作人之典。诸贝勒以下满、汉、蒙古家，所有生员俱令考试。于九月初一日命诸臣公同考校。各家主毋得阻挠。有考中者，乃以别丁赏之。"范文程就属于文中所说"生员"的范畴，由于这些人被俘后作为战利品赏赐给了有功人员，从而变成人家的家奴，故上谕特别关照其主人"毋得阻挠"。并答应凡考中被选拔走的，另外赏赐家丁代替。

这次应试的生员共计300多名，考取了近200名，范文程有幸名列其中。故此，范文程因祸得福，凭着自己的聪明才智，从一个奴隶一步步登上了群臣之首的显赫官位。

《清史稿》对范文程这段经历的记载与事实很多不符。据《范文程本传》讲，清太祖努尔哈赤攻陷抚顺后，文程与其兄便主动去谒见努尔哈赤，努尔哈赤对范文程魁伟的体魄颇有好感，交谈后，十分赏识范文程的见解卓越，加之得知他是明嘉靖时兵部尚书范钦的后代，便更加器重。于是嘱咐诸贝勒说："这是名臣的后代，要多加关照。"

若冷静加以分析，就会觉得这段史料不可信。因为努尔哈赤本人对明朝"书生"非常反感，他认为"种种可恶，皆在此辈"，恨不能杀尽斩绝。而明朝臣民对女真族大肆掳掠、肆意妄为的行径也尤为敌视，在感情上根本无法接受沦身为奴、被女真人视同牛马的现实。作为明朝元老重臣的后裔，范文程是不会主动去谒见努尔哈赤的，当时根本也不具备这样的气氛。实际上，努尔哈赤攻克抚顺等地后，对掳来的明朝"书生"进行了血腥屠杀，在成批的"书生"引颈就戮时，其中有一人相貌堂堂，仪表非凡，与一般的迂腐书生大为不同。努尔哈赤心生恻隐之心，于是决定放他一马，将其赐给了镶红旗下为奴，此人就是范文程。《清史稿》出于对清开国皇帝的美化和对功臣范文程这段受辱经历的讳莫如深，便采用曲笔手法做了掩饰。

俗语说"大难不死，必有后福"，这句话在范文程身上还真应验了。皇太极即位后对各项国策所做的重大调整和改革，在很大程度上化解了满、汉族之间的矛盾，使其统治范围内的汉族臣民逐渐改变了以往的敌视态度，对其也能心悦诚服。也正是这些政策的实施，为范文程的一展才华，提供了绝佳的时机。

功勋卓著

天聪三年 (1629)，皇太极在整顿好内政后，便大举兴师伐明，范文程也随军出征。自从努尔哈赤在宁远被袁崇焕战胜郁闷身死之后，皇太极在宁远、锦州一线与袁崇焕也进行过反复较量，但都以损兵折将而告终。因此，此次在范文程等的筹划下，改变了进军路线。大军由喀喇沁部蒙古人做向导，从喜峰口越过长城，径入明朝内地。在这次战事中，范文程独当一面，发挥了重要作用。他受命率偏师沿潘家口、马兰峪、三屯营、马栏关、大安口一线进发，以从旁支援主力。范文程智勇兼施，力克五城。明军曾集中诸城兵力，拼命反扑，将大安口层层包围。范文程用火攻之计，解了重围，有力地配合了主力部队的行动。之后，皇太极率主力西进永平 (今河北境)，又把留守战略要地遵化的重任委托给了范文程。明军乘虚掩杀而来，兵临城下，其势甚猛。范文程多方设计，奋力抵抗，以少胜多，确保了后金军大本营的安全。范文程一次次地建立奇功，被封为世职游击。

皇太极在遵化一带立稳脚跟，便由蓟州越三河、略顺义、至通州，渡河而直逼北京。袁崇焕曾建议朝廷加强蓟门兵力，严防后金绕道而入，可惜未被接受，故而使皇太极有隙可乘。皇太极将军队一下子驻扎在离北京城关仅两里之遥的南海子一带，明朝上下大乱，无比慌乱。明总兵满桂等拒敌于德胜门、安定门外；城上明军发炮助战，竟打伤了自己的军队，连满桂本人也被炸伤。只好率残兵躲入城中，坐以待毙。

袁崇焕得知皇太极绕道入关，即挥宁、锦将士回师救助，他率兵马日夜兼程，跟踪追击。到达蓟州后，便以两昼夜 300 余里的速度直

追到北京城外，与后金军在广渠门外鏖战六小时之久，有力地牵制了后金军的行动，大大挫伤了其锐气。皇太极亲往袁崇焕阵前察看营寨形势，见阵坚难破，无法力取。便接纳了范文程等人的建议，下令撤兵，从中却施起反间计来。

原来皇太极这次大举入关，曾俘获两名太监，撤退途中，便暗中命令副将高鸿中、鲍承先等坐在非常靠近这两个太监的地方，并故作耳语道："今天退兵，其实是皇上（指皇太极）设下的计策。前不久，皇上独自骑马到袁巡抚阵前，跟袁巡抚派来的两个人谈了好长时间。袁巡抚跟咱有密约，图明的事眼看就要大功告成了。"然后，又故意给姓杨的太监一个逃脱的机会，杨太监逃回北京，便把他听到的"重大机密"一五一十地禀报给了崇祯帝。当时，朝中一些反对袁崇焕的人早已纷纷诽谤袁引狼入室，是要胁迫朝廷答应他提出的与后金议和的主张，好与后金订立城下之盟。崇祯帝一贯师心自用，独断多疑，他对袁崇焕本已有了疑心，听了杨太监的密奏，便不问青红皂白，召袁崇焕问罪，责备他援兵逗留，将其下狱。第二年，袁崇焕竟被凌迟处死。真是范文程略施小计，便使明"自毁长城"。

皇太极用计拔掉了袁崇焕这颗眼中钉，马上消除了后顾之忧，真是喜出望外。他的将领们也因为没有了心腹大患而纷纷要求乘势攻打北京，但皇太极却说："如今攻城，必能克复。然而若因此损失我一、二良将，即使得到100座城池也不值得高兴。"所以，他率军直捣卢沟桥，进击永定门外满桂等四总兵的营盘，4万明军被打得四散而逃，一败涂地。然后，皇太极移军至通州，向东攻取遵化、永平、迁安、滦州（皆在今河北省境内）4城，分别派兵把守，自己统率大队人马班师而回。看来，皇太极采取的是先消灭明军有生力量，然后再攻城略地的长久之策。

皇太极分兵把守四城，原存里外夹攻山海关之企图。但他退兵之后，明大学士孙承宗便组织兵力收复了四城，从而打乱了皇太极的计划，使皇太极极其震怒。接下来，又传来了明军昼夜赶筑大凌河城，以图进一步收复疆土的消息，皇太极怎能坐视不理！天聪五年（1631）

八月，大凌河城才修复了一半，皇太极便率大军包抄而来。皇太极采用围城打援战术，守城明军在"粮绝薪尽，兵民相食"的情况下，只好投降了。

这次战役中，有一支蒙古军投诚了，但因部分士兵不肯投降，竟暗杀了他们的将领，然后纷纷逃去。皇太极知道后十分恼怒，要将剩余的蒙古士兵统统杀掉。范文程委婉进言说："未逃之士兵，证明他们有忠顺之心，杀之非但于事无补，反会影响大局。"皇太极见范文程遇事能从长远的利益出发，便愉快地接受了他的建议，从而使500余条无辜的生命免遭屠戮。

当时，还有一支明军凭借天险固守西山，屡战不下，皇太极十分着急。范文程胸有成竹，决定劝降。他单人独骑，置安危于不顾，直抵明军营前，凭三寸不烂之舌，晓以利害。明军最终被感化，真心实意相投。皇太极大喜，将所降人马全部拨给范文程统辖。

天聪六年（1632），皇太极继续攻略明朝边地。大军开进归化（今呼和浩特）城后，皇太极打算把战事再次向明纵深推进，于是召集范文程等商议对策。范文程根据双方的战略势态，

范文程

提出了一明一暗两套方案：一是凭借高昂的士气和强大的战斗力，长驱而入，直抵北京，逼使明廷妥协。然后，捣毁山海关水门而归，以壮军威。要实现这一目标，从雁门关进军最为便利。明军对此防范不严，沿途阻碍不大。且沿途居民较为富裕，对筹措军马粮草十分有利。大汗若顾虑师出无名，可这样晓谕百姓，就说察哈尔汗已经远遁，他的部属皆已归在我的帐下，现打算与明朝议和，苦于路途遥远，难以徒步跋涉。今借你们的马匹让新归附的察哈尔汗部骑用。若议和成功，当偿还你们的马价；如若议和不成，双方兵戎相见，赖天保佑，疆土

归我所有，一定免除你们这一带几年赋税，以补偿战争给你们所造成的损失。这样，便可以堂堂正正地出师。如若不然，则可写信给明守疆大吏，让把我方议和的主张转达给他们的皇上，并限期让他们做出答复。料定明廷文臣钩心斗角，边将互相推诿，必然延误逾期。我们便可以此为借口，出其不意，攻其无备，乘机直捣北京。因为后者是一条借议和之名以麻痹明方，趁机采取突然行动，以行攻战之实的计谋，故我们称其为"暗"的一手。皇太极虽然未能将此计策付诸实施，但仅从范文程虑事之周到、计划之缜密，并能知己知彼，对明朝内幕了如指掌而言，这实在是一条锦囊妙计！

早在天聪五年（1631）皇太极围困大凌河之际，明登莱巡抚孙元化曾派参军孔有德率军救援。但部队行至吴桥，遭遇大雨雪，没有粮吃，政府也不管，致使部分军士出营抢掠。因贪污获罪的李九成乘此时机，鼓动叛乱。孔有德也心怀不轨，见机行事。第二年正月，孔有德与驻守登州的另一位参将耿仲明里应外合，占据了登州城，他自号都元帅，铸印置官，封耿仲明等为总兵。他们攻城陷镇，四外抄掠，焚杀甚酷。到这般田地，崇祯帝不得不派大军征剿。天聪七年（1633）孔有德遣使向后金求援，正中皇太极下怀，当即派范文程等率军前去援救。范文程凭借自己的才干，又一次出色地完成了招降任务。降将孔有德和耿仲明等后来为清朝打天下立了汗马功劳。

屡出奇谋

天聪九年（1635），皇太极宣布废除"女真"称号而改族名为"满洲"。第二年五月，又改"大金"为"大清"，正式建立清朝，登上皇位。皇太极称帝后，对政府文武机构都加以扩充。把以前的文馆扩编为内三院：即内国史院、内秘书院、内弘文院。各设大学士一人主持。任命范文程为内秘书院大学士，官爵晋升为二等甲喇章京 (汉语称为参领)。

为了扩充军事力量，皇太极决定在满八旗与蒙古八旗的基础上，继续扩建汉军八旗。于是，诸大臣便一致推荐范文程担任固山额真 (旗主，汉语称为都统)。要了解固山额真究竟属于怎样的一个官职，就有必要将八旗建制简单介绍：起初，女真人的生产和军事行动，各依族和寨而建，每10人为一基本单位，头目称为牛录额真 (箭主，汉语称为佐领)。随着实力的日益发展和壮大，努尔哈赤于万历四十三年 (1615) 规定每300人为一牛录，五个牛录置一甲喇额真 (参领)，五个甲喇额真再组成一个固山 (旗)，开始只有黄、红、蓝、白四旗，后来增设了镶黄、镶蓝、镶白、镶红四旗，从而形成了历史上有名的兵农合一的八旗制度。努尔哈赤是八旗的最高统帅，他的子侄们则是各旗的首领。各旗主直接听命于大汗，其权限之大和地位之显赫，仅次于大汗。努尔哈赤死后，皇太极即以旗主的身份登上了皇位。随着辖区的迅速扩展和势力的不断发展壮大，皇太极依照满八旗的规制扩充了蒙古八旗和汉军八旗。当诸大臣提议由范文程担任旗主这一不同寻常的要职时，皇太极却认为固山额真"只不过是一个军职而已"，从而否决了大家的意见，要求另外议定人选。由此看来皇太极重用范文程是煞费苦心的。

内秘书院大学士的地位虽然相对较低，但所执掌的却都是机密要事。皇帝敕书的草拟，各衙门奏疏的收录，与他国来往书信的撰写等等，都出自内秘书院大学士之手。范文程实际上充当着皇太极秘书长的角色。他虽不在议政大臣之内，却往往参与着政府内外重大方针政策的制定。而且对朝廷要员的任免，他从中也起着重要的作用。皇太极对范文程的重视，几乎到了无以复加的程度，每次召见，商议政事的时间都特别长，而且常是前次被召才归，未及吃饭休息，复又被召入宫。凡遇军国大事，皇太极总要问范章京是否知道。有时候觉得其中有什么不妥当的地方，便说为何不和范章京商议。若回答说范章京

的意见也是如此，皇太极便批准同意。各种外交文书，均由范文程批复或草拟，起初皇太极还要亲自过目审查，每一次都感到十分妥当，后来通常的文书便看也不看了。一次，范文程因病告假，好多事情因一时犹豫不决，皇太极便谕令待范文程病愈后再行裁决。皇太极对范文程言听计从，范文程为了报答皇太极对自己的知遇之恩，也尽心尽力帮助他打天下。

皇太极从即位之始，到崇德六年（1641）间，历时十五六年之久，他虽曾三次率军突入关内，但却总因没有能拿下山海关与锦州而行动不便，难有大的作为。于是，皇太极便把进攻的矛头指向了自己入关的最大障碍——山海关与锦州一线。而明朝也千方百计地加强这一线的防务。崇德四年（1639），明蓟辽总督换成了由于镇压农民起义军有功而成名的洪承畴。崇德六年（1641），清军开始采取行动，派兵包围了锦州。这年七月，洪承畴便带领吴三桂等八总兵、13万人马驰援。大军云集宁远之后，便分头向杏山、松山缓缓推进，准备步步为营，稳中求胜。但新上台的兵部尚书陈新甲，却说旷日持久，恐粮草不济，派员临阵监军督战。洪承畴经不住催促，便轻易地将粮草留在宁远、杏山和塔山外的笔架岗，只带领6万兵马贸然前行。命其余兵马随后赶上。洪承畴到达松山、杏山一带后，将骑兵驻扎在松山东、南、西三面，将步兵驻扎在离锦州仅六七里地的孔峰岗，与清军成对垒之势。

皇太极得知明大批援军已到，便于八月亲率大军从盛京（今沈阳）赶来，驻于松山、杏山之间，截断了松、杏间明军的联系，截断了洪承畴的归路。随后，又派兵夺了塔山之粮。洪承畴失去战机，困守松山半年之后，被部下出卖，城破做了阶下囚。皇太极很明白洪承畴对自己入主中原将会起到多么大的作用，因此，他一面派人好好招待洪承畴，一面让范文程前去劝降。

范文程来到洪承畴囚室，洪承畴得知其来意，便大骂范文程没有骨气，做清军走狗。并慷慨激昂，立誓要杀身成仁，绝不屈膝投降。范文程也不和他争辩，只是随便地与他谈古论今及生死得失。正谈着，只见一小撮尘土落于洪承畴衣服之上，洪承畴轻轻用手拂去。范文程瞧在眼里，心中已有了成算。他辞别了洪承畴，便去告知皇太极："洪承畴必不肯死，面对这样的处境，对衣服尚且如此爱惜，更何况自己的生命。"皇太极听了大喜，便亲自前去看望洪承畴，见洪承畴衣着单薄，马上脱下自己穿的貂皮裘袍，亲手披在洪承畴身上，并关切地问："先生还冷吗？"这样一来，洪承畴为之感动，目瞪口呆之下，感叹遇到明主，叩首请降。

关于洪承畴降清一事，还有皇后劝服的传说。据说洪承畴初到盛京，绝食累日，自誓必死。范文程洞察其并无必死之心后，皇太极便令人百般劝降，但洪承畴却无动于衷。皇太极大费心思，后经多方了解，从明朝降人口中知晓洪承畴好色。于是派了一批又一批美女前去勾引，却仍不奏效。最终，皇太极竟派自己美冠一时的爱妃博尔济吉特氏偷偷带一小壶人参汤入侍。博氏见洪承畴闭目面壁，哭泣不止，劝之不成，动了恻隐之心，非常同情地说："将军即使绝食，难道不能喝口水而后就义吗？"话音委婉，情切意真，并承壶于洪唇，洪承畴便轻轻呷了一口。不一会儿，博氏又如此这般，承壶于其唇，洪承畴终于抵挡不住这般强烈的诱惑，一直喝下去。一连多日，博氏每每相机劝慰，送进美馔，洪承畴渐渐心回意转，开始进餐，最后终于归顺了。

故且不论是何种手法对洪承畴归降生了效，仅就范文程单凭"拂尘"这一小小的举动，便能断定洪承畴必不肯死而言，他真是机敏过人，能够见微知著，实在是一个名副其实的谋略家。

崇德八年（1643），皇太极病逝。清王室进行了一场争夺皇权的斗争。结果年仅6岁的福临登基，改年号为顺治，由他的两位皇叔——多尔衮和济尔哈朗辅政。

顺治元年（1644），多尔衮承担起了皇太极的伐明未竟之业，率军与明重开战端。范文程总结了以往历次与明军交战的经验教训，奏称："中原百姓备受苦难，思得明主，以便安居乐业。以前我军虽曾屡次深入，但都烧杀掠抢之后而归，以致伐明大业至今半途而废。老百姓也以为我们不过是贪图财物人畜，胸无大志，因而心怀疑虑，对我们没有信任感。如今应当严申纪律，做到秋毫无犯，并录用贤能，体恤疾苦，以使老百姓明白我们进取中原的决心和善待百姓的诚意。如能这样，黄河以北可传檄而定。"范文程还屡次为当朝权要敲警钟："天有好生之德，自古未闻喜好杀戮者能得天下。若只打算统治关东便莫要说起，如果想问鼎中原、一统华夏，则非得爱护百姓不可。"范文程以上的建议，就是要把满洲贵族一贯从事的掠夺性战争转变成为夺取全国最高统治权的统一战争，这一策略，对清朝开国起了重大作用。

正在这时，忽然传来了李自成攻克明都的消息，多尔衮急召正在盖州（今辽宁盖县）汤泉养病的范文程商议对策。范文程认为形势对进军中原极其有利，天赐良机，不可放弃，应速速进兵。他分析说："李自成虽然拥有百万之众，但其势却已成强弩之末。犯有三忌已必败：逼死其主，崇祯帝自缢煤山，引起天怒人怨；刑辱大小官吏，勒索富商大户，激起了社会中上层的强烈不满；烧房屋、掠财产、奸淫妇女，使老百姓大失所望，极为反感。这三大失策，已完全失去人心；加之农民军将领被胜利冲昏头脑，居功自傲，贪图享乐，缺乏远见，一战便可将其击败。我方上下齐心，兵强马壮，如果能优待士人，体恤百姓，行仁义之师，以讨伐闯贼为名，何愁大功不成！"他马上驰赴军中，亲自起草进军文告，晓谕明朝官民：我军特来为你们报君父之仇，决不滥杀无辜，所要诛灭的只是闯贼。我们是正义之师，凡官吏归顺，皆按原职录用；老百姓投靠，各安本业，军队严守纪律，一定不会加害你们。"为了改变清军以往的陋习，多尔衮也通告全军："今此之行，非同昔日，蒙天眷顾，要当定国安民，以成大业。"并严格下达了"勿杀无辜，勿掠财物，勿焚庐舍"的禁令。

范文程将矛头直接指向农民起义军的策略，很好地将明、清之间的矛盾转化成为以明清为一方，以农民起义军为另一方之间的矛盾。此计甚妙，沿途明军尽皆归降，官吏竞相投诚。清方竟借用其力量击溃了农民起义军，轻而易举地占领了北京城。刚入北京，多尔衮以身作则，只带1000人马宿卫，其余骑兵尽屯城外。规定没有九王（多尔衮) 的标旗，谁也不准出入，防止惊扰百姓。

此时的北京，几经折腾，人心惶惶，动荡不安。面对严峻的局势，范文程辅佐多尔衮推行了一系列行之有效安抚人心的措施。

首先，为崇祯皇帝、皇后发丧三日，晓谕天下，"以昭大义"。并派人保护明陵。同时还宣布："故明诸王来归者，不夺其爵。"这就促使明王室成员认可和接受了清的统治，那些誓死要向清复仇的王室宗亲也好不容易找到有力的理由去召号他人。

其次，传谕城中各级汉族官吏各司其职，照常办理公务，并给了这些人一定的好处。政治上：不仅规定降附者升级、殉死者立庙、隐逸者征辟录用，而且要求内、外衙门的公章，全部要铸有满、汉文字，使汉族官员名义上能与满族官员平起平坐、有职有权。经济上：所有官员、退休官员、举人、贡监生员，都可减免一定的赋税、徭役，而且尽可能地帮助汉族地主恢复旧业。这就收买了绝大部分汉族官绅。

再次，范文程建议根据原来簿册征收赋税以收揽人心。明朝末年，赋税不断增加，如辽饷、练饷、新饷、召买等等，名目繁多，老百姓不堪重负。农民起义军进城后，烧毁了征收簿册。而万历年间的旧册却得以幸存，但其赋税数额则比现行的要少得多。于是，有人建议有关部门另造新册，范文程坚决不同意，他说："即使以此为额，犹恐老百姓难以承受，岂能有更多的过分要求呢？"清政府采纳了他的意见，从而减轻了老百姓的负担，使政府与百姓之间的矛盾得到缓和。

另外，范文程格外注意赈济安排那些鳏寡孤独、无依无靠之人。

上述种种措施收到了极佳的效果，使明朝遗民上至王公贵族，下至寻常百姓，都在很大程度上消除了对清廷的敌意，使一触即发的反抗情绪大为化解，从而使大局稳定了下来。这些措施也产生了不可小视的巨大影响，就连远在扬州的抗清名将史可法，在上书给南明福王时，也不得不万分感慨："以清之能行仁政若彼，而我之渐失人心如此，臣恐恢复之无期，而偏安未可保也！"

顺治二年 (1645)，平定江南之后，范文程为了确保长治久安，他建议开科取士，网罗人才。他说："治天下在得民心，士为秀民。士

心得则民心得矣。请再行乡、会试，广其登进。"清政府接受了该建议，规定每逢子、午、卯、酉年，各直省举行乡试；每逢辰、戌、丑、未年，举行会试。此一举措，使穷经皓首的知识分子们终于有了出人头地的机会，获取了他们的普遍好感和拥戴，认为清皇帝乃"圣明之主"。出于感恩戴德的心理，这些人为清廷提出了不少治国良策。知识阶层为一个民族的灵魂所在，其态度的转变，必然会对整个民族的心态产生潜移默化作用，由此决定人心的向背。笼络住了知识阶层的心，就意味着得到了整个民心。范文程正是从优待知识分子着手，以获得整个民心。屡出奇谋，范文程真正是见识卓越。

柳暗花明

清统治者在创业初期，都能虚心接受良策，因此范文程的才干得以尽情发挥。然而，随着清统治地位的日益巩固，其统治集团的最高决策者便头脑发热，自以为是，甚至倒行逆施，与范文程所力主的"安抚百姓"的既定国策背道而驰。

在对"(剃)发令"的态度上，范文程与清廷当时的实际决策者多尔衮意见相左。

清统治者入主中原之后，要求各族人民都要按满族的传统发式，男人将前额剃光，把剩下的头发梳成辫子，垂在脑后，而汉族成年男子历来是束发绾结于头顶的。加之士大夫们又囿于"身体肤发，受之父母，不可毁伤"的观念，认为剃发是万万使不得的。事实上，发式本是个社会习俗问题，剃与不剃并不是什么至关重要的大事。如能采用适当的方式善加诱导，很可能会相互效仿，逐渐风行，成为时尚。但如将其作为政治标准，且在时机并不成熟的情况下，把剃发视为是否臣服的象征而强迫执行，结果只能适得其反。事实上，早在清初入关时，就曾下过剃发令。导致"人情恐怖，逃去者不下几千、万人"。鉴于当时立足未稳，多尔衮不得不收回成命，才避免了一场社会动乱。然而到了顺治二年（1645），清统一全国已成定局，多尔衮便志得意满，认为夺取天下易如反掌，完全可以为所欲为，恣意而行了。又加上一些主动剃发以示效忠的汉族官员如冯铨、孙之獬之流，也积极迎合多尔衮的意图，怂恿重颁剃发令。这些汉官如此热心"发"，也有其苦衷。据说，清人关后，皇帝临朝时，满大臣与汉降臣分别作为一班分列于宫殿之下。进士出身的明朝降官孙之獬，为了向满族主子讨好，主动剃了发，并穿上满人的窄袖短衣，挤进满班，却被满班请了出来。他只好讪讪转入汉班，结果汉班也不容他入列。他羞愧不堪，便上疏说："陛下……万事鼎新，而衣冠束发之制，独存汉旧，此乃陛下屈从汉人，非汉人服从陛下也！"于是，清廷才决定再次颁布剃发令。消息传出，满朝哗然。御史大夫赵开心斥责冯铨、孙之獬等是"贪位固宠之辈"，推行剃发令是"阻人归顺之意"。但是，多尔衮完全不顾众人的反对，竟悍然下令："复有为此事渎进奏章，欲将已定地方人民仍存明制，不随本朝制度者，杀无赦！"

随着剃发令的强制实施，民族矛盾空前激化，骤然发展到了"留发不留头，留头不留发"的地步，时局的发展到了出人意料的地步。本已安定了的江南，此时又"人心动摇，纷然四起"，人们"毁弃身家，上灭宗祀，断头碎骨，浩然不顾"，纷纷抗命。清统治者也旧病复发，恢复了其奴隶主阶级出身的残酷本性，穷凶极恶，血腥镇压，烧杀掠抢，无所不为。目睹自己为之苦苦追求了大半生的老百姓"安居乐业"的局面行将化为泡影，范文程怎能不痛心疾首，心存不满呢？

剃发令不仅激起广大人民的强烈反抗，而且也阻碍清一统天下。因此，几个有胆略的御史接连上本，弹劾与剃发令密切相关的人员。但多尔衮权倾幼主，炙手可热，顺我者昌，逆我者亡。反对剃发令的人先后被废黜，奉迎的人非但未被罢官，反而日益得到了重用。冯铨竟然还获得了"赐婚满洲"的殊遇，并逐渐取代了范文程内阁班首的

地位。

多尔衮的所作所为与范文程的政治抱负迥然不同，范文程对多尔衮便采取了不合作的态度，进行消极对抗。

顺治三年 (1646) 二月，多尔衮命令大学士等"宜时具条奏"。范文程则以"凡有闻见，即面启，无庸具本"为词加以抗拒。多尔衮对范文程不秉承自己意志的行为非常不满，遂以"尔素有疾，毋过劳，自后可早出休沐"为借口，削夺了范文程的权力。数月后，甘肃巡抚黄图安上书申请辞官，以侍奉父母双亲。主管部门认为这是"借端规避，应革职"。范文程不以为然，他将此事报告了另一位辅政王济尔哈朗，并请求说："奉养父母是人子最高尚的情感，不应革其职。"多尔衮对范文程没有将此事禀告给自己却去请示济尔哈朗而耿耿于怀，一怒之下，便以"擅自关白"辅政王济尔哈朗为借口，将范文程下法司问罪，稍后获释。

顺治五年 (1648)，多尔衮在清王室内部的争权夺利中再度获胜，他借故削去了济尔哈朗的亲王爵位，从而将二人共同辅政改为由他一

人大权独揽。出于不可告人的目的，多尔衮令大学士刚林等删改《清太祖实录》，并让范文程参与其事。范文程明白事关重大，不敢任意而为，然而又不好抗旨，因此称病不出。

顺治七年 (1650) 十二月，多尔衮因病亡故。第二年初，顺治皇帝 (福临) 开始亲政。此时，有大臣指控多尔衮生前"专权"、"僭位"，以及攻讦皇太极"序不当立"，即不应该轮到皇太极做皇帝等等言行。经查属实，于是削夺了多尔衮及其母、妻的尊号，

顺治

并废除庙享，抄没财产，诛戮党羽。曾为之删改《清太祖实录》的刚林等人皆被处死。范文程本来也应受到株连，但因并非同党，且几乎没有实际参与删改事宜，故从宽革职，很快又复职。

范文程由于能坚持自己的政治立场，没有随意地投靠多尔衮成为其私党，且在删改《清太祖实录》一事上又具有先见之明，闭门避祸，获得成功，终于躲过一场灭顶之灾。

元辅高风

顺治九年（1652），清廷任命范文程为议政大臣。范文程复出后，便辅佐亲政不久的顺治皇帝将国家的大政方针很快转向以仁德治天下的轨道。对南明政权采取了"招降弭乱"的政策；敕封郑成功为海澄公，允许他有拥兵自保的权力；各种抗清武装，只要投诚，便"悉赦前罪"。并派洪承畴前去管理湖广、云贵等地，告诫他应以"收拾人心为本"，对已归顺的，要多加安抚；未附的，则开诚招徕。这就使一度吃紧的形势渐趋缓和。

当时，清政府经济困难，财政入不敷出。于是，范文程上疏建议实行屯垦。他说：土地荒芜，赋亏饷绌，对国家极为不利。若推行军屯，便能兴利除弊，使国家受益。明太祖曾炫耀自己养兵百万，不费民间一粒粮食，就是在元末战乱之后，他实行了屯田的结果。如今湖广、江西、河南、山东、陕西五省战乱日久，人口数量大大减少，应该在这些地方大兴屯田。可供具体实施的办法是：设二个道员，四个同知专门管理屯田事宜。道员全面负责，同知各自独当一面，一道协助道员做好屯田工作。这些官职由各省督抚选拔廉洁能干的部属来担任，并把人选得当与否作为考察督抚功过的一个标准。驻屯官吏的俸

廪，第一年由屯垦专款拨发，第二年从仓库收入中支付，以后每年自负盈亏，从屯垦收成中提取。屯垦所需的耕牛、谷种、农具等，均由各道所在州县提供。屯田应先从土地荒芜面大而又便于灌溉的地方开始，再逐渐向周围扩展。无主或虽有其主却弃而不耕的土地，都由官屯。百姓意欲耕种而财力不足的，官府贷给耕牛及种子，每年收成的三分之一交公。三年之后，自耕的条件成熟了，所耕之地便可成为私人的田产。老百姓没有任何财物的，可以雇佣，付给工钱。第一年屯田所收粮草，听任各屯自留，用作储备，为第二年屯田打好基础。若富余较多，可将不宜久存的陈粮供给附近驻军，然而不得强取多要。三年以后，收获的粮草充足了，由政府派舟车运往军队作粮饷。不可烦劳和役使屯田官民及耕牛从事运输，以保证屯垦不受干扰。把屯田户编成保甲，让他们相互保护和监督，以根除奸猾不法行为。屯田官称职的，三年进两级，薪俸与边将等同，以酬其劳；若不称职，责成巡抚按察纠举；巡按如若徇私包庇，则连坐同罪。清政府实施了范文程屯田的主张，达到了预期的理想效果。

兴办屯田，不但增加了政府的财政收入，缓解了经济危机，增强了国力，而且还吸引了大批流民重新回归于土地，这对恢复和发展农业生产，安定人民生活，也起了至关重要的积极作用。

同年十一月，范文程认为时机已经成熟，于是，他将那些因反对剃发令而被多尔衮降罪革职的官员们指控冯铨之流的奏折汇集起来，进呈给顺治皇帝御览。顺治帝阅后说："诸大臣弹劾得完全正确，为什么却因此罢了官？"范文程说："他们为了忠君报国，才冒死弹劾佞臣，不料却被加上了莫须有的罪名。皇上应该加倍爱惜这些秉公不阿的臣属。"顺治帝立刻谕令吏部把这些人官复原职。从而昭雪了一大批冤案。

顺治十年（1653），范文程针对朝廷一直以来在用人制度上存在的重满轻汉、任人唯亲、拉帮结派等弊端，与同僚一道上疏，请求皇上敕令各部院三品以上大臣，推荐自己所熟知的人才。不论满人还是汉人，不论久任官职还是新近启用，更不囿于其官阶的高低，也不用避讳亲疏恩怨，只要有才能，就大胆荐举。一官可举数官，数官也可同举一官。将姓名汇置御前，不时召对。察其议论，核其行事。出现官缺就根据各自才能选用。称职者，根据其政绩的大小，推荐者一同受赏；若不称职，视其过失的大小，对举荐者一同惩办。顺治帝"特允所请"。

此条建议，不仅促使了用人制度由任人唯亲向任人唯贤方面的转化，而且还表明了在举荐人才方面对满汉官员做到了一视同仁，使汉族官员在举荐人才这一重大措施中与满族官员享受了同等的待遇，从而有效地克服了汉族官员素来受歧视的心理障碍和自卑感，使他们有了同样能被朝廷信任和重用的感受，所以就更加乐于为朝廷效命了。洪承畴就是其中的例证。

这一年，顺治帝让洪承畴去经略江南时，便明确指示："抚、镇以下听其节制，兵马钱粮听其调拨"，"吏、兵二部不得掣肘！"洪承畴随军南下，忍辱负重，攻城劝降，十分卖力。他曾派人迎母于闽，其母至，见到洪承畴而非常生气，以杖击之，骂道："迎我来，将使为你旗下老婢么？我打死你，为天下除一害！"随后买船又南归福建而去。但洪承畴为了报清朝的知遇之恩，依旧义无反顾，直干到双目几近失明，虽然只混了个三等轻车都尉的官衔，却毫无不满。

汉官对清廷如此忠心耿耿，清统治者也从中得到满汉地主合作的好处。于是在顺治十六年（1659），清政府进一步规定：不必分别满、汉，谁的官衔在前，就由谁管印。至于奏事，也要求满、汉官员"公同来奏"，不许"只有满臣，不见汉臣"。开始，内阁大学士满人是一品，汉人却是二品，顺治十五年（1658），全改成为一品。六部尚书原先也是满人一品，汉人二品，顺治十六年（1659），皆改为二品。这就进一步消除了满、汉官员之间的人为隔阂，有利于他们团结一致，报效朝廷。

顺治十一年（1654），顺治皇帝准备派朝官到各省去检查刑狱，范文程劝道："上次欲遣满、汉大臣到各地巡察，因考虑到会骚扰百姓，所以取消了。现在各地水旱灾害严重，百姓苦不堪言，理应停止遣使

前往各地。各地关押的重囚，可令各省巡抚对其案详加审查，如有可疑的冤情，让他们上奏皇上裁定。"这条关心民间疾苦的建议也被顺治帝采纳了。

同年八月，皇上加恩于辅政诸臣，特加范文程为少保兼太子太保，九月，再晋为太傅兼太子太师。由于范文程是先朝旧臣，有大功于国家，因此顺治帝对他"礼遇甚厚"：范文程病了，皇上曾亲自调好药饵赐送给他治病；并派画工到范文程家里为他画像，将其珍藏于内府；又经常赐给范文程很多的御用衣物，范文程形貌颀伟，为称其体、专门特制衣冠赐给他。

顺治十八年 (1661)，玄烨继福临登位，改元康熙，依旧例要祭告天地祖宗。特命德高望重的范文程赴盛京 (沈阳) 告祭太宗皇太极陵墓。范文程在皇太极陵前伏地痛哭，久不能起。这其中不仅饱含着他对皇太极知遇之恩的由衷感激，同时也是对自己一生历经坎坷，几乎不保性命，幸而全躯至今，能够善终的无限感慨！

康熙五年 (1666)，范文程这位三朝元老终于寿终正寝了，享年 70，康熙帝亲自作文，遣礼部侍郎黄机前去谕祭。而且御书"元辅高风"四字作为祠额，以表彰范文程的不朽功德。

范文程一生历清四世而佐其三主，为清朝开创江山立下了不朽之功，他的功绩可与汉之张良、明之刘伯温相提并论。但由于范文程是帮助少数民族夺取汉人的天下，以致人们对他的"叛逆"长期怀有某种偏见。范文程称自己是"大明骨，大清肉"，这说明他自己也为此受到过煎熬。事实上，范文程面对各种复杂的形势，能够识大体、顾大局，言所当言，为所当为，不仰人鼻息，不随风摇摆。他韬略过人，又能悟移人主，把自己的政治抱负巧妙地转变为现实，从而为人民的安定、社会的进步作出了不可磨灭的贡献。他不愧为一个具有远见卓识的谋略家。